O SERMÃO DO MONTE

O SERMÃO DO MONTE

JOHN WESLEY

Vida

Vida
Editora Vida
Rua Conde de Sarzedas, 246 Liberdade
CEP 01512-070 São Paulo, SP
Tel.: 0 xx 11 2618 7000
Fax: 0 xx 11 2618 7030
www.editoravida.com.br

■

Todos os grifos são do autor.

Todas as citações bíblicas e de terceiros foram adaptadas
segundo o Acordo Ortográfico da Língua Portuguesa,
assinado em 1990, em vigor desde janeiro de 2009.

Editor responsável: Marcelo Smargiasse
Editor-assistente: Gisele Romão da Cruz Santiago
Editor de qualidade e estilo: Sônia Freire Lula Almeida
Tradução: Lucy Yamakami
Revisão de tradução: Andrea Filatro
Revisão de provas: Josemar S. Pinto
Diagramação: Claudia Fatel Lino
Capa: Arte Peniel

1. edição: ago. 2012
1ª reimpr: jun. 2013
2ª reimpr: mar. 2015

Dados Internacionais de Catalogação na Publicação (CIP)
(Câmara Brasileira do Livro, SP, Brasil)

Wesley, John, 1703-1791
O Sermão do Monte / John Wesley; [traduzido por Lucy Yamakami]. — São Paulo: Editora Vida, 2012.

Título original: *The Sermon on the Mount*.
ISBN 978-85-383-0242-1

1. Bíblia. N.T. Mateus V-VIII — Comentários 2. Discipulado (Cristianismo) 3. Formação espiritual 4. Sermão do Monte — Comentários 5. Vida cristã I. Título.

12-05923 CDD-226.907

Índices para catálogo sistemático:

1. Sermão do Monte : Comentários : Bíblia 226.907

SUMÁRIO

INTRODUÇÃO

Três breves capítulos — 5, 6 e 7 — do evangelho de Mateus são geralmente conhecidos como o Sermão do Monte. Poucos questionam o fato de este sermão ser considerado uma das partes mais importantes e significativas do Novo Testamento. Seu impacto alterou significativamente o curso moral da história do mundo.

Cristãos e não cristãos reconhecem igualmente a importância desses ensinos de Jesus. Eles se revelam ao coração das pessoas como verdade e proveem um exemplo para todos de uma vida perfeita. Esta pequena coleção de ensinamentos oferece a verdade acerca do relacionamento entre Deus e o ser humano e do relacionamento entre as pessoas. Aqueles que a levarem a sério descobrirão que a vida mudará. Eles passarão a conhecer a si mesmos, encontrarão Deus e entrarão no Reino dos céus, mesmo enquanto estiverem na terra.

John Wesley, o apóstolo do mundo de fala inglesa no século XVIII, considerou esse sermão com muita seriedade. Trinta por cento de seus sermões doutrinários, 13 dos 44, tratam do Sermão do Monte. Wesley começou a trabalhar em seus sermões-comentários, que explicam o Sermão do Monte, em 1735. Em 1750 já havia escrito e publicado todos os 13. Durante aqueles quinze anos, ele nasceu de novo e iniciou ao ar livre a pregação que ofereceu o novo nascimento com o Espírito Santo a milhares de trabalhadores ingleses não convertidos. Esses 13 discursos sobre o Sermão do Monte foram testados em muitas situações difíceis. Sua verdade e eficiência são atestadas pelos resultados do ministério de Wesley. Ao mesmo tempo que os sermões de Wesley confirmam o Sermão do Monte, confirmam também aquele que os pregou. Ao longo dos anos, Jesus, o Nazareno, tem sido compreendido de muitas maneiras diferentes, por diferentes pessoas. Tem sido considerado mito, fraude, blasfemo e revolucionário;

e também Professor, Mestre, Senhor, Filho de Deus e Deus. Não importa como Jesus é chamado ou compreendido, o Sermão do Monte dá provas de seu conhecimento singular tanto de Deus como do homem. Mesmo aqueles que mais duvidaram dele precisam admitir a genialidade do sermão.

É inegável que Jesus sabia mais acerca de Deus do que qualquer um, antes ou depois de seu tempo. A evidência disso é clara. Ninguém antes de Jesus jamais explicou o relacionamento entre Deus e o ser humano em termos tão simples, claros e completos, e ninguém que seguiu ou segue Jesus é capaz de aprofundar o entendimento que ele tinha desse relacionamento. Além disso, ainda que muitos tenham tentado, ninguém foi capaz de mostrar um caminho melhor ou mais completo sobre a natureza da fraternidade humana que brota do sermão.

Uma vez que os próprios resultados do ensino de Jesus servem de evidência de sua natureza, não é necessário fazer aqui uma declaração a respeito. Este livro não visa ser uma declaração cristológica ou uma apologia cristã. Simplesmente apresenta o comentário de Wesley sobre o Sermão do Monte. A bem da eficiência, dois capítulos são utilizados para conduzir aos 13 discursos. Os capítulos 1 e 2 do *Standard Sermons* [Sermões modelo] apresentam o entendimento de Wesley acerca do ser humano e da fé numa espécie de sumário. Da mesma forma, eles são utilizados aqui como portas que nos conduzem aos 13 discursos.

Os 15 capítulos deste livro são sermões dos *Standard Sermons* de Wesley. Ou seja, trata-se de doutrinas reconhecidas por todos os que se consideram "cristãos wesleyanos". Aplicam-se especialmente aos membros de qualquer igreja metodista. Todo cristão que afirma uma afiliação a qualquer denominação metodista ou wesleyana deve aproximar-se desses sermões com vigor e interesse renovado. Esta é uma parte importante do que essas igrejas dizem acreditar.

Por fim, é necessário reafirmar os princípios e motivos desta "tradução na linguagem de hoje" das obras de Wesley.

De acordo com a introdução aos *Sermons on Several Occasions* [Sermões para várias ocasiões], Wesley procurou falar na linguagem de pessoas comuns. Alegou escrever e falar ao povo, "para a maioria da humanidade, àqueles que nem apreciam nem compreendem a arte do discurso; mas, apesar disso, são juízes competentes das verdades necessárias à felicidade presente e futura. Menciono isso para que leitores curiosos se poupem do trabalho de procurar o que não encontrarão".

Ainda que Wesley desejasse apresentar "a verdade simples a pessoas simples", suas verdades simples foram se perdendo para o homem mediano ao longo dos anos. Essa perda ocorreu como resultado de mudanças na língua inglesa. O estilo e o vocabulário de Wesley simplesmente ficaram datados e ilegíveis para as pessoas medianas. Por conseguinte, cada vez menos gente lê os escritos de Wesley. Com isso, suas obras se tornaram propriedade quase exclusiva de acadêmicos e teólogos. Embora permaneça como um dos teólogos mais citados na igreja protestante, Wesley é raramente lido pelos leigos protestantes.

Esse problema pode ser resolvido agora. Em anos recentes, apareceram traduções da Bíblia em linguagem atual. A aceitação pública dessas traduções tem sido clamorosa. A consequência é que a Bíblia se revelou a muitos que não conseguiam ou não queriam ler a *Versão King James*.

A aceitação pública desse tipo de tradução da Bíblia possibilitou a tradução das obras de Wesley nos mesmos moldes. Assim, ele pode voltar a falar ao povo. Agora, qualquer pessoa que busque um novo entendimento da fé cristã viva pode ler as obras de Wesley. Já não é necessário satisfazer-se com declarações de segunda mão acerca desse pensador e de sua "nova fé viva".

Devemos destacar que os escritos de Wesley são apresentados apenas como um meio para um fim melhor. Não há a intenção de apresentar o que ele escreveu como algum tipo de exercício acadêmico. O propósito é usar seus escritos para levar o leitor a um relacionamento mais vivo, mais profundo, mais claro e mais significativo com aquele que pregou o Sermão do Monte. Jesus veio para nos dar vida, e com a máxima abundância. O propósito do sermão proferido no monte é levar-nos como filhos de Deus para essa vida abundante. A menos que esse grande tesouro seja alcançado e ampliado por meio do uso deste livro, sua leitura terá sido em vão.

JOHN WESLEY

Gravura baseada num retrato feito em 1788 por William Hamilton.

Biografia de

JOHN WESLEY

EVANGELISTA INGLÊS, TEÓLOGO, COFUNDADOR DO METODISMO

É dito a respeito de John Wesley: "Em vez de ser um 'ornamento da literatura', ele foi uma bênção para seus companheiros; em vez de 'gênio da época', ele foi o servo de Deus!".

John Wesley, que fundou o metodismo com seu irmão Charles, nasceu em Epworth, Inglaterra, em 28 de junho de 1703. Charles nasceu em Epworth em 18 de dezembro de 1707. O pai deles, Samuel Wesley, ministro da Igreja anglicana, foi reitor de Epworth de 1695 a 1735.

Em 1689, Samuel casou-se com Susanna Annesley, a 25ª filha do dr. Samuel Annesley, puritano proeminente e pastor não conformista. Susanna teve 19 filhos. Oito de seus filhos, entre eles quatro gêmeos, morreram de enfermidades diversas ainda bebês, e uma criada asfixiou acidentalmente uma nona criança. Só oito filhos sobreviveram à mãe.

Susanna é conhecida como a "mãe do metodismo" por ter gerado John e Charles. Também se credita a ela ter criado os filhos numa disciplinada atmosfera cristã, que em anos posteriores se tornou o fundamento da disciplina metódica que John e Charles praticaram na educação e no ministério religioso. Sobre a criação cristã dos filhos, ela escreveu:

> Logo que conseguiam falar, ensinava-se às crianças desta família a Oração do Senhor, que elas precisavam recitar todos os dias ao levantar e ao deitar;

> e, à medida que cresciam, era acrescentada uma oração curta pelos pais e algumas coletas;[1] um catecismo breve e algum trecho das Escrituras, conforme a capacidade da memória infantil.
>
> Fazia-se desde muito cedo que distinguissem o sábado de outros dias, antes de aprenderem a falar direito ou saírem [para as reuniões da igreja]. Cedo eles eram ensinados a se aquietarem nas orações familiares e a pedirem uma bênção imediatamente depois, o que costumavam fazer por meio de sinais antes mesmo que pudessem ajoelhar-se ou falar.

No início de 1732, John escreveu à mãe pedindo-lhe que contasse sobre os principais meios usados para educar os filhos. Ela respondeu em 4 de julho e, entre outras coisas, registrou:

> A nenhum deles se ensinou a ler antes dos 5 anos, exceto a Kezzy, que passou mais anos aprendendo que qualquer um dos outros, que levaram meses. O método de ensino foi o seguinte: um dia antes de a criança começar a aprender, a casa era arrumada, atribuía-se a cada um sua tarefa e se estabelecia a regra de que ninguém entraria na sala das 9 às 12 horas, ou das 2 às 5 horas, que, como você sabe, eram nossas horas de aula. Dava-se um dia à criança para que conhecesse as letras; e cada uma delas aprendeu nesse tempo todas as letras, maiúsculas e minúsculas, exceto Molly e Nancy, que precisaram de um dia e meio para conhecê-las perfeitamente; pelo que então as considerei ineptas; mas, desde que observei quanto tempo muitas crianças levavam para aprender a cartilha, mudei de opinião.
>
> O motivo pelo qual as considerei desse modo, porém, foi que o restante aprendeu tão prontamente; e seu irmão Samuel, a primeira criança que ensinei na vida, aprendeu o alfabeto em poucas horas. Ele completou 5 anos em 10 de fevereiro; no dia seguinte, começou a aprender e, assim que conheceu as letras, iniciou a leitura do primeiro capítulo de Gênesis. Ele aprendeu a soletrar o primeiro versículo, depois a lê-lo várias e várias vezes, até conseguir ler espontaneamente, sem nenhuma hesitação, e depois o segundo, e assim por diante, até aprender dez versículos por lição, o que logo aconteceu. A Páscoa caiu cedo naquele ano e lá por Pentecoste ele conseguia ler um capítulo muito bem, pois lia continuamente e tinha memória tão prodigiosa que não me lembro de jamais lhe ter dito a mesma palavra duas vezes.

[1] Uma oração curta que em geral precede a lição na Igreja de Roma e na Igreja anglicana.

Susanna Wesley orava duas horas por dia. Ela organizava a vida dos filhos para que conseguisse cumprir esse propósito. Por meio de seu sistema, eles tomavam conta uns dos outros enquanto a mãe orava, e essa foi uma das raízes que ela fincou nos filhos e mais tarde deu origem ao metodismo. (No início, o que distinguia os metodistas e justificou essa denominação, considerada a princípio depreciativa, era o sistema metódico de fazer as coisas.) Quando pequenos, John e Charles muitas vezes observavam a mãe orar. Quando não conseguia encontrar um lugar em que pudesse ficar só, Susanna colocava o avental por cima da cabeça e orava em qualquer lugar em que estivesse. Quando fazia isso, todos os filhos sabiam que era hora de ficarem quietos e calados, até ela terminar — e ai deles se não ficassem.

Numa quarta-feira, mais precisamente em 9 de fevereiro de 1709, a paróquia de Wesley incendiou-se completamente. Diz-se que alguns membros insatisfeitos da congregação de Samuel Wesley iniciaram o incêndio. Era tarde da noite quando começou o fogo. A sra. Wesley estava doente, no quarto, acompanhada pelas duas filhas mais velhas. Bettie, a criada, e cinco dos filhos mais novos estavam no quarto das crianças. Hettie estava sozinha em seu pequeno quarto perto do celeiro, onde se estocavam o trigo e o milho recém-debulhados.

Samuel deixou o gabinete às 10h30. Ao sair, certificou-se de que havia trancado a porta do gabinete, uma vez que mantinha lá dentro muitos manuscritos preciosos, assim como os registros financeiros da família e da paróquia. Ele dormia ao lado da esposa num quarto no andar superior, indo para lá e para a cama quase imediatamente.

O fogo foi aceso perto do celeiro, e o vento forte da noite atiçou as chamas, fazendo-as alcançar a palha dependurada na borda do telhado. Em minutos, o telhado sobre o quarto de Hettie queimou-se por inteiro e derrubou palha em chamas sobre a cama dela, queimando-lhe os braços. Aterrorizada, ela correu para o quarto do pai, clamando por sua ajuda. Fora do gabinete, alguns que haviam visto o incêndio gritavam para os de dentro: "Fogo! Fogo!".

Samuel correu até o quarto de Susanna, tomou-a junto com as filhas e ajudou-as a descer as escadas. Mandou que as filhas saíssem pela porta da frente e foi acordar as crianças no quarto delas. Bettie carregou Charles, com três das outras crianças atrás. Enquanto isso, Susanna perdeu-se na fumaça e na escuridão no interior da casa. Samuel voltou correndo a sua procura e então ouviu o grito de John que ainda estava no andar de cima e havia acordado com o telhado em chamas.

Samuel tentou subir, mas o fogo e a fumaça o forçaram a voltar e sair. As crianças se reuniram a seu redor, e a família entregou a Deus a alma de John. Foi só então que Samuel percebeu que a esposa ainda estava na casa, mas a porta da frente era uma cortina de fogo, de modo que não conseguiu voltar para dentro.

Ali, Susanna havia finalmente encontrado a saída, mas, apesar de tentar por duas vezes atravessar a fumaça e o fogo, não teve êxito. Havia caído ao chão uma vez, atingida por uma explosão repentina de chamas. Estranhamente sem medo, ela pediu auxílio divino e, então, calmamente enrolou a manta no peito e no rosto, entrou nas chamas enfurecidas e saiu. As pernas estavam queimadas e o rosto, tão escuro que mal se podia reconhecê-la.

Em cima, John, que ainda não tinha 6 anos, subiu numa caixa perto da janela aberta do quarto para gritar por socorro. Dois homens correram para acudi-lo. Um subiu nos ombros do outro, e John pulou em seus braços. Levaram-no rapidamente para a mãe que acabara de sair pela porta da frente.

Samuel, em busca frenética pela esposa, encontrou-a carregando John, que pensava ter morrido no fogo. Beijou os dois várias vezes, mal conseguindo acreditar na boa sorte e louvando Deus por sua misericórdia.

— Seus livros estão a salvo? — perguntou-lhe Susanna.

— Não importa — Samuel respondeu. — O que importa é que você e as crianças se salvaram.

Ele então chamou os filhos e pediu que as pessoas que ajudaram no incêndio ficassem de joelhos, dando graças por Deus ter preservado seus oito filhos e esposa.

— Que se vá a casa. Sou rico o suficiente.

Depois daquilo, pelo resto da vida, John Wesley referiu-se a si mesmo como "um tição tirado do fogo", citando Zacarias 3.2, que diz: "Este homem não parece um tição tirado do fogo?". Por quase quarenta anos, esse incidente foi um dos mais vivos em sua memória e apagou para sempre qualquer dúvida de que havia um Deus cuja misericórdia intervém em momentos de perigo. Mais tarde, o pregador conseguiu uma gravura mostrando uma casa em chamas sob seu próprio retrato e as palavras "Este homem não parece um tição tirado do fogo?" como subscrição.

Susanna Wesley educou os filhos desde os primeiros anos. Era uma mulher inteligente, firme e sábia, profundamente devota e que também possuía talento para ensinar. A educação doméstica de John terminou aos 10 anos, quando ele foi admitido na Escola de Charterhouse, em Londres. Ali ele seguiu estudioso e metódico, praticando a vida religiosa que havia aprendido em casa. Em 1720, entrou para a Igreja de Cristo em Oxford.[2] Em 1775, foi ordenado diácono e, no ano seguinte, eleito membro da fraternidade[3] do Lincoln College.

Wesley iniciou seu trabalho acadêmico em Lincoln com um método e vigor característicos que teriam envergonhado a preguiça dos homens de Oxford. "O lazer e eu", escreveu à mãe, "estamos de relações cortadas". E nunca mais reataram. Ele fixou um esquema de trabalho para cada dia. Às segundas e terças, dedicava-se ao grego e ao latim; às quartas, à lógica e à ética; às quintas, ao hebraico e ao árabe; às sextas, à metafísica e à filosofia natural; aos sábados, à oratória e à poesia; aos domingos, à divindade. Como parte de suas obrigações como membro da fraternidade, fora designado preletor de grego — lia aos graduandos uma preleção sobre o Novo Testamento grego uma vez por semana — e moderador das classes.

Em agosto de 1727, Wesley deixou o Lincoln College para ajudar o pai, incumbido da paróquia de Epworth e da paróquia vizinha de Wroote. Tomar conta das duas era demais para um homem em idade avançada, de modo que Samuel instou o filho a vir em seu auxílio como cura.[4] Wesley concordou e por mais de dois anos passou boa parte do tempo em Wroote. Essa pequena vila ficava a 8 quilômetros de Epworth, uma terra triste e encharcada, cercada de pântanos intransponíveis e, quase o ano inteiro, acessível somente por barco. O próprio Wesley quase se afogou quando viajava para Epworth no verão de 1728. Dizia-se que as pessoas da paróquia — cerca de 200 apenas — eram ainda mais ignorantes e iletradas que a média da população das terras pantanosas.[5]

Pouco se registra da vida de Wesley entre eles. O próprio John afirma que, embora tivesse pregado muitas vezes naqueles anos, viu pouco fruto de sua pregação, confessando ter cometido o erro de "considerar que todos a quem pregava eram cristãos e muitos deles não precisavam de arrependimento". Sua irmã Hetty escreveu uma poesia nada lisonjeira acerca do povo de Wroote, atribuindo sua ignorância ao fato de não atenderem aos sermões do irmão. É mais que provável, porém, que Wesley não tenha adaptado seus sermões aos ouvintes, porque naqueles

[2] Uma das maiores faculdades da Universidade de Oxford e a Catedral da Diocese de Oxford.

[3] Membro de uma sociedade erudita.

[4] Pessoa autorizada a conduzir o culto religioso.

[5] Terra baixa molhada com vegetação gramínea; geralmente uma zona de transição entre terra e água.

anos estava mais preocupado com as próprias necessidades do que com as dos outros. Em 1728, ainda em Wroote, Wesley foi ordenado sacerdote.

Em termos gerais, a única experiência pastoral de Wesley não parece ter sido muito bem-sucedida, e é provável que uma sensação de alívio o tenha alcançado ao ser intimado a retornar a Oxford. O dr. Morley, diretor do Lincoln College, escreveu que os membros juniores escolhidos como moderadores deveriam cumprir os deveres do ofício em pessoa, a menos que encontrassem substitutos; caso contrário, teriam de renunciar ao posto. Assim, Wesley retornou ao Lincoln em novembro de 1729 e ali permaneceu até o final de 1735.

Charles, irmão de John, entrou na Igreja de Cristo em 1726, pouco antes de John partir para o Lincoln College. Ali começou a se reunir regularmente com um grupo pequeno de homens interessados em avançar nos assuntos religiosos. Eles se encontravam com regularidade e eram tão exatos e disciplinados na vida secular e religiosa que um graduando da Igreja de Cristo os chamou de "metodistas". Ainda que o objetivo não fosse elogiá-los, o pequeno grupo gostou do nome e, antes do final de 1729, não eram conhecidos de outra forma.

John se juntou a eles quando voltou a Oxford no outono de 1729 e quase imediatamente se tornou o líder reconhecido do grupo. Na maioria das vezes os encontros eram realizados em seu quarto no Lincoln College. De início, reuniam-se só nas noites de domingo; depois, duas noites por semana; e, mais tarde, todas as noites. A associação não tinha propósitos exclusivamente religiosos, porém nas noites durante a semana eles liam clássicos e também o Novo Testamento Grego. Foram as afinidades religiosas, contudo, que forjaram o verdadeiro vínculo de amizade entre eles. Como parte da disciplina, estabeleceram um esquema fixo de autoexame, discutiam regularmente questões de dever e determinavam para cada noite algum dever ou virtude especial para discussão.

O grupo variava de uns poucos até 29, mas só havia 14 participantes quando John e Charles se mudaram para a Geórgia em 1735; um deles era George Whitefield.

No verão de 1735, o general James Oglethorpe estava em Londres solicitando ajuda para sua nova colônia da Geórgia, na América. Oglethorpe, genuíno filantropo, era um cavalheiro e tinha certo traço estadista; ficara escandalizado com a terrível condição das prisões inglesas e, em especial, com as privações impostas nos presídios para devedores.[6] Ele concebeu a ideia de uma colônia na América destinada a esses infelizes e suas famílias, a protestantes perseguidos de qualquer parte da Europa, e que funcionasse como um centro de campanha missionária entre os índios. Seu projeto conquistou simpatia, e ele conseguiu uma doação para sua colônia e uma promessa de terras da Coroa. Iniciou a colônia em 1732 e havia retornado à Inglaterra para convidar outros colonos e obter mais auxílio. Oglethorpe encontrou-se com os Wesley, que concordaram em ir para a América como missionários, ao lado de outros dois do grupo metodista.

Foi na viagem para a Geórgia que John viu um tipo de experiência religiosa que nunca havia presenciado. Vinte e seis morávios se dirigiam à Geórgia para se juntarem aos morávios já estabelecidos ali. John montou para si e para os três companheiros uma rotina rígida de estudos e devoção diárias, mas se viu atraído pela atitude espiritual dos morávios. Eles realizavam as tarefas mais humildes sem esperar pagamento ou gratidão, estavam sempre alegres, nunca reclamavam nem protestavam e, por mais maltratados que fossem, não reagiam. Também possuíam uma fé profunda e tranquila e uma invejável serenidade de espírito. Certa vez, durante uma tempestade violenta, enquanto a maioria dos outros passageiros, incluindo o grupo de John, tremia sob o deque, os morávios permaneciam cantando e louvando. Quando uma onda rebentou sobre o navio, os outros passageiros sobre o deque gritaram aterrorizados, temendo que o navio afundasse, mas os morávios simplesmente continuaram cantando, como se nada tivesse acontecido.

No dia seguinte, John perguntou a um deles:

— Vocês não ficaram com medo?

— Graças a Deus, não — foi a resposta.

— Mas as mulheres e as crianças não ficaram com medo?

— Não — ele respondeu —, nossas mulheres e crianças não têm medo de morrer.

John ficou tão impressionado com as respostas que, ao chegar à Geórgia, procurou de imediato o pastor morávio de Savannah para pedir conselhos a respeito do trabalho missionário que pretendia realizar. Para sua grande surpresa, porém, em vez de aconselhá-lo, o pastor morávio disse:

[6] Presídio para devedores: uma prisão para aqueles que não conseguem pagar uma dívida. Antes da metade do século XIX, os presídios para devedores eram uma forma comum de lidar com dívidas não pagas.

— Meu irmão, antes preciso fazer uma ou duas perguntas *para você*. Você tem o testemunho dentro de si? O Espírito de Deus testifica com seu espírito que você é filho de Deus?[7]

E, como Wesley hesitava, acrescentou:

— Você *conhece* Jesus Cristo?

Desacostumado a ser questionado desse modo, Wesley só conseguiu dizer:

— Sei que ele é o Salvador do mundo.

— Sim, amigo — o pastor retrucou —, mas você sabe que ele salvou *você*?

— Espero que ele tenha morrido para me salvar — disse Wesley.

— Você tem certeza? — perguntou o pastor, insatisfeito.

— Tenho — respondeu John, que mais tarde escreveu em confissão: "Receio que eram palavras vãs".

John Wesley passou dois anos e meio de insucesso na Geórgia. Suas doutrinas da Igreja Alta causavam repulsa nos índios e nos colonos. O relacionamento próximo que tinha com a srta. Sophia Hopkey, que dava a ela todos os motivos para crer que logo receberia uma proposta de casamento, mas que Wesley rompeu por recomendação de presbíteros morávios, provocando muito aborrecimento e escândalo. Ao excluí-la da comunhão, depois que ela se casou com outra pessoa, John percebeu que sua utilidade na Geórgia se havia acabado e, seguindo o conselho dos amigos, decidiu retornar à Inglaterra. Ele partiu de Charleston em 22 de dezembro de 1737 e aportou em Deal, na Inglaterra, no segundo dia do fevereiro seguinte.

Também em Deal, naquele mesmo dia, estava George Whitefield, rumando para o lugar que John Wesley havia deixado poucas semanas antes. O navio de Whitefield ainda estava na doca quando o de Wesley chegou ao porto. Whitefield escreveu acerca desse quase encontro numa controversa carta que enviou para Wesley algum tempo depois.

> Na manhã em que parti de Deal para Gibraltar [2 de fevereiro de 1738], você chegou da Geórgia. Em vez de me dar uma oportunidade para conversar com você, apesar de o navio não estar longe de terra, você se adiantou bastante e seguiu de imediato para Londres. Você deixou uma carta em que havia palavras como: "Quando vi [que] Deus, pelo vento que estava carregando você para fora, trouxe-me de volta, pedi o conselho do Senhor.

7 Romanos 8.16.

A resposta dele você tem anexada". Era um pedaço de papel em que estavam escritas as palavras: "Que volte para Londres".

O maior desapontamento que John Wesley sentiu com respeito à aventura fracassada na Geórgia fora em sua própria condição espiritual. Por confissão interior, fora à Geórgia para "salvar a própria alma" e retornou sabendo que sua alma não estava salva. Aqui estão algumas anotações feitas em seu diário durante o retorno à Inglaterra.

> Terça-feira, 24 de janeiro. Fui à América converter índios; mas, ai, quem me converterá? Quem ou o que me livrará deste coração mau de incredulidade? Tenho uma bela religião de verão. Consigo falar bem e ainda creio enquanto o perigo não me ronda; mas, quando a morte me chega de frente e meu espírito se perturba. [...] *Agora* creio que o evangelho é a verdade. "Mostro minha fé por minhas obras", arriscando todo o meu ser nisso. Faria tudo de novo milhares de vezes, se ainda houvesse escolhas a fazer. Qualquer um que me vê, vê-me como um cristão. Mas numa tempestade no mar penso: "*E se o evangelho não for verdade?*".

Poucos dias depois John Wesley escreveu:

> Eu, que fui para a América para converter outros, nunca me converti. Se disserem que tenho fé (pois ouvi muitas coisas assim, de muitos consoladores miseráveis), respondo: Assim também têm os demônios — um tipo de fé; mas ainda estão alheios à aliança da promessa. Isso também tinham os apóstolos em Caná da Galileia, quando Jesus primeiro "revelou assim a sua glória";[8] mesmo então, em certo sentido, "creram nele", mas ainda não possuíam "a fé que vence o mundo".[9] A fé que quero é uma segurança e confiança em Deus de que, pelos méritos de Cristo, os meus pecados são perdoados e eu, reconciliado ao favor de Deus. Quero aquela fé que ninguém pode ter sem saber que a tem.

Houve outro registro sombrio em seu diário, escrito aparentemente quando ele chegou ao porto de Deal; embora sombrio, indica que John Wesley está começando a ver uma luz no final de seu túnel escuro.

[8] João 2.11.

[9] Cf. 1João 5.4.

> Isso, então, aprendi nos confins da terra, que estou aquém da glória de Deus; que todo o meu coração é totalmente corrupto e abominável; [...] que minhas obras, meus sofrimentos, minha justiça estão tão longe de me reconciliar com um Deus ofendido, que o mais especioso deles precisa da própria expiação; [...] que, tendo "a sentença de morte"[10] no meu coração [...], não tenho esperança [...] mas que, se eu buscar, encontrarei Cristo, e serei "encontrado nele, não tendo a minha própria justiça que procede da Lei, mas a que vem mediante a fé em Cristo, a justiça que procede de Deus e se baseia na fé".[11] Quero [...] aquela fé que permite a cada um que a possui clamar "já não sou eu quem vive, mas Cristo vive em mim. A vida que agora vivo no corpo, vivo-a pela fé no filho de Deus, que me amou e se entregou por mim".[12] Quero aquela fé que ninguém pode ter sem saber que a tem; quando "o próprio Espírito testemunha ao nosso espírito que somos filhos de Deus".[13]

John Wesley recebeu a fé salvadora de que necessitava em 24 de maio de 1738, numa reunião morávia na Rua Aldersgate, em Londres, quando ouvia uma leitura do prefácio de Martinho Lutero à epístola de Paulo aos Romanos, em que se dá uma explicação da fé e da doutrina da justificação. Em seu diário, Wesley escreveu uma passagem que contém a declaração que se tornou clássica nos anais do metodismo e famosa em todo o mundo cristão: "Senti meu coração estranhamente aquecido".

> À noite fui bem a contragosto a uma sociedade na Rua Aldersgate, onde alguém estava lendo o prefácio de Lutero à epístola aos Romanos. Por volta das 8h45, quando ele descrevia a mudança que Deus realiza no coração por meio da fé em Cristo, senti meu coração estranhamente aquecido. Senti que eu confiava em Cristo, só em Cristo, para minha salvação; e foi-me dada uma certeza de que ele havia tomado os meus pecados, até os meus, e me salvado da lei do pecado e da morte.[14] Comecei a orar com todas as minhas forças por aqueles que haviam de maneira mais especial me usado com desprezo e me perseguido. Então testifiquei abertamente a todos ali o que sentira pela primeira vez no meu coração.

[10] 2Coríntios 1.9.

[11] Filipenses 3.9.

[12] Gálatas 2.20.

[13] Romanos 8.16.

[14] Romanos 8.2.

Charles Wesley pousava na casa de certo sr. Bray para recuperar a saúde; a casa ficava a poucas quadras de onde se realizava a reunião, e John correu para lá a fim de se encontrar com o irmão. Charles o viu quando ele entrou na casa, e John só lhe disse duas palavras: "Eu creio!". Dois dias antes, a 22 de maio, Charles havia escrito um hino, "Where shall my wondering soul begin?" [Por onde deve começar minha alma maravilhada?], e agora eles o entoavam com alegria.

O próprio Charles só se converteu em 21 de maio de 1738, três dias antes do irmão, e começou a escrever o hino no dia seguinte. Foi o primeiro dos 6 mil hinos que escreveria. Em seu diário, Charles fala sobre a dificuldade de escrever este primeiro:

> Às 9 horas, comecei um hino sobre minha conversão, mas fui persuadido a interromper, por medo do orgulho. O sr. Bray veio e me encorajou a prosseguir apesar de Satanás. Orei a Cristo que ficasse ao meu lado, e terminei o hino. Quando mais tarde o mostrei ao sr. Bray, o Diabo me lançou um dardo feroz, insinuando que o hino era errado e que eu havia desagradado a Deus. Meu coração desfaleceu, até que, lançando os olhos para um livro de oração, encontrei uma resposta para o Maligno. "Por que você se vangloria do mal e de ultrajar Deus continuamente? ó homem poderoso!"[15] Com isso, discerni claramente que aquilo era um artifício do inimigo para manter-me longe da glória de Deus.

Eis o relato do diário de Charles acerca do que aconteceu um dia depois de escrever seu primeiro hino — a noite em que John se converteu:

> Por volta das 10 horas, meu irmão foi trazido em triunfo por uma tropa de amigos nossos e declarou: "Eu creio". Cantamos o hino com grande alegria e partimos em oração.

O relato dessa alegria não é completo sem pelo menos a primeira estrofe do hino.

> Por onde deve começar minha alma maravilhada?
> Como vou todo ao céu aspirar?
> Escravo redimido da morte e do pecado,
> Ramo arrancado do fogo eterno!
> Como levantar triunfos equivalentes
> Ou cantar louvores ao meu grande Libertador?

[15] Salmos 52.1.

Um ano mais tarde, em 21 de maio de 1739, Charles escreveu seu hino mais famoso, "Mil línguas eu quisera ter", para comemorar o primeiro aniversário de sua conversão a Cristo.

A conversão de John Wesley removeu o legalismo característico da Igreja Alta que tanto dificultou seu trabalho missionário na Geórgia e revolucionou os meios e métodos de seu ministério evangelístico. A justificação somente pela fé tornou-se então o fundamento e o tema recorrente de sua pregação por todo o restante de sua vida. Não estaria muito longe da verdade dizer que, naquele dia, morreu John Wesley, o sacerdote da Igreja Alta, e nasceu John Wesley, o evangelista. Ele já havia pregado uma vida disciplinada e devota para alcançar a santidade; agora pregava uma vida santa em razão de Cristo e do amor e da glória divinos.

John trabalhara durante anos como servo de Deus, fiel à disciplina pessoal que podia exibir, mas agora se tornara filho pela fé. A esse respeito, o dr. Rigg[16] escreveu:

> [...] esse sacerdote ritualista e moralista eclesiástico foi transformado num pregador inflamado da grande salvação e da vida evangélica em todos os seus ramos e suas ricas e variadas experiências. Então surgiu o metodismo wesleyano e todas as igrejas metodistas.

Hugh Price Hughes[17] escreveu palavras semelhantes acerca do significado histórico da conversão de John Wesley:

> Atravessou-se o Rubicão.[18] O abandono das tradições eclesiásticas, a rejeição da sucessão apostólica, a ordenação de presbíteros e bispos com as próprias mãos, a organização definitiva de uma igreja separada e plenamente equipada, tudo estava logicamente envolvido no que ocorreu naquela noite.

16 Desconhecido.

17 Hugh Price Hughes (9 de fevereiro de 1847—17 de novembro de 1902) cristão galês, teólogo da tradição metodista, foi o fundador do Methodist Times e o primeiro superintendente da Missão Metodista West London, uma organização metodista importante hoje. Foi um condutor de mudanças e reformas sociais. (Traduzido da Wikipedia.)

18 Nome antigo de um pequeno rio que marcava a fronteira entre a província da Gália Cisalpina e Roma. A República proibia qualquer general romano de atravessá-lo com suas tropas, evitando riscos à estabilidade do poder central. Quando Júlio César cruzou o Rubicão em 49 a.C., em perseguição a Pompeu, tornou inevitável o conflito com o Senado romano. Ainda hoje, "atravessar o Rubicão" significa tomar uma decisão sem volta. [N. do R.]

Como outro João, chamado "Batista", Deus preparou seu vaso por muitos anos, e agora chegara a hora de Wesley fazer "um caminho reto para o Senhor"[19] e de o Espírito Santo o encher com um fogo que inflamaria toda a Inglaterra com a santidade e a glória de Deus e Cristo. A Inglaterra e o mundo nunca mais seriam os mesmos.

Wesley e seus seguidores se mantiveram associados aos morávios por vários anos, mas no final de 1739 ocorreu uma ruptura que os fez seguir caminhos distintos. "Assim", escreveu Wesley, "sem nenhum plano prévio, começou a Sociedade Metodista na Inglaterra". Os metodistas foram perseguidos de todas as maneiras possíveis, tanto pelo mundo como pelas religiões estabelecidas. Contudo, o Espírito Santo sempre parece trabalhar melhor quando os retos são perseguidos, e, por onde quer que fossem os metodistas, estabeleciam-se sociedades, e pecadores eram convertidos. O fogo que o Espírito Santo havia acendido no coração de John Wesley logo queimava em centenas de outros corações e por fim se espalharia a milhares pelo mundo.

John Wesley logo se tornou o homem mais ocupado da Inglaterra. Ele formava sociedades, abria capelas, examinava e ordenava ministros; administrava disciplina pastoral; levantava fundos para escolas, capelas e obras de caridade; supervisionava escolas e orfanatos; respondia a ataques contra o metodismo e a cada carta que lhe chegava pedindo socorro. No cumprimento de seu ministério de evangelização, pregou mais de 40 mil vezes, em geral duas ou três vezes por dia, ofertou quase 30 mil libras[20] e viajou mais de 320 mil quilômetros, principalmente a cavalo.

Ele também escreveu, traduziu ou editou mais de 200 obras importantes. Incluem-se aí sermões, comentários e hinos que escreveu com Charles, uma coleção bíblica de 50 volumes e enorme quantidade de outros materiais religiosos.

Diz-se que John Wesley recebeu não menos de 20 mil libras [cerca de 1,2 milhão a 1,7 milhão de libras hoje][21] só pelos escritos, mas usou pouco disso para si. Ele acordava às 4 da manhã, vivia de maneira simples e metódica e nunca ficava ocioso, só por necessidade. Exceto por aquilo que era essencial para mantê-lo vestido e alimentado, doava tudo para os outros e para obras sociais. Aos 48 anos, casou-se com uma viúva, Mary Vazeilee. Eles foram extremamente infelizes, não tiveram filhos, e ela só permaneceu casada quinze anos com ele.

[19] João 1.23.

[20] Cerca de 800 mil reais. [N. do R.]

[21] Algo em torno de 3,5 milhões a 5 milhões de reais, em valores atuais. [N. do R.]

John Wesley morreu em 2 de março de 1791, aos 88 anos. Ao se aproximar da morte, tomou as mãos dos amigos reunidos a seu redor e disse repetidas vezes: "Adeus, adeus". Depois declarou: "O melhor de tudo é que Deus está conosco". E, logo antes de morrer, levantou os braços e repetiu com voz fraca as palavras: "O melhor de tudo é que Deus está conosco".

John Wesley não tinha um centavo ao morrer, mas deixou como legado 135 mil membros e 541 pregadores itinerantes sob o nome "metodista". Em tributo a sua vida e obra, alguém foi feliz nas palavras: "Quando John Wesley foi levado ao túmulo, deixou para trás uma boa biblioteca, um traje clerical bem usado e a Igreja metodista".

HAROLD J. CHADWICK
Editor Sênior

Ilustração de Frances Arthur Fraser: John e Charles Wesley em Bristol, local de fundação da primeira capela metodista.

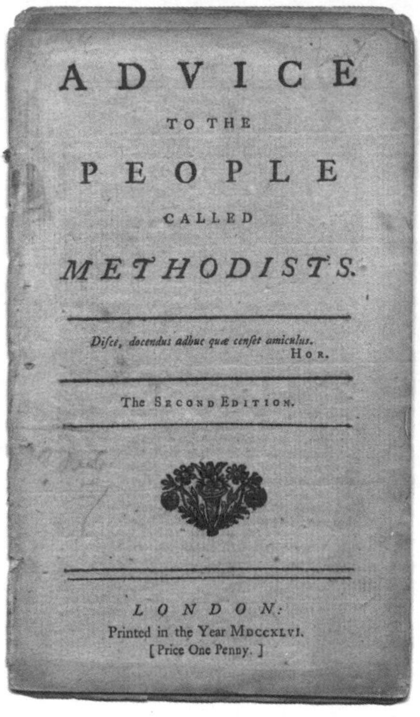

ADVICE

TO THE

PEOPLE

CALLED

METHODISTS.

Disce, docendus adhuc quæ censet amiculus.
HOR.

The SECOND EDITION.

LONDON:
Printed in the Year MDCCXLVI.
[Price One Penny.]

Charles Wesley

Wesley pregando ao ar livre em Cornwall, Inglaterra.

Gravura de John Wesley e George Whitefield pregando a respeito da nova Jerusalém.

Retrato de John Wesley jovem.

John Wesley

Vários retratos de John Wesley

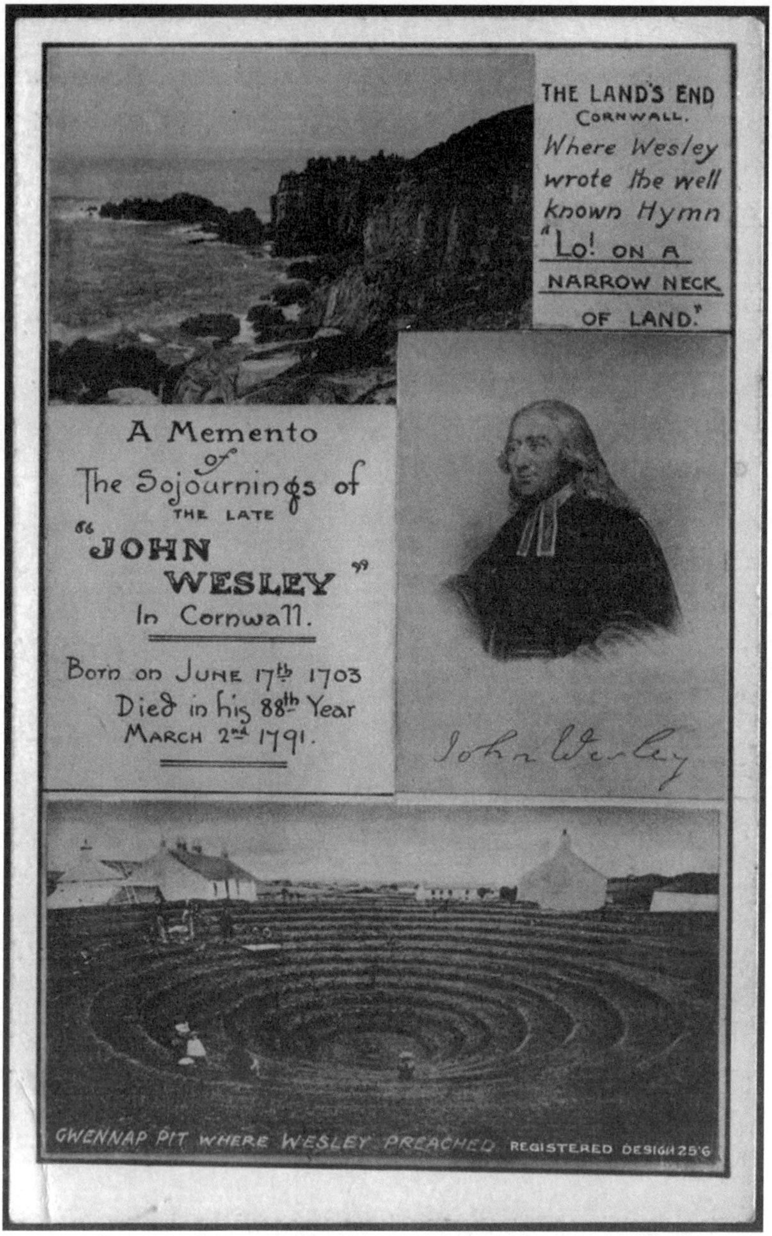

Memória da estada de John Wesley em Cornwall, onde escreveu o hino "Lo! On a narrow neck of land" [Veja! Num pedaço estreito de terra].

Wesley em seu leito de morte, escrevendo para William Wilberforce.

Estátua de Wesley na Universidade de Aoyama em Tóquio, Japão, fundada em 1874 pela Igreja episcopal metodista dos Estados Unidos.

* JOHN WESLEY PREGA o AMOR e a PAZ em CRISTO em favor do MUNDO (tradução livre).

Estátua de JohnWesley e sua casa em Shoreditch, Inglaterra, construída em 1779.

CAPÍTULO 1

QUEM É VOCÊ?[1]

Há três tipos básicos de pessoas no mundo. Cada um de nós identifica-se com um deles. O primeiro é o que se encontra num estado mental sem temor a Deus nem amor pelos outros. Nas Escrituras, recebe o nome de "homem natural". O próximo é o que está sob o espírito de escravidão e medo. Esse estado é às vezes chamado de "estar sob a lei". Na história religiosa, com frequência indica aquele que, sob a dispensação judaica, considerava-se obrigado a observar todos os rituais e cerimônias da lei judaica para agradar a Deus. Nos dias atuais, todos os que tentam agradar a Deus com boas obras ou ações corretas estão sob uma lei de autoria própria. O último é aquele que trocou o espírito de medo pelo espírito de amor. Essa pessoa pode ser devidamente referenciada como alguém que está sob a graça.

O apóstolo Paulo falou disso em sua carta aos Romanos ao dizer: "Pois vocês não receberam um espírito que os escravize para novamente temerem, mas receberam o Espírito que os adota como filhos, por meio do qual clamamos: '*Aba*, Pai' ".[2]

Paulo se refere àqueles que são filhos de Deus pela fé. Os que são de fato filhos de Deus receberam o Espírito de Deus. "Vocês não receberam um espírito que os escravize para novamente temerem." Agora ele diria: "Porque vocês são filhos de Deus, Deus enviou esse Espírito de seu Filho ao coração de vocês". O resultado é: "Vocês receberam o Espírito que os adota como filhos, por meio do qual clamamos: '*Aba*, Pai' ".

O espírito de escravidão e medo é contrário a esse espírito amoroso de adoção. Os que são influenciados pelo medo escravizador não podem ser chamados

[1] WESLEY. O espírito de escravidão e de adoção. **Quarenta e quatro sermões**, Sermão IX.

[2] Romanos 8.15.

"filhos de Deus". Sim, alguns deles podem ser chamados servos de Deus e "não estão longe do Reino dos céus".

No entanto, teme-se que a maior parte da humanidade, mesmo aquela que se autodenomina cristã, não chegou a isso. A maioria ainda está bem longe, e Deus não está em seus pensamentos. Encontram-se poucos que amam a Deus. Alguns mais o temem. A maior parte, contudo, não tem o temor a Deus diante dos olhos nem o amor a Deus no coração.

Talvez alguns de vocês, pela misericórdia de Deus, tenham agora um espírito melhor. Vocês podem lembrar-se de um tempo em que eram exatamente como esses. Estavam sob a mesma condenação. De início, vocês não sabiam disso. Chafurdavam diariamente em seus pecados e sua separação. Então, no devido tempo, receberam o espírito de temor. Vocês receberam, porque esse temor também é um dom de Deus. Depois, esse temor esvaneceu. O espírito de amor preencheu o coração de vocês.

É muito importante saber qual espírito temos dentro de nós. Por isso, tentaremos definir claramente cada estado.

Primeiro, há o estado do homem natural. As Escrituras representam esse estado como um sono. Deus clama: "Desperta!".[3] A alma dessa pessoa está em sono profundo. Suas percepções espirituais não se manifestaram. Elas não conseguem discernir o bem e o mal. Os olhos de seu entendimento estão fechados. Cerrados, não conseguem ver.

Nuvens e trevas repousam continuamente sobre o homem natural. Ele está no vale da sombra da morte. Não tem a via de entrada para o conhecimento das coisas espirituais. Todas as avenidas de sua alma estão fechadas. Ele é ignorante quanto ao que mais precisa saber. É totalmente ignorante quanto a Deus. Nada sabe a respeito de Deus e não se importa de nada saber. Está totalmente alheio à lei de Deus. O significado verdadeiro, interior e espiritual da lei está perdido para ele. Não tem noção daquela santidade evangélica que conduz alguém ao Senhor. Ele carece da felicidade que só se encontra por meio de uma vida que está escondida com Cristo em Deus.[4]

Por esse mesmo motivo — estar dormindo profundamente —, em certo sentido, descansa. Por ser cego, também está seguro. Ele diz: "Nenhum mal me ocorrerá".

[3] Efésios 5.14.

[4] Colossenses 3.3.

As trevas que o encobrem por todos os lados o mantêm numa espécie de paz. É um tipo de paz que vem da obra do Diabo e de uma mente terrena e diabólica. Ele não vê que está à beira do desastre. Assim, não pode temer o desastre. Não pode tremer diante do perigo que não conhece. Não tem entendimento suficiente para temer. Por que esse homem não tem nenhuma percepção de Deus? Porque o ignora totalmente.

O homem natural pode ser ateu, agnóstico ou deísta. Se é ateu, diz: "Deus não existe". Se é agnóstico, diz: "É impossível saber qualquer coisa a respeito de Deus". Se é deísta, diz: "Deus está alheio às coisas que são feitas sobre a terra". O deísta também se satisfaz dizendo: "Deus é misericordioso". Nessa única ideia de misericórdia, ele confunde e ignora todo ódio essencial de Deus ao pecado. Ao destacar apenas a santidade de Deus, ele ignora a justiça, a sabedoria e a verdade divinas.

O homem natural não teme a retribuição que sobrevirá a todos os que não obedecem à lei de Deus. Ele carece desse medo porque não compreende a lei. Imagina que o ponto principal é cumprir a lei, para ser externamente inculpável. Não vê que ela se estende a cada atitude, cada desejo, cada pensamento e cada emoção do coração. Muitas vezes ele imagina que sua obrigação para com a lei está cumprida. Diz que Cristo veio para destruir a Lei e os Profetas. Assim, acredita que Jesus veio para salvar as pessoas *em* seus pecados, mas não *de* seus pecados. Ele prega que Deus dará os céus sem santidade. Desconsidera as próprias palavras de Jesus: "de forma alguma desaparecerá da Lei a menor letra ou o menor traço, até que tudo se cumpra".[5] Ele gostaria de se esquecer de que Jesus também disse: "Nem todo aquele que me diz: 'Senhor, Senhor', entrará no Reino dos céus, mas apenas aquele que faz a vontade de meu Pai que está nos céus".[6]

O homem natural está seguro porque é totalmente ignorante quanto a si mesmo. Portanto, fala de se arrepender no futuro. Na verdade, ele não sabe exatamente quando. Acredita que deve arrepender-se em algum momento antes de morrer. Tem certeza de que está em seu poder resolver isso. O que o impedirá de fazê-lo, caso deseje? Uma vez tomada a decisão, ele não teme executá-la!

Essa ignorância, porém, nunca se mostra tão forte como naqueles que são chamados letrados. Se um homem natural for um desses, pode falar de modo impressionante a respeito das próprias faculdades mentais. Discorre longamente sobre seu

[5] Mateus 5.18.

[6] Mateus 7.21.

livre-arbítrio. Defende a absoluta necessidade dessa liberdade, para que o homem se constitua agente moral. Ele lê, argumenta e prova, pela demonstração, que todo homem pode agir por livre escolha. Alega que qualquer um pode dispor o próprio coração para o mal ou para o bem, segundo bem lhe parece. Faz isso para impedir, por todos os meios, que a luz do evangelho glorioso de Cristo brilhe sobre ele.

Da mesma ignorância de si mesmo e de Deus, às vezes pode surgir no homem natural um tipo de alegria em se felicitar pela própria sabedoria e bondade. Ele pode muitas vezes possuir o tipo de alegria deste mundo. Pode sentir prazer de vários tipos. Pode ter prazer em satisfazer os desejos da carne, ou o desejo dos olhos, ou o orgulho da vida. Particularmente, se tiver muitas posses e gozar de afluência, pode encontrar prazer em vestir-se e comer bem todos os dias. E, uma vez que faz isso bem, o mundo sem dúvida falará bem dele. Os homens dirão: "Este é um homem feliz". Aliás, essa é toda a felicidade terrena. A felicidade terrena é vestir-se, visitar e falar, comer e beber e levantar-se para brincar.

Não surpreende que alguém em tais circunstâncias, dosadas com as drogas da lisonja e do pecado, imagine andar em grande liberdade. Nesse sonho, o tal pode convencer-se facilmente de estar livre de todos os erros comuns. Acredita estar livre de preconceitos, sempre julgando com correção e mantendo-se longe de todos os extremos. Pode até dizer: "Estou livre de todos os extremismos religiosos das almas fracas e limitadas. Estou isento de superstições, a doença dos tolos e dos covardes, que se consideram sempre justos demais. Estou livre daquele fanatismo que acompanha os que não têm um modo de pensar livre e generoso". E tem tanta certeza disso que está totalmente isento da sabedoria que vem de Deus. O homem natural é livre da santidade, da religião do coração e de toda a mente que estava em Cristo.

Todo esse tempo, ele é servo do pecado. Comete mais ou menos pecados, dia após dia. Entretanto, não se perturba em sua condição. Não está sujeito, como dizem alguns. Não percebe a condenação. Contenta-se com a ideia: "O homem é falho. Somos todos fracos. Cada homem tem sua enfermidade".

Às vezes ele cita mal as Escrituras. Pode dizer: "Por que Salomão diz que o justo cai sete vezes por dia?".[7] E critica: "Sem dúvida são hipócritas ou fanáticos todos os que fingem ser melhores que os outros". Se em algum momento um

[7] Cf. Provérbios 24.16.

pensamento sério se fixa em sua mente, ele o reprime o mais rápido possível. E diz para si mesmo: "Por que temeria, se Deus é misericordioso e Cristo morreu pelos pecadores?". Assim, continua servo voluntário do pecado, contente com o cativeiro da corrupção. É interna e externamente profano e está satisfeito com essa condição. Está satisfeito não apenas em não vencer o pecado, mas também em não se esforçar para vencê-lo. Em particular, ignora os pecados que o assediam.

Esse é o estado de todo homem natural, seja ele um transgressor grosseiro e escandaloso, seja um pecador mais reputado e decente. Esse é seu estado, mesmo que assuma a forma de devoção. Mas como tal pessoa pode ser convencida do pecado? Como é levada a se arrepender, a se submeter à lei e a receber o espírito de escravidão ao medo? Esse é o próximo ponto a ser considerado.

Deus, a seu modo, pode tocar o coração do homem natural que permanece dormindo nas trevas e na sombra da morte. Deus o faz por alguma providência milagrosa ou por sua Palavra aplicada com uma demonstração do Espírito Santo. O homem natural é chacoalhado terrivelmente, e acaba tirado de seu sono. Desperta para a consciência de seu perigo. Talvez de repente, talvez aos poucos, os olhos de seu entendimento são abertos. Agora, o véu que turvava seu entendimento está parcialmente removido. Ele consegue discernir o estado real em que se encontra. Uma luz horrenda invade sua alma. Por essa luz, ele capta um relance do abismo insondável em que está prestes a cair.

Por fim, ele vê que o Deus amoroso e misericordioso também pode ser um fogo consumidor. Reconhece que Deus é justo e punitivo, devolvendo a cada homem segundo suas obras. Deus julga cada palavra fútil do ímpio. O homem é responsável até pelas imaginações de seu coração. E agora percebe claramente que o Deus grande e santo possui olhos puros demais para contemplar a iniquidade. Por fim, admite que Deus é vingador de todos os que se rebelam contra ele. Deus recompensa o perverso diretamente. É temerário cair nas mãos do Deus vivo.

O significado espiritual da lei de Deus começa agora a despontar nesse homem. Ele percebe que os mandamentos de Deus são extremamente abrangentes. Nada se esconde aos olhos de Deus. Ele agora está convencido de que cada parte da lei de Deus se relaciona a cada ato seu. A relação não é meramente com o pecado exterior ou a obediência, mas até mesmo com o que ocorre nos recessos secretos de sua alma. Aplica-se ao que nenhum olho além do divino pode penetrar. Agora, quando ele ouve "Não matarás", Deus fala num trovão: "Quem odeia seu irmão é assassino".[8] "Qualquer que disser: 'Louco!', corre o risco de ir para o fogo do inferno."[9] Se a lei diz: "Não adulterarás", a voz do Senhor soa em seus ouvidos: "Qualquer que olhar para uma mulher para desejá-la, já cometeu adultério com ela no seu coração".[10] Assim, em todos os pontos, ele reconhece que a Palavra de Deus é ágil, poderosa e mais afiada que uma espada de dois gumes. Penetra até dividir sua alma e espírito, suas juntas e medulas. E, quanto mais penetra, mais dói, porque ele tem consciência de que negligenciou Deus por tempo demasiado. Ele sabe que calcou sob seus pés Jesus, aquele que o salvaria de seus pecados. É culpado de ter considerado o sangue da nova aliança algo profano, comum, não santificado.

Agora o homem sabe que todas as coisas estão desnudas e abertas aos olhos de Deus, com quem é preciso tratar. Assim, ele se vê nu, despido de todas as folhas de figueira que havia costurado. Perdeu todas as pobres pretensões de religião ou virtude. Suas frágeis desculpas por ter pecado contra Deus são inócuas. Agora se vê como os antigos sacrifícios: como que dividido ao meio, do pescoço para baixo, de modo que todo o seu interior se abre à vista pública. O coração está exposto, e ele vê que é todo pecado. Sabe que é enganoso acima de todas as coisas e desesperadamente perverso. Tem consciência de que seu coração é totalmente corrupto e abominável, mais do que as palavras poderiam expressar. Sabe que bem nenhum habita nele. Só há injustiça e impiedade. Cada ideia, cada sentimento, cada pensamento é apenas maligno, continuamente.

Ele não só vê, como sente dentro de si por uma emoção da alma que não consegue descrever, que merece ser punido por Deus. Percebe que isso é verdade, mesmo que seus atos visíveis sejam inculpáveis. Reconhece que a punição justa pelos seus pecados é a morte.

Seu sonho agradável termina aqui. Seu descanso ilusório, sua falsa paz, sua vã segurança estão todos acabados. Sua alegria agora se evapora como uma nuvem. Os prazeres, antes adorados, já não agradam. O sabor fica estragado. Ele detesta seu cheiro enjoativo. Está farto de carregá-los. As sombras da felicidade desaparecem e caem no esquecimento. Ele é desnudado de tudo. Vagueia de um lado para outro, à procura de descanso e paz. E nada encontra.

[8] 1João 3.15.

[9] Mateus 5.22.

[10] Mateus 5.28.

Ele descobre que o pecado solto sobre a alma é perfeito tormento. Sofre a aflição de um espírito ferido em orgulho, ira, desejo maligno, vontade própria, maldade, inveja, vingança e outros pecados do coração. Sente pesar no coração pelas bênçãos perdidas. Sabe que a maldição pesa sobre si. Sente remorso por ter destruído a si mesmo e despreza a própria devoção. Agora percebe na carne a ira de Deus, e as consequências de sua ira, que paira sobre sua cabeça. Ele a vê como punição justa e merecida.

O medo da morte, que é para ele a porta do inferno, a entrada para a morte eterna, está sempre presente. Agora ele teme o Diabo, o executor da ira e da justa vingança divinas. Ele teme os homens que, se conseguissem matar seu corpo, precipitariam com isso tanto seu corpo quanto sua alma no inferno. Seu medo às vezes se eleva de tal maneira que a pobre alma pecadora e culpada se aterroriza com tudo e com nada. Ele treme como uma folha agitada pelo vento. Às vezes esse medo pode até resvalar num distúrbio, deixando-o bêbado, ainda que não de vinho. O medo pode suspender seu exercício de memória, entendimento e todas as suas faculdades naturais. Às vezes seu medo pode levá-lo à beira do desespero. Nessas ocasiões, o mesmo que treme à menção da morte pode estar disposto a mergulhar nela a qualquer momento, só para ser livrado da vida. Esse homem pode urrar como aquele de outrora, pela própria ansiedade do coração: "O espírito do homem o sustenta na doença, mas o espírito deprimido, quem o levantará?".[11]

Tal pessoa deseja escapar do pecado e começa a lutar contra ele. Contudo, ainda que se empenhe com todas as forças, não consegue vencer. O pecado é mais forte. Ele deseja escapar, mas está fechado na prisão. Não consegue libertar-se. Decide-se contra o pecado, mas continua pecando. Vê a armadilha e a abomina, e corre para ela. Sua capacidade lógica, da qual tanto se orgulhava, só serve para aumentar sua culpa e sua miséria. Isso é o livre-arbítrio. Só é livre para invejar. É livre para beber a iniquidade. É livre para afastar-se mais e mais do Deus vivo e para fazê-lo apesar do espírito da graça.

Quanto mais ele deseja ser livre, quanto mais luta e se esforça para isso, tanto mais sente as algemas, as miseráveis algemas do pecado com que Satanás o mantém cativo em seu livre-arbítrio. Ele é servo de Satanás. Mesmo que se rebele, não consegue vencer. Ainda está na escravidão e no medo em razão do pecado.

[11] Provérbios 18.14.

Em geral trata-se de algum pecado exterior ao qual é particularmente predisposto, seja por natureza, seja por costume, seja por circunstâncias externas. Ele está sempre atrelado a algum pecado interior, tal como um mau gênio ou inclinações profanas. E, quanto mais se aflige com isso, tanto mais o pecado prevalece. Por mais que morda as correias, não consegue quebrá-las.

Assim, ele se debate continuamente, arrependendo-se e pecando, e arrependendo-se e pecando outra vez. Por fim, depois de muito, o miserável, pobre, pecador e perdido está no limite da razão. Ele mal consegue gemer: "Miserável homem que eu sou! Quem me libertará do corpo sujeito a esta morte?".[12]

Toda essa luta daquele que está sob a lei, sob o espírito de escravidão e medo, é lindamente descrita por Paulo no sétimo capítulo do livro de Romanos. Ali ele fala como um homem despertado. Ele diz: "Antes eu vivia sem a Lei [eu tinha muita vida, sabedoria, força e virtude, pensava], mas quando o mandamento veio, o pecado reviveu, e eu morri".[13]

O mandamento, em seu significado espiritual, entrou no coração de Paulo com o poder de Deus. Então seu pecado inato foi revolvido, atiçado, inflamado, e toda a sua virtude esvaneceu. O mandamento, ordenado para a vida, ele descobriu ser a morte. O pecado, ocasionado pelo mandamento, o enganou e o destruiu por seu intermédio. O pecado chegou de repente e destruiu todas as suas esperanças. Isso lhe mostrou claramente que, no meio da vida, ele estava na morte. "De fato a Lei é santa, e o mandamento é santo, justo e bom."[14] Então ele já não culpa isso, mas a corrupção do próprio coração. Reconhece que a lei é espiritual, mas ele é carnal, vendido ao pecado. Então consegue ver a natureza espiritual da lei. Pela primeira vez, compreende o próprio coração carnal, diabólico, vendido ao pecado. Ele estava totalmente escravizado ao pecado, como os escravos comprados por dinheiro ficavam absolutamente à disposição de seus senhores. E só podia clamar: "Não entendo o que faço. Pois não faço o que desejo, mas o que odeio".[15] Paulo gemia sob essa escravidão, essa tirania de seu implacável senhor do pecado. Podia desejar continuamente ser melhor, mas não sabia como realizar o que desejava. Pois o bem que desejava fazer, não conseguia. O mal que desejava

12 Romanos 7.24.

13 Romanos 7.9.

14 Romanos 7.12.

15 Romanos 7.15.

evitar, esse realizava. Descobriu que era uma lei, uma força interior de coação, que, quando ia fazer o bem, o mal estava presente dentro dele. Concordava com a lei de Deus na mente, mas via o corpo fazer outras coisas. Algum outro poder causava uma guerra contra a lei de sua mente ou homem interior. Aquilo o mantinha cativo à lei, sob o poder do pecado. Era como se o rebocasse, nas rodas de seu conquistador, fazendo-o praticar todas as coisas que sua alma desejava rejeitar. Aquilo o fazia clamar: "Miserável homem que eu sou! Quem me libertará do corpo sujeito a esta morte?". Quem poderia livrá-lo daquela vida moribunda e sem solução, daquela escravidão ao pecado e ao sofrimento? Até ali, Paulo servira à lei de Deus com a mente e a consciência, mas servira à lei do pecado com o corpo. Era arremessado por uma força à qual não conseguia resistir.

Como é nítido este retrato daquele que está sob a lei. Descreve o homem que anseia por liberdade, poder e amor, mas continua no medo e na servidão! Assim ele permanecerá até o momento em que Deus responder a suas orações. Então essa escravidão terminará, e ele já não estará sob a lei, mas sob a graça. Será libertado dessa servidão do pecado e do corpo da morte. Será libertado pela graça de Deus por meio de Jesus Cristo, o Senhor.

É então que essa escravidão miserável termina. Ele já não está sob a lei, mas sob a graça. É o terceiro estado a ser considerado, o estado daquele que encontrou graça, ou favor, aos olhos de Deus. É o estado daquele que possui a graça e o poder do Espírito Santo reinando no coração, dados por Deus Pai. É o estado daquele que recebeu, na linguagem de Paulo, o espírito de adoção. Agora ele conhece Deus e pode clamar a ele: "*Aba*, Pai".

O homem sob a lei clamou a Deus em sua aflição. Deus o livrou de sua angústia. Seus olhos foram abertos de um modo totalmente diferente. Agora ele consegue ver Deus como alguém amoroso e bondoso. Enquanto clama: "Eu te imploro, mostra-me tua glória!", ele ouve uma voz no fundo de sua alma.

Deus lhe diz: "Diante de você farei passar toda a minha bondade, e diante de você proclamarei o meu nome: o SENHOR. Terei misericórdia de quem eu quiser ter misericórdia, e terei compaixão de quem eu quiser ter compaixão".[16]

Não demora muito até o Senhor descer nas nuvens e proclamar o nome do Senhor. Então o pecador vê, mas não com os olhos da carne e do sangue. Por meio

16 Êxodo 33.19.

de seu espírito, vê a lei de Deus como misericordioso, gracioso, longânimo e abundante em misericórdia e bondade. Sabe que Deus reserva misericórdia para milhares, perdoa iniquidades, transgressões e pecados.

Uma luz celestial reparadora agora irrompe sobre sua alma. Deus olha por ele. O Deus que ordenou que a luz brilhasse nas trevas agora brilha em seu coração. Ele vê a luz do amor glorioso de Deus na face de Jesus Cristo. Dispõe de evidências divinas de coisas que não se veem. Por uma sensação interior, tem a consciência das coisas profundas de Deus. Mais particularmente, experimenta o amor perdoador de Deus para com aquele que crê em Jesus. Dominado pela visão, toda a sua alma clama: "Meu Senhor e meu Deus!".

Agora ele vê todas as suas iniquidades postas sobre Jesus, que as levou em seu próprio corpo na cruz. Ele contempla o "Cordeiro de Deus" retirando seus pecados. Agora é capaz de discernir claramente que Deus estava em Cristo, reconciliando o mundo consigo. Deus fez que aquele que não conheceu pecado fosse pecado por nós, para que pudéssemos ser feitos justiça de Deus por meio dele. Agora tal homem consegue compreender que ele mesmo está reconciliado com Deus por meio do sangue da aliança.

Tanto a culpa quanto o poder do pecado chegaram ao fim agora. O novo homem pode dizer: "Fui crucificado com Cristo. Assim, já não sou eu quem vive, mas Cristo vive em mim. A vida que agora vivo no corpo, vivo-a pela fé no filho de Deus, que me amou e se entregou por mim".[17] O remorso, o pesar do coração e a angústia de um espírito ferido chegam ao fim. Deus transforma esse peso em alegria. Ele nos havia feito ulcerar com a lei, e agora suas mãos nos curam. Aqui termina também a escravidão ao medo. Agora o coração insiste em crer no Senhor. Já não conseguimos temer a ira de Deus. Essa ira é agora afastada daqueles que olham para ele não mais como um juiz raivoso, mas como um pai amoroso. O medo do Diabo é apagado pelo conhecimento de que ele não tem poder, exceto aquele que lhe é dado do alto. O medo do inferno se foi, pois a nova pessoa em Cristo é herdeira do Reino dos céus. Por conseguinte, já não há medo da morte. Agora ela sabe que, quando esta vida terminar, possui uma casa com Deus. Essa casa não é feita por mãos, mas é eterna nos céus. Tal homem deseja sinceramente ser revestido daquela casa que está nos céus. Anseia por desvencilhar-se desta casa terrena,

[17] Gálatas 2.20.

para que a mortalidade possa ser engolida pela vida eterna. Sabe que Deus o moldou exatamente para isso. Sabe também que Deus lhe deu o prêmio do Espírito Santo.

Onde está o Espírito do Senhor, aí há liberdade. Há liberdade não só da culpa e do medo, mas do pecado. Há liberdade do mais pesado de todos os jugos, da mais vil de todas as servidões. A labuta espiritual já não é em vão. O laço foi cortado, e ele está livre. Ele não só se esforça, mas agora prevalece. Não só luta, mas também vence. Desse ponto em diante, ele não serve ao pecado. Está morto para o pecado e vivo para Deus. O pecado já não reina, mesmo em seu corpo mortal. Ele já não obedece ao pecado ou aos desejos da carne. Não rende o corpo como instrumento de injustiça para o pecado. Seu corpo é agora um instrumento de justiça para Deus. Estando agora livre do pecado, tornou-se servo da justiça.

Agora em paz com Deus pelo dom do Espírito Santo, ele se alegra na esperança e na glória de Deus. Tendo poder sobre todo pecado, sobre todo desejo, sentimento, palavra e ação maligna, é testemunha viva da gloriosa liberdade dada a todos os filhos de Deus. Atesta com todos os outros que participam dessa fé preciosa: "recebemos o Espírito que nos adota como filhos, por meio do qual clamamos: '*Aba*, Pai' ".

É o Espírito que continuamente faz agir nesse homem a capacidade de desejar e realizar a vontade de Deus. É o Espírito Santo que lança o amor de Deus em seu coração. É esse Espírito que lhe dá amor por toda a humanidade. Pelo poder do Espírito Santo, seu coração é purificado do amor ao mundo, da cobiça da carne, da cobiça dos olhos e do orgulho da vida. É pelo Espírito que ele é libertado da ira e do orgulho e de todas as paixões vis e desmedidas. Como resultado, é libertado das palavras e ações malignas e de toda impureza na conversa. Já não pode fazer mal a ninguém e é sempre zeloso em praticar todas as boas obras.

O resumo de tudo isso é evidente. O homem natural não teme nem ama a Deus. O homem sob a lei teme a Deus. O homem sob a graça ama a Deus. O primeiro não enxerga as coisas de Deus e anda em absoluta escuridão. O segundo vê o quadro doloroso do inferno. O terceiro vê e antegoza a luz alegre dos céus. Aquele que dorme na morte possui falsa paz. Aquele que é despertado não possui paz alguma. Aquele que crê possui paz verdadeira — a paz de Deus preenchendo e conduzindo seu coração. O pagão, batizado ou não, possui uma liberdade imaginária que não passa de licenciosidade. O homem que só opera sob as leis de Deus está sob pesada e miserável servidão. Aquele que é cheio do Espírito Santo desfruta da verdadeira liberdade gloriosa dos filhos de Deus. Um filho do Diabo que não foi despertado, peca voluntariamente. O que foi despertado, peca involuntariamente. Um filho de Deus, mediante o Espírito Santo, não peca, e Satanás não o toca. A conclusão é que um homem natural não vence o pecado nem luta contra ele. O homem sob a lei luta contra o pecado, mas não consegue vencê-lo. O homem sob a graça luta e vence e é mais que vencedor por meio de Deus que o ama.

Por essa descrição dos três estados do homem — o natural, o legal e o espiritual —, percebe-se que não é suficiente dividir a humanidade em duas categorias: a dos sinceros e a dos insinceros. Um homem pode ser sincero em qualquer um desses estados. O homem pode ser sincero não apenas quando possui o Espírito Santo, mas também quando possui um espírito de escravidão e medo. Ele pode ser sincero sem ter o temor nem o amor a Deus. Sem dúvida, pode haver pagãos sinceros, bem como judeus ou cristãos sinceros. Essa circunstância, portanto, não prova que um homem se encontra num estado de aceitação com Deus.

A questão essencial é: "Qual princípio rege a alma da pessoa?". Essa questão deve ser examinada com cuidado, pois é essencial para todos. O princípio que rege sua alma é o amor de Deus? É o medo de Deus? Nem um, nem outro? É o amor pelo mundo, o amor pelo prazer e pelo lucro financeiro? Sua motivação é ter sossego na vida e reputação entre os homens? Nesse caso, você não chega a estar sob a lei. Continua pagão.

Você tem o céu no coração? Tem o Espírito Santo, de modo que consegue clamar "*Aba*, Pai"? Ou você clama a Deus sobrecarregado de aflições e medo? Desconhece tudo isso e não consegue imaginar o que significa? Tire a máscara e olhe para o céu. Admita diante de Deus o estado do seu coração e da sua vida.

Você comete ou não comete pecado? Se comete, é voluntária ou involuntariamente? Em ambos os casos, Deus disse o que você é: "Aquele que pratica o pecado é do Diabo".[18] Se você comete pecado voluntariamente, é servo fiel do Diabo. Ele não deixará de premiar seus esforços. Se você os comete involuntariamente, ainda é servo dele. Só Deus o pode livrar das mãos de Satanás.

Você luta diariamente contra todo pecado e consegue vencê-lo? Nesse caso, é um filho de Deus no poder do Espírito Santo. Agora permaneça firme nessa gloriosa liberdade.

[18] 1João 3.8.

Você está lutando contra o pecado, mas não consegue vencê-lo? Você se esforça para dominá-lo, mas não alcança esse domínio? Então você ainda não crê em sua salvação espiritual. Continue firme, e você virá a conhecer a própria salvação.

Você não está em nenhuma luta contra o pecado? Está empenhado em levar uma vida tranquila, indolente e elegante? Nessa condição, ousa afirmar que é cristão? Você faz isso quando sua vida não passa de uma negação de Cristo e de seus ensinamentos? Nesse caso, desperte do sono. Clame a Deus antes que o inferno o devore.

Talvez um motivo pelo qual tantos tenham um conceito elevado de si mesmos, porque não compreendem o estado em que se encontram, é que esses vários estados da alma muitas vezes estão misturados. É comum estarem juntos em alguma medida na mesma pessoa. A experiência comum mostra que o estado legal, ou estado de medo, está frequentemente misturado ao estado natural. Poucos homens dormem um sono tão pesado no pecado que não conseguem às vezes estar menos ou mais despertos. O Espírito Santo de Deus não espera o chamado do homem. Às vezes ele nos força a ouvi-lo. Em algumas ocasiões ele submete o homem natural ao medo para que, pelo menos por um momento, este reconheça o próprio estado e limitações. Então ele pode sentir o peso do pecado e desejar sinceramente fugir do julgamento divino. Mas isso não dura muito. Raramente o tal permite que essa convicção penetre fundo em sua alma. Reprime rapidamente essa graça divina para voltar a se enlamear no próprio pecado.

Assim também, o estado evangélico de amor e graça frequentemente se mistura ao estado legal. Só alguns dos que estão no espírito de servidão e medo permanecem continuamente sem esperança. Nosso Deus, sábio e gracioso, raramente permite isso. Ele sempre nos lembra de que não passamos de pó. Não deseja que sejamos reprovados para sempre diante dele. Não é opção do Senhor que jamais conheçamos seu Espírito. Assim, em ocasiões escolhidas por ele, Deus dá um amanhecer de luz a todos nós que estamos na escuridão. Faz que uma parte de sua bondade passe diante de nós e nos mostra que é um Deus que ouve as orações do pecador. Então vemos que essa promessa do seu Espírito, obtida pela fé, está ao nosso dispor. Por seu intermédio, somos encorajados a continuar com paciência a corrida proposta diante de nós.

Outro motivo pelo qual alguns se enganam é porque não consideram toda a distância que um homem pode alcançar permanecendo no estado natural ou legal.

O homem pode possuir um temperamento compassivo ou benevolente. Pode ser afável, cortês, generoso e amigável. Pode exibir algum grau de mansidão, paciência, temperança e muitas outras virtudes morais. Pode desejar remover todos os vícios e alcançar o grau máximo de virtude. Pode abster-se do mal. Pode abster-se de tudo o que é contrário à justiça, à misericórdia ou à verdade. Pode fazer muitas bondades, alimentar os famintos, vestir os despidos, socorrer as viúvas e os órfãos. Pode participar de cultos regulares. Pode praticar a oração em particular e ler livros devocionais. Mas, apesar disso tudo, pode ser um simples homem natural, sem conhecer a si mesmo e a Deus. Nesse estado ele também pode estar alheio ao espírito de temor e de amor. Porque não se arrependeu nem acreditou no evangelho, permanece sem o Espírito Santo e o poder.

Cuide-se, portanto, você que é chamado pelo nome de Cristo. Cuide-se para não ficar aquém da marca de sua alta vocação. Fique atento para não repousar no estado natural com tantos outros que são contados como "bons cristãos". Não se contente em viver e morrer no estado legal, recebendo apenas a estima dos homens. Deus preparou coisas melhores para você. Prossiga até as alcançar. Você não é chamado para temer e tremer na angústia. É chamado para se alegrar e para amar como os anjos de Deus. "Ame o Senhor, o seu Deus de todo o seu coração, de toda a sua alma e de todo o seu entendimento."[19]

Você se alegrará para sempre. Saberá o que é orar sem cessar. Será capaz de dar graças em todas as coisas. Conseguirá fazer a vontade de Deus na terra assim como ela é feita no céu. Será capaz de provar qual é a boa, agradável e perfeita vontade de Deus. Será capaz de se apresentar como sacrifício vivo, santo e agradável a Deus. Apegue-se aos ganhos espirituais que você já alcançou. Busque os ganhos maiores que estão a sua frente. O Deus da paz o pode tornar perfeito em toda boa obra. O Senhor pode produzir em você tudo o que é agradável aos olhos dele. Isso será feito pelos ensinos e pela obra de Jesus e pelo dom do Espírito Santo.

[19] Mateus 22.37.

Capítulo 2

OBSTÁCULOS À SANTIDADE[1]

Não ignoramos as suas intenções.
(2Coríntios 2.11)

Satanás, o sutil deus de seu mundo, empenha-se em destruir os filhos de Deus e impedi-los de alcançar a santidade que está diante deles. Ele tenta embaraçar, atrapalhar e atormentar todos os que não consegue destruir. Um de seus inúmeros planos é dividir o evangelho e, com uma parte dele, contradizer e golpear a outra.

O Reino dos céus interior é estabelecido no coração de todos os que se arrependem e creem no evangelho. Esse Reino nada mais é que justiça, paz e alegria no Espírito Santo.[2] Todo bebê na fé cristã sabe que somos feitos participantes dessas bênçãos no momento em que cremos em Jesus. Entretanto, elas não passam dos primeiros frutos de seu Espírito. A colheita final ainda virá. Ainda que essas bênçãos sejam inconcebivelmente grandes, esperamos ver bênçãos maiores que essas. Esperamos amar o Senhor nosso Deus não só como amamos agora, com um afeto fraco porém sincero, mas com todo o nosso coração, toda a nossa mente, toda a nossa alma e com toda a nossa força.[3] Buscamos poder para nos alegrar sempre, para orar sem cessar e para em tudo dar graças, sabendo que essa é a vontade de Deus em Cristo Jesus para nós.[4]

1 Wesley. Artifícios de Satanás. **Quarenta e quatro sermões**, Sermão XXXVII.

2 Romanos 14.17.

3 Mateus 22.37.

4 1Tessalonicenses 5.16-18.

Esperamos ser aperfeiçoados no amor.[5] Essa perfeição lança fora todo medo doloroso e todos os desejos, exceto aquele de glorificar Deus a quem amamos e amá-lo e servir-lhe mais e mais. Buscamos tal progresso no conhecimento experimental e amor de Deus nosso Salvador, para podermos sempre andar na luz, como ele está na luz.[6] Acreditamos que a mente de Jesus estará em nós, de modo que venhamos a amar o nosso próximo o suficiente para estarmos dispostos a dar nossa vida por ele. Por esse amor esperamos ser livrados da ira, do orgulho e de cada atitude má. Esperamos ser purificados de todos os nossos ídolos e de toda a nossa podridão, seja da carne, seja do espírito.[7] Seremos salvos de toda a impureza, interior ou exterior, purificados como ele é puro,[8] e santificados.

Cremos na promessa de Cristo de que certamente virá o tempo em que em cada palavra e ação faremos sua vontade sobre a terra, conforme ela é feita no céu.[9] Então toda nossa conversa será devidamente qualificada para ministrar graça aos ouvintes. E tudo o que fizermos será feito para a glória de Deus. Todas as nossas palavras e ações serão em nome do Senhor Jesus, dando graças a Deus, o Pai, por seu intermédio.[10]

Não, o plano principal de Satanás é destruir essa primeira obra de Deus na alma, ou pelo menos criar obstáculos a seu progresso. Assim, meu propósito é primeiro destacar as várias maneiras pelas quais Satanás se esforça para fazê-lo; e, em segundo lugar, observar como podemos vencer tais estratagemas e crescer espiritualmente por meio do que ele intenta tornar a causa da nossa queda.

Primeiro, aqui estão as várias maneiras pelas quais o Diabo se esforça para destruir nossa expectativa de aperfeiçoamento. Ele tenta refrear a nossa alegria no Senhor fazendo-nos considerar a nossa própria pecaminosidade e indignidade, e reconhecer que é preciso haver uma mudança muito maior do que já ocorreu em nós, caso contrário não poderemos ver o Senhor. Se acreditarmos que devemos permanecer como somos, mesmo até o dia da nossa morte, é possível que obtenhamos disso um tipo precário de consolo. Mas sabemos que não precisamos permanecer

5 1João 4.17.

6 1João 1.7.

7 2Coríntios 7.1.

8 1João 3.3.

9 Mateus 6.10.

10 Colossenses 3.17.

nesse estado, porque nos é assegurado que ainda está por vir uma mudança maior. A menos que o pecado seja de todo afastado nesta vida, sabemos que não podemos ver a glória de Deus. Nesse ponto, Satanás frequentemente refreia a alegria que devíamos sentir naquilo que já alcançamos, usando uma representação perversa do que ainda não alcançamos, somado ao nosso conhecimento da absoluta necessidade de alcançar o máximo. Desse modo, não nos podemos alegrar com o que temos, porque há muito mais que ainda não possuímos. Não desfrutamos devidamente da bondade de Deus que fez coisas tão grandiosas por nós, porque há muitas coisas maiores que ele ainda não realizou. Assim também, quanto mais profunda a convicção que Deus produz em nós acerca da nossa presente falta de santidade, tanto mais veemente o desejo da inteira santidade que ele prometeu. Portanto, somos ainda mais tentados a desconsiderar nossos dons presentes dados por Deus e a subestimar o que já recebemos, por causa daquilo que ainda não recebemos.

Se Satanás conseguir prevalecer nesse ponto, se conseguir refrear nossa alegria no Senhor, logo atacará nossa paz.

Satanás insinuará: "Você está pronto para ver Deus? Ele tem olhos mais que puros para contemplar a iniquidade. Como, então, você pode enganar-se, imaginando que ele o vê com aprovação? Deus é santo, e você não. Que comunhão tem a luz com as trevas?[11] Como é possível que você, pecador como é, possa ser aceito por Deus? Você vê a marca, o prêmio da sua elevada vocação, mas não vê que há grande distância até você?[12] Como pode pressupor, então, que todos os seus pecados já tenham sido removidos?[13] Como isso é possível, antes de você ser levado para mais perto de Deus, antes de ficar mais parecido com ele?".

Assim, Satanás tentará não só abalar sua paz, mas também derrubar seu próprio fundamento. Ele o tenta devolver, por degraus imperceptíveis, ao ponto do qual você partiu, buscando o perdão por meio das próprias boas obras. Ele tenta fazer você pensar que há algo em sua vida que é a base para sua aceitação por Deus, ou pelo menos é algo necessário para tanto.

Mesmo quando nos apegamos à ideia de que "ninguém pode colocar outro alicerce além do que já está posto, que é Jesus Cristo"[14] e ao sermos "justificados

[11] 2Coríntios 6.14.

[12] Filipenses 3.14.

[13] Atos 3.19.

[14] 1Coríntios 3.11.

gratuitamente por sua graça, por meio da redenção que há em Cristo Jesus",[15] Satanás não desiste.

Ele insta: "Mas a árvore é conhecida pelos seus frutos.[16] Você tem os frutos da salvação? A mente que está em você é a mesma que estava em Cristo Jesus?[17] Você está morto para o pecado e vivo para a justiça?[18] Conformou-se à morte de Cristo? Conhece o poder da Ressurreição?".[19]

Então, comparando os pequenos frutos que percebemos na nossa alma com a plenitude das promessas, logo concluímos: "Certamente Deus não me disse que os meus pecados estão perdoados! Certamente não recebi a remissão dos meus pecados. Que lugar eu teria entre os que são puros e santos?".

Especialmente em tempos de enfermidade e dor, Satanás insistirá nisso com toda a sua força. "Não são daquele que não pode mentir as palavras: 'sem santidade ninguém verá o Senhor'?[20] Mas você não é santo. Você sabe muito bem disso. Sabe que a santidade é a imagem de Deus. Está muito além e acima de sua capacidade. Você não consegue atingi-la de maneira alguma. Portanto, todos os seus esforços são em vão. Você tem sofrido todas essas coisas em vão. Gastou toda a sua força para nada. Continua no pecado e, portanto, deve acabar perecendo."

Assim, se os seus olhos não estão firmemente fixados em Jesus, que levou todos os seus pecados, Satanás o levará de volta para aquele medo da morte ao qual você ficou escravizado por tanto tempo.[21] Assim, ele perturbará, se não destruir completamente, a sua paz, bem como a sua alegria no Senhor.

Contudo, a obra-prima da sutileza de Satanás ainda está por vir. Não satisfeito em atingir a sua paz e a sua alegria, ele levará adiante as tentativas de derrotar você. Mirará a sua justiça e se esforçará para abalar, e se possível destruir, a santidade que você já recebeu, usando as próprias expectativas de receber mais da imagem de Deus.

A maneira pela qual ele consegue isso decorre em parte do que já vimos. Primeiro, ao atingir a nossa alegria, Satanás atinge também a nossa santidade,

15 Romanos 3.24.

16 Mateus 12.33.

17 Filipenses 2.5.

18 Romanos 6.2; 1Coríntios 15.34.

19 Filipenses 3.10.

20 Hebreus 12.14.

21 Romanos 8.2.

porque a alegria no Espírito Santo é o meio mais precioso de promover qualquer disposição santa. A alegria é um instrumento seleto de Deus pelo qual ele realiza boa parte de sua obra numa alma que crê. A alegria é um auxílio considerável não só para a santidade interior, mas também para a exterior. Ela fortalece nossas mãos para continuarem trabalhando na fé e na labuta do amor, e para combater "o bom combate da fé" e tomar "posse da vida eterna".[22] A alegria é peculiarmente forjada por Deus para contrabalançar sofrimentos interiores e exteriores. É para que "fortaleçam as mãos cansadas, firmem os joelhos vacilantes".[23] Por conseguinte, o que refreia a nossa alegria no Senhor, seja o que for, obstrui proporcionalmente a nossa santidade. Na medida em que Satanás abala a nossa alegria, ele impede a nossa santidade.

O mesmo efeito resulta se a nossa paz é destruída ou abalada, pois a paz de Deus é outro meio precioso de desenvolver a imagem de Deus em nós. Não há auxílio maior à santidade que este: uma contínua tranquilidade de espírito, a serenidade de uma mente que permanece em Deus e o calmo repouso no sangue de Jesus. Sem isso, dificilmente seria possível crescer na graça e no conhecimento vital do Senhor Jesus Cristo. Todo medo, exceto o terno temor filial, congela e paralisa a alma. Estrangula todas as fontes da vida espiritual e interrompe o mover do coração de Deus. A dúvida enlameia a alma de tal maneira que a deixa atolada. Desse modo, à proporção que ambos prevalecem, o nosso crescimento na santidade é prejudicado.

Ao mesmo tempo que Satanás tenta fazer a nossa crença na necessidade de um amor perfeito ocasião para perturbar a nossa paz com dúvidas e temores, ele se esforça para enfraquecer, se não destruir, a nossa fé. Essas coisas estão ligadas de maneira inseparável, de modo que precisam permanecer em pé ou cair juntas. Enquanto a nossa fé existe, permanecemos em paz. O nosso coração continua firme enquanto crê no Senhor. Mas, se abandonamos a nossa fé e a nossa confiança num Deus que ama e perdoa, acaba-se a nossa paz. O próprio fundamento sobre o qual ela se firmava é derrubado, e a fé é o único fundamento da santidade, bem como da paz. Tudo o que atinge a fé atinge a própria raiz de toda a santidade. Sem essa fé, sem um senso constante de que Cristo me amou e se deu por mim, sem uma convicção contínua de que Deus, por amor a Cristo, é misericordioso para comigo,

[22] Cf. 1Timóteo 6.12.

[23] Isaías 35.3; Hebreus 12.12.

pecador, é impossível amar a Deus. "Nós amamos porque ele nos amou primeiro."[24] Amamos a Deus na proporção da força e da clareza da convicção de que ele nos amou e nos aceitou em seu Filho. A menos que amemos a Deus, não é possível amarmos o nosso próximo como a nós mesmos. Também não podemos ter nenhum sentimento correto para com Deus ou o homem. Segue-se, evidentemente, que tudo o que enfraquece a nossa fé obstrui a nossa santidade na mesma proporção. Esse não só é o meio mais eficiente de destruir nossa santidade, mas também o mais rápido. Não afeta a disposição cristã ou o fruto ou a graça do Espírito, mas, quando bem-sucedido, arranca a raiz de toda obra de Deus.

Portanto, não admira que Satanás, o regente das trevas desta era,[25] empenhe toda a sua força nesse ponto. Por experiência veremos que isso é verdade. É muito mais fácil imaginar do que expressar a violência com a qual essa tentação é frequentemente lançada contra aqueles que têm fome e sede de justiça. Vemos claramente por um lado a perversidade desesperada do nosso próprio coração e, por outro, a santidade imaculada a que somos chamados em Jesus Cristo. Por um lado, é a profundidade da nossa própria corrupção, a nossa total alienação de Deus. Por outro, há a altura da glória de Deus, aquela imagem do santo segundo a qual seremos renovados. Muitas vezes quase não sobra espírito em nós. Por pouco podemos clamar: "Mesmo com Deus, isso é impossível!". Estamos prontos para desistir da fé e da esperança, e lançar fora a própria confiança pela qual devemos vencer todas as coisas mediante a força que Cristo nos dá, esquecendo-nos de que "quando tivermos feito a vontade de Deus", receberemos o que ele prometeu.[26]

Se nos apegarmos a nossa confiança do começo ao fim,[27] sem dúvida receberemos as promessas de Deus, atravessando o tempo e a eternidade. Entretanto, eis outra armadilha diante dos nossos pés. Enquanto estamos buscando seriamente aquela parte da promessa que deve ser cumprida na nossa liberdade como filhos de Deus,[28] podemos ser demovidos de considerar a glória que ainda será revelada. Nossos olhos podem ser desviados da coroa que Deus prometeu dar a todos os

[24] 1João 4.19.

[25] 2Coríntios 4.4; Efésios 2.2; 6.12; João 12.31.

[26] Hebreus 10.36.

[27] Hebreus 3.6.

[28] Romanos 8.21.

que amam sua manifestação.[29] Ainda podemos ser afastados da visão daquela herança incorruptível que está reservada no céu para nós. Isso também pode ser uma perda para a nossa alma e uma obstrução para a nossa santidade. Andar sob a luz contínua do alvo da santidade é um auxílio necessário quando nos empenhamos na corrida diante de nós.

Diz-se de Jesus que "pela alegria que lhe fora proposta, suportou a cruz, desprezando a vergonha, e assentou-se à direita do trono de Deus".[30] Com base nesse exemplo, podemos ver facilmente como é necessária a visão de uma alegria por vir, para conseguirmos suportar tudo o que a sabedoria de Deus possa dispor sobre nós, apressando-nos da santidade para a glória.

Enquanto estamos buscando isso, bem como a gloriosa liberdade que lhe serve de preparação, corremos o perigo de cair em outra cilada do Diabo. Pensamos demais no amanhã, negligenciando os progressos que podemos fazer hoje. Podemos almejar tanto a perfeição que não fazemos uso do amor que já foi derramado no nosso coração. Houve casos de pessoas que sofreram muitíssimo por essa razão. Tão preocupadas estavam com o que ainda iriam receber que negligenciaram o que já haviam recebido. Na expectativa de terem cinco talentos mais, enterraram o único talento na terra. Pelo menos não o fizeram render como deveriam ter feito para a glória de Deus e para o bem da própria alma.

O sutil adversário de Deus e do homem, Satanás, continua seu empenho para negar a Palavra de Deus, dividindo o evangelho e usando uma parte dele para derrotar a outra. Assim, a primeira obra de Deus na alma é destruída pela expectativa de sua obra final, perfeita. Vimos várias tentativas de Satanás para cortar as fontes de santidade. Ele faz isso de modo ainda mais direto, aproveitando a nossa esperança como ocasião para atitudes impuras.

Desse modo, quando temos sede sincera de todas as grandes e preciosas promessas de Deus, a nossa alma é invadida de um fervente desejo: "Por que ele demora tanto?". Imediatamente, Satanás usa essa oportunidade para nos tentar a murmurar contra Deus. Ele usa toda a sua sabedoria e toda a sua força para influenciar-nos a reclamar acerca de Jesus por atrasar sua vinda. No mínimo, Satanás tentará causar-nos algum grau de irritação e impaciência, com uma inveja dos

29 Apocalipse 2.10; João 1.12.

30 Hebreus 12.2.

que parecem já ter alcançado o prêmio da santidade. Ele sabe que, se cedermos a qualquer uma dessas atitudes, estamos destruindo exatamente o que desejamos construir. Buscando desse modo a santidade perfeita, podemos tornar-nos mais impuros que antes, com o grande perigo de que o nosso último estado será pior do que o primeiro. Podemos ser como os antigos de quem o apóstolo falou, ao declarar: "Teria sido melhor que não tivessem conhecido o caminho da justiça, do que, depois de o terem conhecido, voltarem as costas para o santo mandamento que lhes foi transmitido".[31]

Disso Satanás espera tirar ainda outra vantagem. Quer produzir má reputação para a perfeição e a santidade. Tem consciência de como são poucos os que conseguem distinguir, ou mesmo tentam distinguir, entre o abuso acidental e a tendência natural de uma doutrina. Portanto, a respeito da doutrina da perfeição cristã, ele as mistura continuamente para predispor os incautos contra as gloriosas promessas de Deus. Como é frequente e generalizada sua predominância nisso!

Quem observa qualquer um desses maus efeitos acidentais da doutrina da santidade e não conclui de imediato que essa é sua tendência natural? Eles logo exclamam: "Vejam, esses são os frutos, os produtos finais normais dessa doutrina".

Não! Esses são os frutos que podem acidentalmente brotar de uma grande e importante verdade. Mas o abuso dessa ou de qualquer outra doutrina espiritual de modo algum destrói seu uso. Assim, a infidelidade do homem, pervertendo seu modo correto, também não tira o efeito das promessas de Deus. Não, Deus é verdadeiro, e os homens são mentirosos.[32] A palavra do Senhor permanecerá. "Aquele que os chama é fiel, e fará isso."[33] Não nos afastemos da esperança do evangelho.[34] Pelo contrário, observemos, o que foi a segunda coisa proposta, como resistir a Satanás e sair maiores do que aquilo que ele pretende fazer ocasião para nossa queda.

Satanás tenta refrear a nossa alegria no Senhor fazendo-nos considerar a nossa própria condição pecaminosa. Acrescenta-se a isso a determinação de que, sem a santidade inteira e universal, nenhum homem pode ver o Senhor. Você pode lançar isso contra Satanás, porque, pela graça de Deus, quanto mais você percebe

[31] 2Pedro 2.21.

[32] Romanos 3.4.

[33] 1Tessalonicenses 5.24.

[34] Colossenses 1.23.

o próprio pecado, mais deve regozijar-se na esperança, confiante de que ele será removido. Enquanto você se apegar a essa esperança, cada sentimento mau que você perceber, ainda que o odeie com perfeito ódio, pode ser o meio de aumentar a sua humilde alegria, não de diminuí-la.

Essa minha falta, você pode dizer, perecerá igualmente na presença do Senhor. Assim como a cera derrete ao fogo, também isso derreterá diante de sua face.[35]

Dessa maneira, quanto maior a mudança que continuar a fazer em sua vida, mais você poderá triunfar no Senhor e regozijar-se no Deus da sua salvação que já realizou tão grandes coisas em você. Você pode estar certo de que ele fará coisas ainda maiores na sua vida.

Quanto mais veementes os assaltos de Satanás contra a sua paz, mais seriamente você precisa apegar-se ao que já tem. Satanás acusa: "Deus é santo e você não é. Você está muito longe daquela santidade sem a qual não pode ver Deus. Você não pode receber o favor de Deus. Não há meio que você possa imaginar para ser perdoado".

Lembre-se de que não é pelas obras de justiça que estamos em Cristo. Somos aceitos pelo amado não em razão da nossa própria justiça, nem no todo nem em parte, como a causa da nossa salvação diante de Deus. Somos salvos pela fé em Cristo, a justiça que é de Deus pela fé.[36]

Pendure isso no pescoço, escreva no coração, vista como uma pulseira no seu braço, mantenha sempre diante dos seus olhos: Sou justificado "gratuitamente por sua graça, por meio da redenção que há em Cristo Jesus".[37] Valorize e estime, mais e mais, esta verdade espiritual: pela graça somos salvos mediante a fé.

Admire cada vez mais a livre graça de Deus em amar tanto o mundo para dar seu único filho, a fim de que todo o que crer nele não pereça, mas tenha a vida eterna.[38] Aí, a consciência de pecaminosidade que você percebe, por um lado, e a santidade que você espera, por outro, contribuirão para estabelecer a sua paz e fazê-la fluir como um rio. Essa paz fluirá continuamente como um ribeiro sereno, apesar de todas as montanhas de impiedade que desaparecerão quando o Senhor vier para tomar plena posse do seu coração.

[35] Salmos 68.2.

[36] Filipenses 3.9; Efésios 2.8; Tito 3.5.

[37] Romanos 3.24.

[38] João 3.16.

A enfermidade, a dor ou a aproximação da morte não darão ocasião para nenhuma dúvida ou medo. Um dia, uma hora, um momento com Deus, é como mil anos. Ele não mudará o tempo do trabalho que resta fazer em sua alma. O tempo de Deus é sempre o melhor tempo. Portanto, não se preocupe com isso. Apenas torne os seus pedidos conhecidos diante de Deus, não com dúvida ou temor, mas com ação de graças.[39] Foi-nos assegurado previamente que Deus não reterá nada que for bom para nós. Quanto mais somos tentados a jogar fora a nossa fé e a nossa confiança no amor, mais devemos cuidar para nos apegarmos ao que já recebemos.[40] Labute muito mais para avivar o dom de Deus que está em você.[41] Nunca o deixe escapar. Lembre-se de que temos um advogado junto ao Pai, Jesus Cristo, o justo.[42] "A vida que agora vivo no corpo, vivo-a pela fé no filho de Deus, que me amou e se entregou por mim."[43]

Que essa seja a sua glória e a sua coroa de regozijo. Cuide para que ninguém tome a sua coroa. Apegue-se ao: "Eu sei que o meu Redentor vive, e que no fim se levantará sobre a terra".[44] Lembre-se sempre de que temos em seu sangue a redenção e o perdão dos nossos pecados.[45]

Assim, cheio de toda paz e alegria ao crer, prossiga em paz e alegria na fé para a renovação de toda a sua alma à imagem de Deus que o criou. Clame continuamente a Deus para que você possa ver o prêmio da sua elevada vocação,[46] não como Satanás o representa em forma horrível e apavorante, mas em sua beleza genuína e original. Considere-a não como algo que você precisa ser, ou irá para o inferno, mas como aquilo que pode conduzi-lo ao céu. Encare a perfeição e a santidade como o dom mais desejável que está em todos os depósitos das ricas misericórdias de Deus. Considerá-la sob sua verdadeira perspectiva tornará você cada vez mais sedento. Toda a sua alma terá sede de Deus e dessa conformidade com sua semelhança. Tendo recebido uma boa esperança e uma forte consolação mediante

[39] Filipenses 4.6.

[40] Apocalipse 3.11.

[41] 2Timóteo 1.6.

[42] 1João 2.1.

[43] Gálatas 2.20.

[44] Jó 19.25.

[45] Efésios 1.7.

[46] Filipenses 3.14.

a graça, você já não ficará cansado nem enfraquecido na mente, mas persistirá até alcançá-la. Nesse poder da fé, prossiga para a glória. Deus juntou desde o princípio o perdão, a santidade e o céu. Por que o homem os separaria? Fique atento a isso e não permita que nenhum elo dessa corrente de ouro seja rompido.

Deus, por amor a Cristo, perdoou-me. Agora, ele me renova a sua própria imagem. Em breve ele me fará adequado para si e me porá diante de sua face. Eu, a quem ele perdoou pelo sangue de seu Filho, sendo totalmente santificado por seu Santo Espírito, ascenderei rapidamente à nova Jerusalém, a cidade do Deus vivo.[47] Num instante chegarei à assembleia geral da igreja do primogênito e a Deus, o Juiz de todos, e a Jesus, o Mediador da nova aliança.

Com que velocidade as sombras desaparecem e o dia da eternidade chega sobre mim! Logo beberei do rio da água da vida que sai do trono de Deus e do Cordeiro. Ali todos os seus servos o louvarão, verão sua face, e seu nome estará na fronte deles. Ali não haverá noite, e não precisarão de velas ou da luz do sol, pois o Senhor Deus os ilumina, e eles reinarão para todo o sempre.[48]

Se você provar a boa palavra e os poderes do mundo por vir, não murmurará contra Deus simplesmente por não estar pronto para a herança dos santos da luz.[49] Em vez de reclamar por ainda não estar totalmente livre, louve a Deus por tê-lo livrado até aqui. Engrandeça Deus pelo que ele fez e tome isso como prova do que ele fará. Não se irrite contra Deus por ainda não ser perfeitamente santo, mas o bendiga porque você o será. Agora a sua salvação de todo pecado está mais perto do que quando você primeiro creu. Em vez de atormentar-se inutilmente por esse tempo não ter ainda chegado, aguarde-o com calma e tranquilidade, sabendo que não tardará e virá.[50] Você pode, portanto, suportar mais alegremente o peso do pecado que ainda permanece sobre você, certo de que ele não permanecerá para sempre. Em pouco tempo terá acabado por completo. Espere o tempo do Senhor. Seja forte, e o Senhor consolará o seu coração, se você depositar a sua confiança nele.[51]

Se você vir alguém que parece participar dessa grande esperança e que já foi aperfeiçoado em amor e santidade, não inveje a graça de Deus que está nele.

47 Hebreus 12.22.

48 Apocalipse 22.4,5.

49 Colossenses 1.12.

50 Romanos 13.11; Hebreus 10.37.

51 2Coríntios 1.3-7.

Que isso alegre e console você, e que você glorifique a Deus por ele. Se um membro é honrado, todos os membros devem regozijar-se.[52] Em vez de ciúmes ou maus pensamentos, louve a Deus por isso. Regozije-se em ter uma prova viva da fidelidade de Deus em cumprir suas promessas. Anime-se para alcançar aquilo para o que você também foi alcançado por Jesus Cristo.[53]

Para isso, você deve remir o presente. Aprimore o momento presente e use cada oportunidade para crescer na graça e fazer o bem. Não deixe que o pensamento de receber mais graça amanhã o torne negligente para com o hoje. Você tem um talento agora. Se espera outros cinco, aprimore o que você tem. Quanto mais você espera receber daqui para a frente, mais deve labutar por Deus agora. Suficiente para cada dia é a graça divina. Deus está derramando seus benefícios sobre você agora. Prove que você é um mordomo fiel da presente graça de Deus. Não importa o que você será amanhã, seja diligente para aumentar sua fé, coragem, temperança, paciência, bondade fraternal e o temor de Deus, até alcançar a santidade e o amor puros e perfeitos.[54] Que essas coisas sejam abundantes em você agora. Não seja negligente nem infrutífero. "[...] assim vocês estarão ricamente providos quando entrarem no Reino eterno de nosso Senhor e Salvador Jesus Cristo."[55]

Se no passado você abusou da bendita esperança de ser santo como Deus é santo, não a lance fora ainda. Que o abuso cesse e o uso permaneça. Use-a para a mais abundante glória de Deus e o proveito da sua própria alma. No amor perseverante, na calma tranquilidade do espírito, na plena certeza da esperança, regozijando-se sempre por aquilo que Deus faz, prossiga em direção à perfeita santidade. Crescendo diariamente no conhecimento do nosso Senhor Jesus Cristo e melhorando cada vez mais, em resignação, paciência e humilde ação de graças por aquilo que você já obteve e aquilo que vai obter, corra a corrida a sua frente. Olhe para Jesus até que você entre, por meio do perfeito amor, em sua glória.

52 1Coríntios 12.26.

53 Filipenses 3.12.

54 2Pedro 1.5-7; 2Coríntios 7.1.

55 2Pedro 1.11.

Capítulo 3

SEJA ABENÇOADO[1]

Vendo as multidões, Jesus subiu ao monte e se assentou.
Seus discípulos aproximaram-se dele, e ele começou a ensiná-los, dizendo:
"Bem-aventurados
os pobres em espírito,
pois deles é o Reino dos céus.
Bem-aventurados
os que choram,
pois serão consolados".
(Mateus 5.1-4)

Jesus tinha já atravessado toda a Galileia, iniciando na época em que João foi lançado à prisão.[2] Cristo ensinava nas sinagogas e pregava o evangelho do Reino dos céus. Também curava todo tipo de doenças entre o povo. Uma consequência natural foi que muitos da Galileia, Decápolis, Jerusalém e de toda a Judeia e regiões além do Jordão o seguiam.[3] A multidão era tal que nenhuma sinagoga a comportava. Jesus subiu num monte onde havia espaço para todos os que chegavam das mais diversas partes. Quando ele se assentou, os discípulos se aproximaram. Ele então abriu a boca (expressão que denota o início de um discurso solene) e começou a ensiná-los.

[1] Wesley. Sobre o sermão de nosso Senhor no monte, Discurso I. **Quarenta e quatro sermões**, Sermão XVI.

[2] Mateus 4.23.

[3] Mateus 4.25.

É importante observar quem está falando aqui para prestarmos atenção em como o ouvimos. Jesus era o representante do Senhor do céu e da terra, o Criador de tudo. Como tal, tinha o direito de dispor de todas as criaturas de Deus. O Senhor, nosso governante, dirige tudo. Seu Reino é desde a eternidade. Ele é o grande legislador que pode impor todas as suas leis. Tem condições de salvar e destruir. Pode punir com a separação eterna de sua presença e da glória de seu poder. É a sabedoria eterna de Deus Pai que conhece o material de que somos feitos. Ele compreende o mais íntimo do nosso ser. Sabe como nos relacionamos com ele, com as outras pessoas e com cada criatura formada. Por conseguinte, sabe como adaptar cada lei prescrita a cada circunstância em que nos insere. É ele quem ama cada pessoa. Ele tem misericórdia para com todas as suas obras. Foi o Deus de amor que nos deu Jesus sobre a terra para declarar sua vontade a todos os homens. Quando sua obra fosse concluída, Jesus retornaria para Deus Pai. Jesus foi enviado por Deus para abrir os olhos dos cegos e dar luz àqueles que ainda estavam em trevas espirituais. Ele é o grande profeta do Senhor. Deus havia declarado solenemente a respeito dele muito tempo antes: "Se alguém não ouvir as minhas palavras, que o profeta falará em meu nome, eu mesmo lhe pedirei contas".[4] Ou, como foi expresso mais tarde, "Quem não ouvir esse profeta, será eliminado do meio do seu povo".[5]

E o que Jesus está ensinando aqui no monte? Jesus, que foi enviado do céu, mostra-nos o caminho para o céu; o lugar que Deus preparou para nós; a glória que possuía antes de existir o mundo. Ele nos ensina o verdadeiro caminho para a vida eterna. Esse é o caminho real que leva ao Reino de Deus. É o único caminho verdadeiro, e não há nenhum outro. Todos os outros caminhos levam à destruição. Pelo caráter daquele que fala, temos certeza de que ele declarou a plena e perfeita vontade de Deus. Ele não pronunciou um mínimo a mais. Não disse nada além do que recebeu de Deus. Também não disse nada aquém. Não foi negligente, deixando de declarar algum conselho de Deus. Não disse nada errado, nada contrário à vontade do Deus que o enviou. Todas as suas palavras são verdadeiras e corretas a respeito de todas as coisas espirituais. Suas palavras permanecerão para sempre e sempre.

Ele cuidou de refutar os erros dos escribas e fariseus, os falsos mestres da época que tinham pervertido a Palavra de Deus. O falso ensino e os erros práticos

[4] Deuteronômio 18.19.

[5] Atos 3.23.

deles eram incompatíveis com a salvação. Esses mesmos erros brotariam mais tarde na igreja cristã. As falsas interpretações e os ensinos equivocados acerca da lei prenunciavam como os mestres cristãos de todas as eras e nações poderiam perverter a Palavra de Deus. Almas desatentas, seguindo esses ensinos, só estariam buscando a morte no erro da própria vida.

Agora é necessário observar a quem Jesus estava ensinando. Ele não ensinava apenas aos apóstolos, do contrário não precisaria ter subido no monte. Uma sala na casa de qualquer um dos discípulos teria comportado todos. Além disso, não parece que os discípulos que estavam com ele fossem apenas os Doze. É possível entender que as Escrituras incluem todos os que desejavam aprender com Jesus. Esse fato pode ser comprovado, tornando-se inquestionavelmente claro. Onde está escrito "e, abrindo a boca, os ensinava" (*Almeida Revista e Corrigida*), a palavra "os" inclui todos da multidão que subiram com ele para o monte. Isso é afirmado pelos versículos finais do capítulo 7. Ali está escrito que as multidões ficaram maravilhadas com seus ensinos. Ele as ensinou como alguém que tinha autoridade, não como os escribas.[6]

Não foi só às multidões que estavam com ele no monte que Jesus ensinou o caminho da salvação. Jesus estava ensinando a todos nós. Estava ensinando a todos os homens, a toda a humanidade. Jesus estava ensinando às crianças que ainda não haviam nascido e a todas as gerações futuras. Estava ensinando a todos os que algum dia ouviriam a palavra da vida.

A maioria das pessoas, independentemente de suas outras crenças, concordará com pelo menos alguma parte do discurso de Jesus. Todos podem concordar que o que Jesus disse sobre a pobreza em espírito se refere a toda a humanidade. Apesar disso, muitos supõem que outras partes do sermão só se dirigem aos apóstolos, ou aos primeiros cristãos, ou aos ministros de Jesus. Alegam que esses ensinos nunca foram destinados aos outros homens. Por conseguinte, não têm nada com eles.

Como chegaram a essa conclusão? Por que dizem que algumas partes desse discurso só se aplicam aos apóstolos ou aos cristãos da era apostólica ou aos ministros de Cristo? Afirmações vazias de mestres desconhecidos não são provas suficientes para estabelecer uma verdade de tamanha importância. Jesus não nos ensinou que algumas partes de seu discurso não eram destinadas a toda a humanidade. Fosse esse

6 Mateus 7.29.

o caso, ele nos teria dito. Ele não omitiria uma informação tão necessária. Em nenhum lugar Jesus dá a entender que seus ensinos eram para disseminação limitada. Não há a mínima indicação disso. Ele não disse coisa parecida em nenhuma outra parte, nem em outro de seus outros discursos. Nem Jesus nem algum dos apóstolos ou algum outro dos autores inspirados deixaram registrada alguma instrução desse tipo. Não se encontra nenhuma afirmação desse tipo na Bíblia inteira. Por que, então, alguns se consideram mais sábios que Deus? Por que os que se consideram tão sábios se encarregam de alterar o significado desse discurso?

Talvez alguns digam que a própria natureza do objeto requer que se faça uma restrição. Nesse caso, seria necessário um de dois elementos. Haveria uma restrição se o texto fosse evidentemente absurdo, ou se contradissesse alguma outra passagem bíblica. Mas não é o caso. Um exame deixará claramente visível que não há nenhum absurdo. Tudo o que Jesus disse aqui pode ser aplicado e direcionado a toda a humanidade. Também não se infere nenhuma contradição com alguma outra coisa que Jesus tenha ensinado. Não há contradição com nenhuma outra passagem bíblica, qualquer que seja. Todas as Escrituras estão ligadas e unidas como as pedras que formam um arco. Não se pode retirar uma, sem destruir toda a estrutura. Portanto, é evidente que todas as partes deste discurso devem ser aplicadas a toda a humanidade. Caso contrário, todos os homens de todos os lugares estarão isentos dos ensinos.

Por fim, podemos observar como Jesus ensina aqui. Decerto ele falou como homem nenhum falou antes. Sua fala é particularmente marcante aqui. Ele falou não como os santos de outrora, ainda que estes falassem sob a unção do Espírito Santo. Não falou como os apóstolos, ainda que estes fossem os sábios mestres de obras da Igreja. Falou aqui como em nenhum outro momento ou ocasião. Não parece que fosse intenção de Jesus em qualquer tempo ou lugar lançar de uma vez todo o plano de uma nova religião. No Sermão do Monte, ele nos deu uma perspectiva completa da verdadeira religião. Descreveu em linhas gerais a natureza da santidade, sem a qual nenhum homem pode ver Deus. Jesus descreveu partes específicas disso em muitas outras ocasiões. Mas nunca, exceto aqui, deu uma visão geral do todo. Não há nada mais desse tipo em toda a Bíblia.

Acima de tudo, podemos ver o amor impressionante com que Jesus revelou a vontade de Deus para a humanidade. Ele não nos chamou de volta para um monte ardendo em chamas ou para a escuridão, as trevas e a tempestade. Ele não troveja dos céus com granizos e brasas. Jesus agora se dirige a nós com sua voz calma e suave.

"Bem-aventurados [ou felizes] os pobres em espírito". Felizes são os que choram; os humildes; os que têm fome de justiça; os misericordiosos; os puros de coração; felizes no final e ao longo do caminho. Eles são felizes nesta vida e na vida eterna. É como se Jesus nos dissesse: "Quem é aquele que anseia viver uma vida boa e deseja ter bons dias? Veja, darei a você aquilo que a sua alma anseia. Aqui está o caminho que há tanto tempo você busca em vão. Aqui está o caminho do prazer. Aqui está a trilha para a paz serena e alegre, para o céu embaixo e o céu em cima".

Agora observe a autoridade com que Jesus ensina. Era justo que dissessem que ele ensinava "não como os escribas". Observe seus modos, que não podem ser expressos em palavras. Observe o ar com que Jesus fala. Ele não fala como Moisés, o servo de Deus. Não fala como Abraão, amigo de Deus. Não fala como nenhum dos profetas ou algum filho do homem. Aqui existe algo sobre-humano. Jesus manifesta algo mais do que qualquer outro ser criado. Ele fala como Criador de tudo. Fala a Palavra de Deus com a autoridade de Deus. Pronuncia essa Palavra como o que existe por si, o supremo, o Deus que está acima de tudo, bendito para sempre.

Esse discurso divino foi proferido com o mais excelente método. Divide-se em três ramos principais: o primeiro está contido no capítulo 5 do livro de Mateus; o segundo, no capítulo 6; e o terceiro, no capítulo 7. No primeiro ramo, o resumo de toda verdadeira religião é apresentado em oito itens que são explicados e protegidos contra qualquer mudança provocada pelos homens. No segundo ramo, estão as regras para a intenção correta que precisamos preservar em todos os nossos atos externos, não influenciados por desejos mundanos ou por preocupações com as necessidades da vida. No terceiro ramo, aparecem as advertências contra os principais obstáculos à verdadeira religião, terminando com uma aplicação do todo.

No capítulo 5, Jesus primeiro apresenta oito exemplos da verdadeira religião. Depois os explica, para evitar que os homens os interpretem de maneira errada.

Alguns imaginam que Jesus desejava indicar vários estágios da verdadeira vida espiritual. Acreditam que Jesus estava mostrando os passos que o cristão dá sucessivamente em sua jornada para o Reino de Deus. Outros supõem que as características aqui citadas se referem a todas as pessoas espirituais de todos os tempos. Podemos aceitar ambas as interpretações? Há incoerência entre elas? Sem dúvida é verdade que cada atitude aqui mencionada por Jesus está presente, em todas as épocas, em maior ou menor grau, em cada pessoa verdadeiramente religiosa.

É igualmente verdade que o cristianismo real sempre começa pela pobreza em espírito. E então progride na ordem que Jesus empregou aqui, até o homem de Deus se tornar perfeito. Começamos no menor desses dons de Deus. Não renunciamos a eles quando somos chamados por Deus para um patamar superior. Apegamo-nos ao que já alcançamos, enquanto prosseguimos para o que está adiante. Sempre prosseguimos para as bênçãos superiores de Deus conforme reveladas em Jesus.

O fundamento de tudo isso é a pobreza em espírito. Portanto, Jesus começou seu discurso com o ensino: "Bem-aventurados os pobres em espírito, pois deles é o Reino dos céus".

Visualize aqueles a quem Jesus falava. Supõe-se que os que se reuniam em torno dele eram, na maioria, os pobres do mundo, havendo entre eles poucos ricos.

Dessa circunstância, Jesus fez uma transição das coisas temporais para as espirituais. "Bem-aventurados", disse, ou felizes, como é possível traduzir a palavra, nesse versículo e nos seguintes. "Bem-aventurados os pobres em espírito." Jesus não disse que eles eram pobres em relação às circunstâncias exteriores. É possível que alguns dos ricos estejam tão longe da felicidade quanto um monarca em seu trono. Jesus disse "os pobres em espírito". Ele se referia àqueles que, independentemente das posses materiais, têm essa disposição no coração. Ele estava falando sobre aqueles que são pobres em espírito, que é o primeiro passo para toda felicidade real e substancial. Sem essa qualidade, não há felicidade neste mundo ou no mundo por vir.

Alguns acreditam que Jesus queria, com "pobres em espírito", apontar para os que amavam viver na pobreza. Esses pensam que Jesus se referia aos que eram isentos de ganância e amor ao dinheiro. Eles imaginavam que era desejável temer, não buscar, as riquezas. Talvez tenham sido induzidos a julgar assim por limitarem os pensamentos ao termo exato. Talvez tenham sido motivados pelo ensino do apóstolo Paulo de que "o amor ao dinheiro é a raiz de todos os males".[7] A consequência dessas crenças é que eles buscaram a pobreza. Despiram-se não só das riquezas, mas de todos os bens mundanos. Daí, os votos de pobreza voluntária terem surgido entre os espirituais. Eles supunham que um alto grau de pobreza seria um grande passo rumo ao Reino dos céus.

A respeito dessa ideia, é necessário dizer muito mais. A expressão de Paulo deve ser compreendida com algumas restrições, caso contrário não é verdadeira.

[7] 1Timóteo 6.10.

O amor ao dinheiro não é a única raiz de todo mal. Há milhares de outras raízes do mal no mundo, como a triste experiência diária nos mostra. Seu significado era: é a raiz de muitos males. É, talvez, a raiz de mais males do que qualquer outro vício. Essa definição de "pobre em espírito" não cabe, de maneira alguma, no propósito de Jesus nesse discurso. Jesus está lançando um fundamento geral sobre o qual se possa construir toda estrutura da verdadeira religião. Essa intenção não poderia, de maneira alguma, ser cumprida pela guarda contra um único vício específico. Assim, mesmo que Jesus estivesse alertando contra o amor ao dinheiro como parte de seu significado, não haveria possibilidade de ser esse todo o significado. Se pobreza em espírito fosse apenas ser livre da ganância, do amor ao dinheiro ou do desejo de riquezas, seria um único ramo da pureza de coração.

Quem, então, são os pobres em espírito? Sem dúvida, para Jesus, os pobres em espírito são os humildes. Os pobres em espírito são os que se conhecem. São os que têm convicção dos próprios pecados. São aqueles a quem Deus concedeu aquele primeiro arrependimento. Isso precisa ser dado antes para que a fé em Jesus possa existir.

Aquele que é pobre em espírito não depende de suas posses materiais. Não consegue dizer: "Sou rico e abastado em bens; de nada careço". O pobre em espírito sabe que é desprezível, pobre, miserável, cego e nu. Tem convicção de que é de fato espiritualmente pobre. Sabe que nele não habita nenhum bem espiritual. Ele diz: "Nada de bom habita em mim, somente o que é mau e abominável". Possui um profundo senso do pecado repulsivo que o envolve desde o nascimento. Sabe que o pecado recobre sua alma e corrompe totalmente cada poder e faculdade. Ele vê, mais e mais, os maus impulsos que brotam daquela raiz maligna. Tem consciência de seu orgulho e de sua arrogância de espírito. Sabe de sua constante inclinação para pensar de si mesmo mais do que convém. Está convencido de sua vaidade e da sede de estima e honra que vem dos homens. Sabe que possui ódio, inveja, ciúmes, vingança, ira, maldade e amargura. Admite uma inimizade inata, contra Deus e contra os homens, que aparece em milhares de formas. Reconhece que ama o mundo em vez de amar a Deus. Confessa a vontade própria, os desejos tolos e nocivos agarrados ao fundo de sua alma. Está ciente de quanto ofende Deus e os homens com suas palavras. Se não for culpado de palavras profanas, insolentes, mentirosas ou descorteses, é culpado de conversas que não edificam nem glorificam a Deus. Ele sabe que sua fala não tem sido útil na administração da graça aos ouvintes.

Ele a corrompeu e, portanto, entristeceu o Espírito Santo de Deus. Seu passado mau agora está sempre a sua vista. Se fosse contar as próprias faltas, seriam mais do que conseguiria expressar. Ele pode tentar enumerar as gotas de chuva, a areia do mar ou os dias da eternidade, para contar seus muitos erros.

O pobre em espírito tem agora plena consciência de sua culpa. Sabe a punição que merece. Sabe que poderia ser punido por sua mente carnal e pela corrupção universal de sua natureza. Entretanto, está muito mais ciente da punição que merece por todos os seus desejos e pensamentos malignos, palavras e ações pecaminosas. Não duvida, nem por um momento, que o menor deles merece a maldição. Acima de tudo, sabe que é culpado de não crer em Jesus. Questiona como escapar de ser punido por ter negligenciado a salvação que está em Jesus. Intuitivamente, ele sabe que aqueles que não creem nas palavras e obras de Jesus já estão condenados. Sabe que foi separado de Deus por essa negligência. A ira de Deus repousa devidamente sobre ele.

Como ele pode compensar esse passado? O que oferecer a Deus em troca de sua alma? O que fazer para interromper a vingança divina? Como comparecer a sua presença? Como pagar o que deve? Mesmo que, a partir deste momento, ele prestasse obediência perfeita a cada comando de Deus, isso não emendaria seu passado. Ele já deve a Deus todo serviço que consegue prestar, desde agora até o fim da eternidade. Se conseguisse pagar, não haveria como consertar o que deveria ter feito antes. Desse modo, ele se vê totalmente impotente com respeito à expiação de seus pecados passados. É incapaz de consertar as coisas com Deus. Não consegue pagar nenhum resgate pela própria alma.

Ele sabe que nem ao menos pode fazer um trato com Deus. Não consegue prometer que nunca mais pecará em troca do perdão divino. Não consegue concordar em obedecer constantemente a todos os mandamentos de Deus. Sabe que essa condição está acima de sua capacidade. Sabe e sente que não é capaz de obedecer nem mesmo aos mandamentos exteriores de Deus. Está ciente de que não consegue obedecer aos mandamentos exteriores, enquanto seu coração permanece em pecado e corrupção. É sábio o suficiente para saber que uma árvore má não pode produzir bons frutos. Sabe também que não consegue limpar o próprio coração e purificar sua personalidade, pois isso é impossível para os homens. Já tentou isso antes e falhou. Então está totalmente perdido, até para saber como começar a andar no caminho dos mandamentos de Deus. Ele não sabe como dar um passo no caminho. Rodeado de pecado, dor e medo, e não encontrando nenhuma via de escape, só lhe resta clamar: "Deus, salva-me, ou perecerei".

A pobreza em espírito, portanto, é um justo senso de pecado interior e exterior. É o reconhecimento da nossa verdadeira culpa e impotência. Esse é o primeiro passo que damos na corrida espiritual a nossa frente. Alguns perverteram isso num orgulho do próprio pecado. Querem que tenhamos orgulho de saber que merecemos a condenação. Mas a expressão de Jesus é de natureza inteiramente diferente. Ele nos ensina sobre a nossa carência total, o nosso pecado desnudo e a nossa culpa e miséria desesperadoras.

Paulo, ao tentar levar os pecadores a Deus, fala de maneira parecida. "Portanto, a ira de Deus é revelada dos céus contra toda impiedade e injustiça dos homens", ele diz na carta aos Romanos.[8] Com essa declaração a todos os injustos, Paulo prova que eles estão sob a ira e condenação de Deus. Em seguida mostra que os judeus não eram melhores e estavam sob a mesma condenação. Ele escreveu isso para que todas as desculpas fossem barradas e demonstrou que todo o mundo era culpado diante de Deus.

Paulo passa a explicar que todos estavam perdidos e eram também culpados. Esse é o propósito claro de todas as expressões seguintes. "Portanto, ninguém será declarado justo diante dele baseando-se na obediência à Lei." "Mas agora se manifestou uma justiça que provém de Deus, independente da Lei." "Sustentamos que o homem é justificado pela fé, independente da obediência à Lei." Todas essas expressões levam ao mesmo ponto. Visam esconder o orgulho humano. Devem humilhá-lo até o pó, sem ensiná-los a refletir nessa humildade como uma virtude. Devem inspirá-lo com convicção plena e penetrante da própria pecaminosidade, culpa e perdição. Quando se faz isso, lança o pecador, despido de tudo, perdido e destruído, na misericórdia de Deus.

Assim é que a verdadeira espiritualidade começa exatamente onde termina a moralidade pagã. Começa com a pobreza em espírito e a convicção do pecado. Começa pela renúncia de nós mesmos. Começa com a consciência de que não temos justiça própria. Esse é o primeiríssimo ponto da religião que Jesus ensinou, e deixa para trás todas as religiões pagãs. Esse ponto sempre foi escondido dos sábios do mundo. Toda a língua romana, com todos os desenvolvimentos da era agostiniana,

8 Romanos 1.18ss.

não possui uma única palavra para descrever a humildade. E a palavra também não é encontrada em toda copiosa língua grega, até ser inventada por Paulo.

Precisamos reconhecer o que os pagãos nem mesmo conseguiam expressar. Precisamos despertar para o fato do nosso pecado. Precisamos tomar conhecimento do nosso verdadeiro estado espiritual. Precisamos saber e reconhecer que somos filhos da desobediência, filhos da ira, tendo vivido nas paixões da nossa carne. Durante toda a vida, viemos colhendo pecado sobre pecado, desde que somos capazes de distinguir entre o bem e o mal. Precisamos estar dispostos a nos submeter à mão poderosa de Deus, sabendo que somos culpados de morte eterna. Para sermos pobres em espírito, precisamos lançar fora, renunciar e abominar todas as ideias de que algum dia seremos capazes de nos salvar. Precisamos chegar ao conhecimento de que seremos purificados e perdoados pela graça de Deus dada em Jesus. Quando fazemos isso, podemos receber a promessa. Podemos testificar: "Felizes são os pobres em espírito, pois deles é o Reino dos céus".

O Reino dos céus, portanto, está em nós. Isso é o Reino dos céus ou o Reino de Deus. É justiça, paz e alegria no Espírito Santo. A justiça é a vida de Deus na alma. É ter a mesma mente que estava em Jesus. É a imagem de Deus estampada no coração. É sermos renovados à semelhança do Deus que nos criou. É a experiência pessoal do amor de Deus. É amar toda a humanidade por amor a Deus, porque ele nos amou primeiro.

Essa paz é a paz de Deus. É uma serenidade tranquila da alma. É uma crença maravilhosa em Jesus, que não deixa dúvidas de que somos aceitos por ele. É uma paz que exclui todo medo, exceto o medo amoroso de ofender Deus, que nos deu essa graça e esse perdão.

Esse Reino de Deus interior inclui a alegria no Espírito Santo. O Espírito nos convence interiormente que recebemos a redenção por meio de Jesus. É uma alegria saber que a justiça que estava em Jesus nos foi imputada. É uma alegria saber que todos os pecados do passado estão perdoados e remidos. É uma alegria reconhecer que recebemos nossa herança e somos um com Deus. É uma alegria saber que somos seus filhos e estaremos sempre com ele. Esse Reino dos céus já está aberto para a alma aqui na terra. É a nascente daqueles rios de prazer que fluem de Deus e sua graça.

Você, que Deus fez ser pobre em espírito, é o herdeiro desse Reino dos céus. Quando se sentir perdido, saiba que tem direito ao Reino dos céus. As promessas e os ensinos graciosos de Jesus são verdadeiros. Esse Reino foi adquirido por ele para você. Está bem perto. Você está na fronteira do céu. Mais um passo, e você entrará no Reino de justiça, paz e alegria. Você acredita que é totalmente pecador? Olhe para Jesus, que prometeu levar todos os pecados do mundo. Você é totalmente impuro? Veja em Jesus a justiça que ele prometeu. Você é incapaz de resolver o menor dos seus pecados? Ele tomou todos os seus pecados sobre si. Basta que você acredite nisto: todos os seus pecados são perdoados. Você sabe que é totalmente impuro na alma e no corpo? A graça de Deus o purificará e o deixará sem pecado. Tenha a ousadia de crer nisso. Você já não precisa torturar-se na incredulidade. Levante-se e creia nessas promessas. Então será capaz de dar glória a Deus e gritar em ação de graças do fundo do coração.

Por intermédio disso, você aprende com Deus a ser humilde no coração. Essa é a humildade verdadeira, genuína e espiritual que flui do senso do amor de Deus. É estar reconciliado com Deus por meio da palavra e da obra de Jesus. A pobreza em espírito, nesse sentido literal, começa onde termina o senso de culpa e da ira de Deus. É um senso contínuo da nossa total dependência para cada bom pensamento, palavra ou ato. A pobreza em espírito nos faz conscientes da nossa total incapacidade de sermos bons, a menos que Deus esteja conosco a cada momento. Inclui uma aversão ao louvor dos homens, sabendo que só a Deus pertence todo louvor. A isso se junta uma vergonha amorosa, uma terna humilhação diante de Deus, até pelos pecados que sabemos que ele perdoou. Ali permanece uma terna humilhação por causa dos pecados que resistem no nosso coração, apesar de sabermos que não nos trazem mais condenação. Entretanto, a convicção que sentimos desse pecado inato aprofunda-se a cada dia. Quanto mais crescemos na graça, mais ganhamos consciência da perversidade do nosso coração. Quanto mais avançamos no conhecimento e no amor de Deus por meio de Jesus, mais discernimos a nossa alienação dele. Por intermédio das palavras e ações de Jesus, ganhamos consciência da inimizade que reside na nossa mente carnal. Vemos a necessidade de sermos inteiramente renovados na justiça e na santidade.

Os que são novos nesse Reino dos céus têm pouca consciência disso. Estão cheios de entusiasmo e alegria em seu novo relacionamento com Deus. Reconhecem que nunca poderão ser removidos desse novo relacionamento. Deus, acreditam, os tornou totalmente fortes. O pecado está tão longe, sob seus pés, que mal acreditam que permanece dentro deles. Até a tentação é silenciada.

Ela não vem contra eles de novo. A tentação não consegue alcançá-los, mas precisa permanecer longe. Assim, nasceram no alto em amor e alegria. Eles planam como se estivessem em asas de águia. Mas Jesus sabia que esse estado triunfante não costuma durar muito. Portanto, ensinou imediatamente: "Bem-aventurados os que choram, pois serão consolados".

Não podemos imaginar que essa promessa é para aqueles que choram por alguma circunstância terrena. Não é para aqueles que estão tristes ou sobrecarregados por conta de algum problema ou desapontamento terreno. Não se aplica aos que sofreram a perda de reputação, amigos ou fortunas. Também não podem reclamar esse conforto os que se afligem intencionalmente. Os que temem algum mal temporal e sofrem de ansiedade pelas coisas terrenas permanecerão enfermos no coração. Não receberão essas bênçãos de Deus. Isso ocorre porque eles não têm Deus nos pensamentos. Assim, andam nas sombras e se preocupam em vão. Tudo o que receberão do Senhor é o que estão recebendo do mundo.

Os lamentadores de quem Jesus fala são os que choram por outro motivo. Ele se refere aos que choram por Deus. São aqueles que perderam a alegria espiritual que já tiveram um dia. Eles perderam o poder perdoador de sua Palavra e não sentem o sabor do mundo bom que está por vir. Agora Deus parece esconder deles a sua face, e eles têm problemas. Eles não conseguem enxergar através da nuvem escura. Agora veem a tentação e o pecado que supunham ter desaparecido para nunca mais voltar. A tentação e o pecado ressurgem, perseguindo-os e abraçando-os por todos os lados. Não é estranho que a alma deles esteja agora angustiada. Os problemas e as cargas tomam conta. Nesse momento, Satanás vem para atacar ainda mais. É ele quem pergunta: "E agora, onde está seu Deus? Onde está a felicidade que você tinha? Onde está o início do Reino dos céus na terra? Você afirmou que Deus havia perdoado os seus pecados. Certamente Deus não disse isso. Foi só um sonho, mera ilusão, invenção de sua imaginação. Se os seus pecados estão perdoados, por que você se sente assim? É possível que um pecador perdoado seja tão impuro desse jeito?".

Esse ataque traz pesar, dor no coração e uma ira indizível. Satanás é mais sábio do que os homens. Quando estes tentam discutir com ele, em vez de clamar de imediato a Deus, a situação perdura. Mesmo quando Deus volta à alma e remove toda dúvida quanto à misericórdia divina, aqueles que são fracos na fé ainda podem ser tentados. Eles podem ser tentados e perturbados por conta do que está por vir.

Isso ocorre especialmente quando o pecado interior é reanimado. Esse pecado interior investe forte contra a pessoa, e ela pode cair. Ela grita de medo de perecer e perder a salvação eterna. Teme naufragar na fé e mergulhar no inferno eterno.

É certo que esta aflição presente não é prazerosa. É deplorável. Entretanto, pode dar um fruto pacífico aos que são por ela atacados. Felizes, portanto, são os que assim choram. Se esperarem no Senhor e não se afastarem dele, serão consolados. Não podem aceitar o consolo e os consoladores miseráveis do mundo. Precisam rejeitar resolutamente todo o consolo humano, cheio de tolice e vaidade. Precisam evitar todas as diversões ociosas e distrações do mundo, prazeres que perecem no uso e só tendem a paralisar e entorpecer a alma. O resultado é que a alma não tem consciência nem de si mesma nem de Deus. Benditos são os que continuam conhecendo Deus e recusam perseverantemente qualquer outro consolo. Esses serão consolados pelas consolações de seu Espírito Santo. Receberão nova manifestação de seu amor, novo testemunho da aceitação divina que nunca mais lhes será tirado. Essa garantia plena de fé engole toda dúvida e todo medo que atormenta. Deus agora lhes dá uma esperança segura e duradoura, forte consolação por meio da graça. Não precisamos discutir se é possível que se perca alguém que tenha sido iluminado e participado do Espírito Santo. É suficiente dizer, pelo poder que neles agora repousa: "Quem nos separará do amor de Cristo? [...] Pois estou convencido de que nem morte nem vida, nem anjos nem demônios, nem o presente nem o futuro, nem quaisquer poderes, nem altura nem profundidade, nem qualquer outra coisa na criação será capaz de nos separar do amor de Deus que está em Cristo Jesus, nosso Senhor".[9]

Esse processo, de chorar por causa de um Deus ausente e recuperar a alegria de sua presença, parece repetir aquilo que Jesus disse na noite anterior a sua morte. "Vocês estão perguntando uns aos outros o que eu quis dizer quando falei: Mais um pouco e não me verão; um pouco mais e me verão de novo? Digo-lhes que certamente vocês chorarão e se lamentarão".[10] Ou seja, quando você não enxergar Jesus, o mundo se alegrará e triunfará sobre você. Será como se suas esperanças estivessem por ora esgotadas. Nesses momentos, você sofrerá com dúvidas, temores, tentações e desejo veemente. Mas então sua dor será transformada em alegria pelo

9 Romanos 8.35-39.

10 João 16.19,20.

retorno do amado de sua alma. É como Jesus disse: "A mulher que está dando à luz sente dores, porque chegou a sua hora; mas, quando o bebê nasce, ela esquece a angústia, por causa da alegria de ter vindo ao mundo. Assim acontece com vocês: agora é hora de tristeza para vocês, mas eu os verei outra vez, e vocês se alegrarão, e ninguém lhes tirará essa alegria".[11]

Esse choro, portanto, chega ao fim e se perde na alegria santa pelo retorno da presença de Deus. Há ainda outro choro bendito que sobrevém aos filhos de Deus. Eles choram pelos pecados e misérias da humanidade. Choram com os que choram. Choram por aqueles que choram, não por si mesmos, mas por aqueles que pecam contra a própria alma. Choram pela fraqueza e infidelidade dos que estão em alguma medida salvos de seus pecados. Sofrem pela desonra acumulada continuamente contra Deus. Em todo o tempo têm terrível consciência disso. Isso lhes traz ao espírito profunda seriedade. Esse lamento é muito aumentado porque os olhos do entendimento espiritual lhes foram abertos. É aumentado porque veem continuamente o vasto oceano de eternidade que vem engolindo milhares e milhares de pessoas. Lamentam porque esse oceano está escancarado para devorar aqueles que ainda permanecem na desesperança. Veem aqui a disponibilidade de Deus e seu Reino; ali veem sem disfarces o inferno e a destruição. O resultado é que reconhecem a importância de cada momento que aparece rapidamente e se vai para sempre.

Toda essa sabedoria divina é tolice para o mundo. Todo problema de lamentação e pobreza em espírito é estupidez e aborrecimento para o mundo. Raramente o mundo faz um julgamento melhor que isso. Em geral, o mundo o considera apenas tédio e melancolia. Às vezes isso é rotulado como coisa de gente lunática e perturbada. Não admira que os que não conhecem Deus estejam sob esse julgamento. Suponha que duas pessoas estejam andando juntas, e uma para de repente. Então, com sinais profundos de temor e assombro, clama: "Estamos à beira de um precipício! Veja, estamos quase caindo para a morte! Mais um passo e morreremos! Pare! Não vamos continuar por nada neste mundo!".

O outro, que considera ter visão igualmente perfeita, olha adiante e nada vê. O que pensaria do companheiro, senão que está louco? Diria que o outro não está com a cabeça no lugar. O excesso de religião certamente o deixou desatinado!

[11] João 16.21,22.

Não se permita levar pela cegueira do mundo. Os filhos de Deus não precisam ser atormentados por aqueles que ainda andam nas trevas. Os seus olhos estão iluminados, e você não anda em sombras vãs. Deus e a eternidade são reais. O céu e o inferno estão de fato abertos diante de você. Você está à beira de um grande abismo, que já engoliu mais do que as palavras conseguem expressar. Ele tem engolido nações e famílias, povos e línguas. E anseia por engolir ainda mais, quer vejam, quer não. O abismo pega os volúveis e os miseráveis. Venha e clame para ser poupado. Todos podem elevar a voz a Deus, que rege o tempo e a eternidade. Você e sua família podem ser contados entre os dignos de escapar da destruição que chega como um redemoinho. Busque a salvação divina, para poder ser salvo de todas as ondas e tempestades da vida, para o céu onde Deus deseja que você esteja. Busque-o agora em pobreza em espírito até Deus enxugar as lágrimas dos seus olhos. Depois chore pela miséria que sobreveio à terra. Chore pelo mundo, até que o Deus de todas as coisas dê fim à miséria, ao pecado e ao sofrimento. Virá um tempo em que ele enxugará todas as lágrimas. Será aquele dia em que o conhecimento de Deus cobrirá a terra como as águas cobrem o mar.

CAPÍTULO 4

HERDE A TERRA[1]

"Bem-aventurados os mansos, porque herdarão a terra. Bem-aventurados os que têm fome e sede de justiça, porque serão fartos. Bem-aventurados os misericordiosos, porque alcançarão misericórdia."
(Mateus 5.5-7, *Almeida Revista e Atualizada*)

Quando passa o inverno, vem o tempo de cantar. Ouve-se na terra o arrulho dos pombos. Deus, que consola os que choram, atendeu ao chamado e permanecerá com eles para sempre. Sob a luz de sua presença, nuvens escuras de dúvidas e incertezas são dispersas. As tempestades de medo se dissipam. As ondas de tristeza se aplacam. O espírito exulta novamente em Deus, o Salvador. É aí que as Escrituras se cumprem. Então aqueles que foram consolados por Deus testificam: felizes e bem-aventurados são os humildes.[2] Realmente herdarão a terra.

No entanto, quem são os mansos? Não são aqueles que nada lamentam, porque nada sabem. Não são os que não se preocupam com os males que ocorrem, porque são incapazes de distinguir o mal do bem. Não são os que estão guardados dos choques da vida por uma insensibilidade estúpida. Também não são os que, por natureza ou artifício, não se ressentem de nada porque nada sentem. A apatia está tão longe da mansidão quanto da humanidade. Muitíssimos cristãos do passado

[1] WESLEY. Sobre o sermão de nosso Senhor no monte, Discurso II. **Quarenta e quatro sermões**, Sermão XVII.

[2] **Nova Versão Internacional**.

confundiram as duas. Como resultado, temos um dos piores erros do paganismo como um ramo do verdadeiro cristianismo. A mansidão cristã também não implica falta de zelo por Deus, assim como não implica ignorância nem insensibilidade. A mansidão mantém-se longe de todo extremo, quer do excesso, quer da falta. Não destrói afetos, mas os equilibra. Deus nunca pretendeu que as nossas afeições fossem desarraigadas pela graça. Elas só precisam ser controladas e mantidas sob a orientação de Deus e sua graça. A graça divina dirige a mente de modo correto. Mantém o equilíbrio entre a ira, a tristeza e o medo. Preserva a linha central em cada circunstância da vida. Não tende para a direita nem para a esquerda. A mansidão, portanto, relaciona-se a nós mesmos. Entretanto, pode ser usada em relação a Deus e ao próximo. Quando esse autocontrole da mente se relaciona a Deus, geralmente é chamado de resignação, que é definida como uma aquiescência tranquila, qualquer que seja a vontade de Deus para conosco, mesmo que por natureza não nos agrade. A mansidão diz continuamente: "É o Senhor. Que faça o que lhe parecer melhor". Quando a consideramos com respeito a nós, podemos entendê-la como contentamento ou paciência. Quando se estende a outras pessoas, é chamada de moderação. Damos o nome de moderação se é uma qualidade boa, e de fraqueza se é considerada má. Os que são realmente mansos podem discernir claramente o que é mau. Os mansos também podem sofrer por causa do mal. Têm consciência de tudo o que é mau, mas ainda assim permanecem mansos. São extremamente zelosos em relação a Deus. O zelo deles é sempre guiado pelo conhecimento. É temperado em cada pensamento, palavra e ação, tanto com o amor humano quanto com o amor divino.

Os mansos não querem extinguir nenhuma das paixões que Deus implantou em sua natureza para seus sábios fins. Eles têm o controle de todas as suas paixões e as mantêm em sujeição, empregando-as apenas em subserviência aos fins divinos. Assim, mesmo as paixões mais pungentes e desagradáveis podem ser aplicadas aos maiores propósitos. Por conseguinte, a ira, o ódio e o medo podem ser usados contra o pecado e regulados pela fé e pelo amor. Quando isso ocorre, são como muros e fortalezas para a alma. Desse modo, protegem a alma de qualquer dano causado pelo perverso, Satanás. É evidente que esse temperamento divino deve não apenas permanecer, mas também crescer em nós a cada dia. Ocasiões para exercitá-lo e aumentá-lo surgirão continuamente enquanto permanecermos na terra.

Temos enorme necessidade de paciência para podermos suportar e realizar a vontade de Deus. Afinal, sabemos que receberemos as promessas de Deus. Carecemos de resignação. Devemos, em todas as circunstâncias, dizer: "Não seja feita a minha vontade, mas a tua".[3] Necessitamos de bondade para com todos os homens. Precisamos de bondade especialmente para com os maus e os ingratos. De outro modo, seremos vencidos pelo mal, em vez de vencer o mal com o bem.

A mansidão não refreia apenas o ato exterior, como ensinavam os escribas e fariseus. Mestres miseráveis, que não aprenderam de Deus, continuam nesse erro em todas as eras. Jesus alerta sobre isso. Ele mostra a verdadeira dimensão da mansidão. Em suas palavras: "Ouvistes que foi dito aos antigos: Não matarás; mas qualquer que matar será réu de juízo. Eu, porém, vos digo que qualquer que, sem motivo, se encolerizar contra seu irmão será réu de juízo, e qualquer que chamar a seu irmão de raca será réu do Sinédrio; e qualquer que lhe chamar de louco será réu do fogo do inferno".[4]

Aqui Jesus iguala o homicídio àquela ira que não vai além do coração. Pode ser uma ira que nem se manifesta em palavra extremada. "Qualquer que, sem motivo, se encolerizar contra seu irmão" — qualquer homem vivo, já que somos todos irmãos — está violando esse ensino. Quem sente qualquer aspereza no coração ou qualquer sentimento contrário ao amor está pecando no coração. Quem se ira sem motivo, sem causa suficiente, ou fica mais irado do que a causa permite, corre em risco de julgamento. Naquele momento, é ofensivo aos olhos de Deus.

Não é preferível destacar a leitura "sem motivo" na frase? Essa expressão não é inteiramente supérflua na afirmação? Se a ira contra uma pessoa é um sentimento contrário ao amor, como pode haver alguma justificativa para a ira diante de Deus?

A ira contra o pecado é permitida. Nesse sentido, podemos ficar irados e não pecar. Nesse sentido, registra-se que até mesmo Jesus ficou irado. Está escrito: "Irado, olhou para os que estavam à sua volta e, profundamente entristecido por causa do coração endurecido deles [...]".[5] Jesus se afligiu por causa dos pecadores e ao mesmo tempo irou-se contra o pecado. Sem dúvida, essa é uma reação correta diante de Deus.

[3] Lucas 22.42.

[4] Mateus 5.21ss (**Almeida Revista e Corrigida**).

[5] Marcos 3.5.

"Qualquer que disser a seu irmão: 'Racá'" e der espaço à ira, pronunciando qualquer palavra desdenhosa, corre o risco de ser julgado. Observa-se que *Racá* é uma palavra siríaca. Significa vazio, vão e tolo. É uma palavra inofensiva, uma vez que pode ser empregada em relação a qualquer um que nos desagrade. Mesmo assim, Jesus nos lembra de que todo que emprega essa palavra corre o risco de ser levado ao tribunal. E será passível de uma sentença mais severa de Deus.

Quem diz "Louco!", dando espaço a uma injúria, é passível de maior condenação. Quem cai em insultos, com uma linguagem intencionalmente reprovável e desdenhosa, é passível do fogo do inferno.

Devemos observar que Jesus descreveu todos esses como pessoas sujeitas à pena de morte. A primeira dessas penas era o estrangulamento, em geral infligido a alguém condenado por uma corte inferior. A segunda era o apedrejamento, com frequência infligido aos condenados pelo grande Conselho de Jerusalém. A terceira era ser queimado vivo, pena infligida só aos maiores ofensores, no vale dos filhos de Hinom. A palavra que traduzimos por "inferno" é, evidentemente, tomada do nome desse lugar.

Os homens imaginam, naturalmente, que Deus desculpará alguns dos seus defeitos em retribuição à conformidade com outros deveres. Jesus tem o cuidado de eliminar essa esperança vã, ainda que comum. Jesus mostra que ninguém pode negociar com Deus. Deus não aceitará um dever em lugar de outro. Não aceitará a obediência parcial em lugar da obediência total. Jesus nos avisa que cumprir nosso dever para com Deus não nos isenta de cumprir nossos deveres para com o próximo. Obras devocionais, como dizem, não nos garantirão o favor de Deus se nos faltar caridade. Pelo contrário, a falta de caridade tornará todas as nossas obras religiosas abominação para Deus.

"Portanto, se você estiver apresentando sua oferta diante do altar e ali se lembrar de que seu irmão tem algo contra você", por causa do seu comportamento rude para com ele, talvez por tê-lo chamado *racá*, ou bobo, não pense que a oferta expiará a sua raiva. Deus não aceitará isso, enquanto a sua consciência estiver manchada de culpa por um pecado do qual você não se arrependeu. "Deixe sua oferta ali, diante do altar, e vá primeiro reconciliar-se com seu irmão; depois volte e apresente sua oferta".[6] Pelo menos, faça de tudo para se reconciliar com ele.

[6] Mateus 5.23,24.

Que não haja demora naquilo que tão completamente influencia a saúde da sua alma. Concorde rapidamente com o seu adversário. Faça isso agora, de imediato, enquanto você está com ele, se possível. Faça antes que ele saia de suas vistas, para que ele não o entregue ao juiz a qualquer hora, para que ele não apele a Deus, o Juiz de todas as coisas. Então o juiz o entregará ao oficial, Satanás, o executor da ira de Deus. E você será lançado na prisão do inferno, para ser guardado até o julgamento do grande dia. "Eu lhe garanto que você não sairá de lá enquanto não pagar o último centavo."[7] Mas é impossível quitar essa dívida, já que você não tem nada com que pagar. Portanto, uma vez nessa prisão, você permanecerá ali para sempre.

Assim, é o manso que herdará a terra. Isso é tolice para os mundanos e sábios. Os sábios deste mundo têm alertado contra isso várias vezes. Ensinam que os que se deixam abusar docilmente serão incapazes de se manter sobre a terra. Ensinam que os humildes jamais conseguirão suprir as necessidades comuns da vida. Predizem que os mansos serão incapazes até de manter o que têm. Alertam que os mansos não podem esperar paz, nenhuma posse tranquila, nenhum tipo de prazer.

Esses ensinamentos seriam verdade se Deus não estivesse no mundo. Essas predições se cumpririam se Deus não se interessasse por seus filhos. Entretanto, quando Deus se levanta para julgar, é para socorrer todos os mansos da terra. Deus ri desdenhosamente de toda sabedoria pagã e transforma a ferocidade humana em louvor para si. Tem o cuidado especial de prover aos mansos todas as coisas necessárias para a vida e a bondade. Garante aos mansos as provisões de que necessitam, apesar da força, da fraude e da maldade humanas. Deus garante para os mansos muito com que se alegrarem. Tudo o que recebem é doce para eles, seja pouco, seja muito. Enquanto controlam com paciência a própria alma, de fato possuem o que Deus lhes dá, seja o que for. Eles estão sempre contentes, sempre satisfeitos com o que têm. Agradam-se da própria situação porque isso agrada a Deus. O coração, o desejo e a alegria deles estão no céu. Nessa circunstância e nesse estado de alma, realmente é possível dizer que herdaram a terra.

Jesus ensinou sobre remover os obstáculos à verdadeira religião. Entre eles está o orgulho, o maior obstáculo a toda religião. O orgulho é removido pela pobreza em espírito. Outros obstáculos são a leviandade e a negligência, que impedem qualquer religião de lançar raízes na alma, até que sejam removidas pelo choro. Também a ira,

[7] Mateus 5.26.

a impaciência e o descontentamento bloqueiam a religião verdadeira, até serem curados pela humildade cristã. Depois que esses obstáculos são removidos, retorna o apetite inato do espírito nascido do céu. Esse espírito então tem fome e sede de justiça. Jesus prometeu que os que têm fome e sede de justiça serão abençoados. Deus lhes dará felicidade. A busca deles estará terminada.

A justiça, conforme já observamos, é a imagem de Deus. É a mente que estava em Jesus. É cada sentimento celestial e santo em um. Brota do amor de Deus, como nosso Pai e Redentor, e ali termina. Cumpre-se no amor a todas as pessoas por causa de Deus.

Felizes são os que têm fome e sede de justiça. Para compreender completamente essa expressão, precisamos entender que a fome e a sede são os mais fortes de todos os nossos apetites físicos. De igual modo, essa fome na alma, essa sede da imagem de Deus, é o mais forte de todos os nossos apetites espirituais, depois que é despertado no nosso coração. Absorve todos os nossos outros desejos nesse único grande desejo. Temos fome e sede de sermos renovados à semelhança do Deus que nos criou. Em seguida, devemos observar que, a partir do momento em que começamos a ter fome e sede, esses apetites não cessam. Tornam-se mais e mais insaciáveis e exigentes, até que comemos e bebemos, ou morremos. E assim é desde que começamos a ter fome e sede de toda a mente que estava em Jesus. Esses apetites espirituais não cessam. São cada vez mais importunos, clamando por alimento. Não têm possibilidade de parar até serem satisfeitos, enquanto restar alguma vida espiritual. Terceiro, podemos observar que a fome e a sede só são satisfeitas com comida e bebida. Quem precisa delas nada mais busca. Não se interessa por roupas, posição, tesouros sobre a terra, dinheiro nem honra. Para o faminto e sedento, essas coisas não têm valor. Ele ainda diria: "Não são essas coisas que eu quero. Deem-me comida, senão morrerei". Acontece exatamente o mesmo com toda alma que realmente tem fome ou sede de justiça. Ela não consegue encontrar conforto em nada, senão nisso. Não se satisfaz com nada mais. Seja lá o que você ofereça, é pouco valorizado. Ela não busca honra, riquezas nem prazer. E ainda diz: "Não é isso que eu quero! Dê-me amor, ou perecerei!".

É impossível satisfazer, com aquilo que o mundo chama de religião, uma alma que tem sede de Deus. A felicidade do mundo também não pode satisfazer essa alma. A religião do mundo implica três coisas: 1) não causar dano, abster-se do pecado exterior; pelo menos, daquilo que é escandaloso, como roubar, furtar, praguejar e embebedar-se; 2) fazer o bem, ajudar ao pobre; ser caridoso, como se diz; 3) usar os meios de graça; pelo menos ir à igreja e participar da ceia do Senhor. Aquele em que essas três marcas são encontradas é visto como religioso pelo mundo. Mas isso não satisfará aquele que tem fome de Deus. Isso não serve de comida para sua alma. Ele quer uma religião de maior qualidade. Busca uma religião mais elevada e mais profunda. Já não pode alimentar-se dessa coisa pobre, superficial e formal, assim como não pode encher o estômago com o vento leste. É verdade que ele tem o cuidado de se abster de toda aparência do mal. Também é zeloso em boas obras. Pratica todas as ordenanças de Deus. Mas isso tudo não é o que ele mais anseia. Essas são apenas o exterior da religião da qual tem fome insaciável.

O conhecimento de Deus conforme dado em Jesus é o que ele busca. Ele deseja a vida que é sua com Jesus, em Deus. Anseia por ser unido ao Senhor em espírito. Precisa ter comunhão com o Pai. Deseja andar na luz, como Deus está na luz. Precisa ser purificado, assim como Deus é puro. Essa é a religião, a justiça pela qual ele anseia. Ele não consegue descansar até descansar em Deus. "Bem-aventurados os que têm fome e sede de justiça, porque serão satisfeitos." Serão satisfeitos das coisas que buscam. Serão satisfeitos da justiça e santidade verdadeiras. Deus os satisfará com as bênçãos de sua bondade. Ele os fartará do pão do céu, com o maná de seu amor. Ele lhes dará de beber de seus prazeres, como que de um rio. Os que bebem de seu Espírito jamais terão sede, exceto de mais e mais dessa água da vida. Essa sede de mais de seu Espírito durará para sempre. Se Deus fez você ter fome e sede da justiça dele, peça-lhe que você não perca esse dom inestimável. Ore para que esse apetite divino jamais cesse. Se alguém o criticar ou disser para você não perder a paz, desconsidere. Ore ainda mais: "Deus, tem misericórdia de mim. Não me permitas viver se não for para ser santo como tu és santo". Pare de batalhar por aquilo que não satisfará sua alma. Você pode ter a esperança de descobrir a felicidade na terra ou encontrá-la nas coisas do mundo? Esmague sob seus pés todos os prazeres mundanos. Despreze todas as honras terrenas. Considere sem valor todas as riquezas vãs. Olhe apenas para a excelência do conhecimento de Jesus, pela inteira renovação de sua alma à imagem de Deus. É para isso que o mundo foi originariamente criado. Cuide de não extinguir essa fome e sede por meio daquilo que o mundo chama de religião. A religião da forma, da exibição exterior, deixa o coração mais terreno e sensual que nunca. Não permita que nada o satisfaça, a não ser o poder da devoção. Busque uma religião que seja espírito e vida. Procure habitar em Deus e tenha Deus habitando em você. Ao fazê-lo, você se torna habitante da eternidade. Você entra no Reino dos céus pelo sangue da aspersão. E então se assenta nos lugares celestiais com Jesus.

Quanto mais repletos estivermos da vida de Deus, maior será o nosso terno interesse por aqueles que permanecem sem Deus no mundo. Estamos preocupados porque sabemos que eles ainda estão mortos em transgressões e pecado. Essa preocupação pelos outros não ficará sem prêmio. Bem-aventurados são os misericordiosos, porque obterão misericórdia.

A palavra "misericordioso", empregada por Jesus, indica os bondosos, os que têm compaixão. O resultado imediato é que os misericordiosos choram sinceramente por aqueles que não têm fome de Deus. A parte excelente do amor fraternal está aqui. A misericórdia, no pleno sentido do termo, é amar o próximo como você se ama. Há grande importância nesse amor. Por esse motivo, o apóstolo Paulo disse que nada vale se for feito sem esse amor. Deus nos deu, por meio do apóstolo Paulo, uma descrição completa e detalhada do amor. Considerando essa descrição, vemos claramente quem são os misericordiosos que alcançarão misericórdia. Paulo escreveu: "Ainda que eu fale as línguas dos homens e dos anjos [...]. Ainda que eu tenha o dom de profecia e saiba todos os mistérios e todo o conhecimento, e tenha uma fé capaz de mover montanhas [...]. Ainda que eu dê aos pobres tudo o que possuo e entregue o meu corpo para ser queimado, se não tiver amor, nada disso me valerá".[8]

O amor, ou a caridade, é o amor ao nosso próximo como Deus nos ama. O amor é paciente e resignado. Aceita todas as fraquezas, tentações, erros, enfermidades e toda pequenez de fé nos filhos de Deus. O amor absorve a perversidade e a maldade dos homens que estão no mundo e são do mundo. O amor é paciente, e não só por um tempo curto, mas enquanto necessário. O amor continua alimentando um inimigo quando ele tem fome. Se ele tem sede, o amor ainda lhe dará bebida. Assim, o amor acumula continuamente sobre sua cabeça brasas de fogo, brasas de amor que fazem derreter.

Em cada passo rumo a esse fim desejável — vencer o mal com o bem —, o amor é bondoso. O amor é suave, moderado e benigno. Está no extremo oposto da irritação. É isento de toda grosseria ou amargura de espírito. O amor inspira o sofredor com a mais afável mansidão e ao mesmo tempo com a mais fervente e terna afeição.

[8] 1Coríntios 13.1-3.

Por conseguinte, a inveja não permeia o amor. É impossível ser misericordioso e ser invejoso. O amor é totalmente contrário a essa atitude indesejável. Aquele que possui essa terna afeição por todos e deseja todas as bênçãos para os outros não pode ter inveja. Ele busca todas as coisas boas neste mundo e no mundo por vir para cada pessoa feita por Deus. Assim, nunca se aflige por Deus conceder uma boa dádiva a alguém. Se ele recebeu o mesmo, não lamenta, mas se alegra que outra pessoa tenha o mesmo benefício. Se não tem tais dádivas, agradece a Deus porque pelo menos o irmão as possui. Se possuir amor verdadeiro, ficará mais feliz pelo irmão do que por si mesmo. Quanto maior seu amor, mais se alegrará nas bênçãos de toda a humanidade. Por meio desse amor santo, ele fica bem longe de qualquer inveja de qualquer criatura.

O amor não se precipita em julgar. Não se apressa em condenar ninguém. Não passa uma sentença severa, uma opinião leviana ou repentina sobre as coisas. Primeiro pesa todos os indícios, particularmente os que não estão a favor do acusado. Quem realmente ama o próximo não é como a maioria dos homens. A maioria, mesmo em casos de excelente natureza, vê pouco e presume muito. Tira conclusões precipitadas, mas não o amor. Não, o amor procede com cautela e circunspecção, prestando atenção em cada passo. De boa vontade subscreve aquela regra do antigo pagão: "Estou tão longe de acreditar no que um homem diz contra outro que não acreditarei facilmente no que um homem diz contra si mesmo. Sempre lhe darei uma chance de pensar melhor e muitas vezes o aconselharei a fazê-lo".[9] Ah, como eu gostaria que o cristão moderno chegasse a esse ponto!

Segue-se que o amor não se engrandece. Não permite que nenhum homem pense mais do que deve a respeito de si mesmo. O amor requer que pensemos com sobriedade sobre nós mesmos. Ele humilha a alma e a mantém embaixo, na terra. Destrói todos os conceitos elevados que engendram o orgulho. Faz-nos alegrar em sermos pequenos e, como nada, os menores de todos e os servos de todos. Aqueles que têm ternos afetos pelos outros com amor fraternal preferirão a companhia uns dos outros. Os que têm esse mesmo amor são unânimes. Nessa humildade da mente, cada um considera o outro melhor que a si mesmo.

O amor não se comporta de maneira inadequada. Não é rude ou voluntariamente ofensivo com ninguém. Concede a todos o que lhes é devido. Respeita a

9 Sêneca.

quem se deve respeitar e honra a quem se deve honrar. O amor produz cortesia, civilidade e humanidade para todo o mundo. Honrar todos os homens é simplesmente questão de boa educação. No grau máximo de polidez, é um desejo contínuo de agradar, o que aparece em todos os comportamentos. Assim, não há ninguém tão bem educado quanto um filho de Deus, que ama toda a humanidade. Ele deseja agradar todos os homens para o bem e a edificação deles.

Não se pode esconder esse desejo. Ele aparecerá necessariamente em todas as suas relações com os outros. Seu amor não é dissimulado. Aparecerá em todas as suas ações e conversas. Fará que ele, sem falsidade, seja tudo para todos, se de algum modo conseguir salvar alguns.

Ao tornar-se tudo para todos, o amor busca o que não é próprio. Ao se esforçar para agradar a todos, o que ama a humanidade não tem preocupação alguma com vantagens próprias. Não cobiça o dinheiro nem os pertences alheios. Nada deseja, a não ser a salvação da alma deles. Em certo sentido, pode-se dizer que não busca vantagem espiritual para si, muito menos vantagem temporal. Enquanto faz todo esforço para salvar da morte a alma dos homens, esquece-se de si mesmo. Não pensa em si, contanto que a glória de Deus o absorva. Às vezes pode parecer que, por excesso de amor, se oferece por eles. Parece ignorar tanto seu corpo quanto sua alma. Clama como Moisés para que Deus lhe perdoe os pecados. Caso contrário, prefere ser cortado do livro da vida.[10] Pode dizer como Paulo: "Pois eu até desejaria ser amaldiçoado e separado de Cristo por amor de meus irmãos, os de minha raça".[11]

Não admira que esse amor "não se ira[e] facilmente". Deve-se observar que a palavra *facilmente*, inserida na tradução de maneira estranha, não está no original. As palavras originais de Paulo são absolutas. O amor não se ira. Não é provocado a ser grosseiro com ninguém. Haverá ocasiões frequentes que produzem provocações de vários tipos. Entretanto, o amor não cede à provocação. Triunfa sobre todas. Em todas as provas, olha para Jesus como o exemplo de força. Então é mais que vencedor no amor de Cristo.

Não é improvável que nossos tradutores tenham inserido a palavra *facilmente* para escusar Paulo. Eles podem ter suposto que Paulo carecia do amor

10 Êxodo 32.31ss.

11 Romanos 9.3.

que descreveu com tanta beleza. Podem ter suposto isso por uma frase no livro de Atos que também é traduzida de modo inadequado. Paulo e Barnabé discordaram a respeito de João Marcos. A tradução declara: "Tiveram um desentendimento tão sério que se separaram".[12] Isso naturalmente induz o leitor a supor que ambos foram igualmente impetuosos. À primeira vista, entende-se que Paulo, que parecia estar correto na ocasião, ficou tão irado quanto Barnabé. Barnabé tinha dado provas de sua ira deixando o trabalho para o qual fora destacado por Deus. O fraseado grego não mostra isso. Não se infere nenhuma ira em Paulo. Os manuscritos gregos declaram simplesmente: "E houve um desentendimento", uma manifestação de ira. O resultado é que Barnabé deixou Paulo, levou João Marcos e seguiu o próprio caminho. Paulo, então, escolheu Silas e partiu para a Síria e a Cilícia, conforme havia proposto.

O amor previne mil provocações que de outra forma viriam à tona. Ele as previne porque não "pensa" mal de ninguém. Aliás, o misericordioso não consegue evitar saber muitas coisas que são más. Não consegue evitar, mas as vê com os próprios olhos e as ouve com os próprios ouvidos. O amor não lhe tira os olhos. Não é possível deixar de ver o que está acontecendo no mundo. O amor também não cancela seu entendimento, assim como não cancela seus outros sentidos. Não é possível deixar de saber que há males a seu redor. Por exemplo, quando ele vê um homem golpeando outro, ou ouve alguém blasfemando Deus, ele não pode questionar o que foi feito ou as palavras ditas. Ele não tem dúvidas de que o que foi feito é mau. A palavra "pensa" não se refere a ver ou a ouvir. Não se refere ao primeiro ato involuntário do nosso entendimento, mas ao nosso pensamento consciente acerca daquilo que não precisamos pensar. Refere-se a nossa inferência do mal, onde o mal não aparece de imediato. Está ligada ao nosso raciocínio acerca de coisas que não vemos e à suposição do que nem vimos nem ouvimos. Isso é o que o verdadeiro amor destrói de modo absoluto. Ele arranca totalmente, raiz e galhos, qualquer imaginação daquilo que de fato não experimentamos. Lança fora todo ciúme, todas as más suposições, toda disposição de acreditar no mal. É franco, aberto e confiante. Não pode maquinar o mal, portanto também não o teme.

O amor não se alegra com a injustiça. Infelizmente é comum entre alguns cristãos alegrar-se quando um inimigo cai em aflição, erro ou pecado. Aliás, eles

[12] Atos 15.39.

dificilmente conseguem evitar isso quando estão defendendo com zelo um partido ou grupo. Como é difícil não se alegrarem com alguma falta dos que defendem opiniões e convicções contrárias. Têm prazer em qualquer mancha real ou pressuposta que eles apresentem, seja nos princípios, seja na prática. Poucos fortes defensores de alguma causa são isentos dessas faltas. Quem é calmo o suficiente para estar totalmente livre dessas faltas? Quem não se alegra quando seu adversário dá um passo em falso, um passo que ele considera vantajoso para sua própria causa? Só um homem de amor consegue evitar isso. Só ele lamenta o pecado e a estupidez do inimigo. Ele não tem prazer em ouvir ou repetir essas coisas. Pelo contrário, deseja que isso seja esquecido para sempre.

O misericordioso alegra-se na verdade, onde quer que ela se encontre. Alegra-se na verdade devota, pois ela produz o devido fruto. Ela produz santidade no coração e santidade nas conversas. O misericordioso se alegra em encontrar a verdade mesmo naqueles que se opõem a ele. Sabe que alguns que amam a Deus podem opor-se a suas opiniões em alguns pontos práticos. É grato por ouvir o bem a respeito deles e fala tudo o que é coerente com a verdade e a justiça. Aliás, o bem em geral é sua glória e alegria. Ele se alegra no bem, onde quer que este seja encontrado na humanidade. Como cidadão do mundo, participa da felicidade de todos os seus habitantes. Por ser homem, interessa-se pelo bem-estar de todo e qualquer homem. Alegra-se em tudo o que dá glória a Deus e promove a paz e a boa vontade entre os homens.

Esse amor cobre tudo porque o misericordioso não se regozija na iniquidade. Não discute voluntariamente a iniquidade. Qualquer mal que ouça, veja ou venha a saber, ele oculta quanto pode. Faz isso para evitar fazer parte do pecado de outros. Quando vê outra pessoa em pecado, isso não sai de seus lábios, a não ser para a pessoa em questão. Ele só discute se puder ganhar o irmão. Recusa-se a fazer das falhas ou faltas alheias assunto de conversa. Nunca fala dos ausentes, a menos que possa falar bem. Para ele, o fofoqueiro, o caluniador, o bisbilhoteiro, o maldoso são iguais ao assassino. Preferiria cortar o pescoço do próximo a matar sua reputação. Preferiria pensar em distrair-se pondo fogo na casa do próximo a espalhar desse modo palavras de crítica, dizendo: "Não estou certo?".

Ele só faz uma exceção. Às vezes é convencido de que isso é necessário para a glória de Deus. Se entende que é para o bem do próximo, pela vontade de Deus, que um mal não seja encoberto, ele falará. Nesse caso, em benefício do inocente, exige-se que ele declare o culpado. Entretanto, mesmo nessa ocasião, ele não falará de modo algum antes que um amor superior exija que o faça. Ele não pode fazê-lo com base em uma ideia confusa de fazer o bem ou de promover a glória de Deus. Só o faz mediante uma visão clara de algum fim específico, algum bem determinado que busca alcançar. Mesmo assim, não pode falar antes de estar plenamente convencido de que esse meio é necessário para tal fim. Ele precisa crer que o fim não pode ser alcançado, pelo menos não com tanta eficácia, de outro modo. Então o faz como a última e pior opção, um remédio perigoso num caso perdido. Ele o vê como um tipo de veneno que jamais deve ser usado, exceto para expelir outro veneno. Por conseguinte, ele o emprega com a máxima moderação possível. Ele o faz com temor e tremor. Receia transgredir as leis do amor, falando demais. Sabe que falar mais do que deve é pior do que não falar nada.

O amor tudo crê. Está sempre disposto a pensar o melhor. Procura mostrar o lado mais favorável de tudo. Está sempre pronto a acreditar em tudo o que valoriza o caráter de outra pessoa. É facilmente convencido da inocência e da integridade de qualquer pessoa. Acredita na sinceridade de seu arrependimento, caso um dia ela se tenha desviado do caminho. Escusa de bom grado tudo o que está errado. Procura evitar, sempre que possível, condenar um ofensor. Tenta fazer toda concessão à fraqueza humana, desde que isso possa ser feito sem trair a verdade divina.

E, quando já não consegue crer, o amor espera todas as coisas. Relata-se algum mal ligado a algum homem? O amor espera que esse relato não seja verdadeiro. O amor espera que o ato atribuído jamais tenha sido praticado. É certo que ocorreu? O amor espera que aquilo não tenha sido feito em circunstâncias tão ruins como as relatadas. Ao admitir o fato, o amor crê que há margem para esperar que não tenha sido tão ruim quanto pintam. A ação foi evidente e inegavelmente má? Talvez a intenção não fosse aquela. Está claro que a intenção também era má? O amor espera que aquilo não tenha brotado de um coração endurecido, mas de uma paixão passageira ou alguma tentação veemente que deixou o homem fora de si. Quando não se pode duvidar que as ações, os desígnios e os sentimentos são igualmente maus, o amor ainda espera que Deus finalmente obtenha vitória sobre as circunstâncias. O amor acredita que por fim haverá mais alegria no céu por causa desse pecador, que acaba arrependido, do que em 99 justos que não precisam de arrependimento.

Finalmente, esse amor, misericórdia e caridade suportam todas as coisas. Ele completa o caráter daquele que é realmente misericordioso. O amor suporta não algumas, não muitas, não a maioria, mas absolutamente todas as coisas. Qualquer que seja a injustiça, a maldade, a crueldade que o homem possa infligir, o amor é capaz de suportar. Para o amor, nada é intolerável. Ele nunca diz: "Isso é insuportável". Não, ele não só faz, mas também sofre todas as coisas por meio do Espírito Santo que nele está. Tudo o que ele sofre não destrói seu amor e em nada o prejudica. O amor resiste a tudo. É uma chama que arde mesmo na maior profundeza. Muitas águas não podem extinguir seu amor. Enchentes não conseguem afogá-lo. Ele triunfa sobre tudo. O amor nunca falha, seja no tempo, seja na eternidade.

Jesus diz que os misericordiosos obterão misericórdia. Eles obtêm misericórdia quando Deus retribui mil vezes mais no coração o amor que rendem aos irmãos. Isso lhes é dado agora, neste mundo. Assim também, lhes será dado no Reino preparado para eles desde o princípio do mundo.

Por um breve momento, você pode lamentar as condições sob as quais precisa viver. Você pode derramar a sua alma, lamentando a perda do amor puro, simples e genuíno no mundo. Está de fato perdido. Pode menear a cabeça assombrado com a falta de amor, mesmo entre cristãos. Pode dizer: "Veja como *esses cristãos* se amam!". Países cristãos chegam a guerrear entre si. Exércitos cristãos enviam milhares rapidamente para o inferno. Nações cristãs ardem em disputas, partidos contra partidos, facções contra facções. Cristãos têm enganos e fraudes, opressões e injustiças, roubalheiras e matanças nas ruas. Famílias cristãs estão dilaceradas por invejas, ciúmes, iras, desavenças domésticas sem conta e sem fim. E o mais terrível, o mais lamentável que tudo, são as igrejas cristãs. Aquelas igrejas que levam nome de Cristo, o Príncipe da Paz, e travam guerra contínua umas com as outras. Como esconder isso dos judeus, dos islamitas ou dos pagãos?

Essas igrejas tentam converter os pecadores queimando-os vivos. Estão embriagadas com o sangue dos santos. Só têm produzido louvor para Satanás. Merecem as abominações da terra. Essa acusação vale não só para a igreja primitiva, mas para as igrejas protestantes que também sabem perseguir. Quando têm poder nas mãos, podem acabar em derramamento de sangue. E, ao mesmo tempo, como alienam umas às outras! Condenam-se mutuamente ao mais baixo inferno. Quanta ira, quantas contendas, quanta maldade, quanta amargura entre elas! Mesmo quando concordam nas coisas essenciais e só diferem em opiniões, ou circunstâncias da religião, não conseguem cooperar.

Quem somente segue o que promove a paz e aquilo que pode edificar o outro? Ai, Deus! Até quando? Será que suas promessas falharão?

Não tema. Tenha esperança. Acredite na esperança! É do agrado divino renovar a face da terra. Certamente todas essas coisas terão fim. Todos os habitantes da terra conhecerão a justiça. Uma nação não levantará a espada contra outra e já não conhecerá a guerra. O monte da casa de Deus será estabelecido no topo das montanhas. Todos os reinos do mundo tornar-se-ão Reino de Deus. Então não ferirão nem destruirão seu lugar santo. Todos estarão livres de defeito ou mácula, amando uns aos outros como Jesus nos amou. Você é chamado a fazer parte dos primeiros frutos, ainda que a colheita completa não tenha chegado. Você deve amar o próximo como a você mesmo. Peça a Deus que preencha seu coração com amor por todas as almas, para que você esteja disposto a dar a vida por amor a ele. Peça que a sua alma transborde continuamente de amor, um amor que absorve qualquer sentimento impuro. Receba agora esse amor misericordioso, até ele o chamar para o céu de amor, a fim de reinar com ele por toda a eternidade.

Capítulo 5

O REINO DOS CÉUS[1]

"Bem-aventurados
os puros de coração,
pois verão a Deus.
Bem-aventurados
os pacificadores,
pois serão chamados
filhos de Deus.
Bem-aventurados
os perseguidos
por causa da justiça,
pois deles é o Reino dos céus.
Bem-aventurados serão vocês quando, por minha causa, os insultarem,
os perseguirem e levantarem todo tipo de calúnia contra vocês.
Alegrem-se e regozijem-se, porque grande é a sua recompensa nos céus,
pois da mesma forma perseguiram os profetas que viveram
antes de vocês." (Mateus 5.8-12)

Excelentes coisas são ditas acerca do amor pelo próximo. É chamado o cumprimento da lei. É a finalidade do grande mandamento. Sem ele, tudo o que temos, tudo o que fazemos, tudo o que sofremos não tem valor algum aos olhos

[1] Wesley. Sobre o sermão de nosso Senhor no monte, Discurso III. **Quarenta e quatro sermões**, Sermão XVIII.

de Deus. Esse amor ao próximo deve ser aquele que brota do amor a Deus. De outro modo, em si, de nada vale. Cabe a nós, portanto, examinar o alicerce sobre o qual se firma o nosso amor ao próximo. É livremente construído sobre o amor de Deus? Amamos porque ele nos amou primeiro? Somos puros de coração? Esse é o fundamento que nunca deve ser movido. "Bem-aventurados os puros de coração, pois verão a Deus."

Os puros de coração são aqueles cujo coração foi purificado assim como Deus é puro. São aqueles que pela fé em Jesus foram purificados de todas as inclinações não santas. São aqueles que foram purificados de toda pecaminosidade da carne e do espírito. São perfeitos na santidade, no amor e no temor de Deus. São os que, pelo poder de sua graça, foram purificados do orgulho pela mais profunda pobreza em espírito. Eles são purificados da ira e de toda paixão rude ou turbulenta, pela mansidão e bondade. Foram purificados de todo desejo que não seja o de agradar e alegrar Deus. Procuram conhecê-lo e amá-lo mais e mais. A fome e sede de justiça lhes monopoliza toda a alma. Eles agora amam o Senhor seu Deus com todo o coração e com toda a alma, mente e força.

Essa pureza de coração tem sido desconsiderada pelos falsos mestres de todas as épocas. Eles ensinam os homens a somente se absterem das impurezas exteriores que Deus proibiu explicitamente, mas não atingem o âmago da questão. Ao não se guardarem contra um coração impuro, na realidade estimulam corrupções interiores.

Jesus nos mostrou um exemplo notável disso quando ensinou: "Vocês ouviram o que foi dito: 'Não adulterarás' ".[2] Ao explicar esse ponto, aqueles mestres cegos dos cegos só insistiam em que os homens se abstivessem de atos exteriores. "Mas eu lhes digo: Qualquer que olhar para uma mulher para desejá-la, já cometeu adultério com ela no seu coração."[3] Deus requer a verdade no íntimo. Ele sonda o coração e prova a alma. Se você estiver inclinado à iniquidade no coração, Deus não o ouvirá.

Deus não aceita nenhuma desculpa para mantermos algo que cause uma impureza. Assim, Jesus ensinou: "Se o seu olho direito o fizer pecar, arranque-o e lance-o fora. É melhor perder uma parte do seu corpo do que ser todo ele lançado

[2] Mateus 5.27.

[3] Mateus 5.28.

no inferno. E se a sua mão direita o fizer pecar, corte-a e lance-a fora. É melhor perder uma parte do seu corpo do que ir todo ele para o inferno".[4] Se alguém que pareça a você tão valioso quanto seu olho direito for a causa de você ofender Deus, o meio de instigar um desejo impuro em sua alma, não demore a separar-se dele. "E se a sua mão direita o fizer pecar, corte-a e lance-a fora. É melhor perder uma parte do seu corpo do que ir todo ele para o inferno."[5] Se alguma pessoa que pareça a você tão necessária quanto sua mão direita for uma ocasião para pecar, para um desejo impuro, ainda que isso nunca passe do coração, nunca se concretize em alguma palavra ou ação, submeta-se a uma separação total e final. Corte-a com um único golpe. Entregue-a a Deus. Qualquer perda, seja de prazer, seja de bens, seja de amigos, é preferível à perda da sua alma.

Dois passos simples podem curar o problema antes que seja necessária uma separação absoluta e final. Primeiro, tente expulsar o espírito impuro com jejum e oração, e tenha o cuidado de se abster de toda ação, palavra e olhar que possa ser ocasião para o mal. Então, se você não for libertado por esse meio, peça o conselho de Deus, que guarda a sua alma. Peça-lhe o momento e o modo dessa separação. Não consulte nenhum homem, para que você não seja levado por um grande engano a crer numa mentira, seguindo um mau conselho.

Nem mesmo o casamento, santo e honrado como é, pode ser usado como desculpa para dar vazão aos nossos desejos. Aliás, diziam: "Aquele que se divorciar de sua mulher deverá dar-lhe certidão de divórcio". Então tudo ia bem. Não era preciso alegar nenhuma ofensa. Não era necessária nenhuma causa, apenas não gostar da esposa ou gostar mais de outra. Mas Jesus ensinou: "Mas eu lhes digo que todo aquele que se divorciar de sua mulher, exceto por imoralidade sexual, faz que ela se torne adúltera".[6]

Toda poligamia é claramente proibida nessas palavras. Jesus declara expressamente que, se a mulher possuir um marido vivo, cometerá adultério se casar de novo. Por inferência, é adultério para qualquer homem casar-se de novo enquanto tiver uma esposa viva, ainda que sejam divorciados. No caso de adultério, muitos estudiosos creem que não existe uma passagem bíblica que proíba o novo casamento.

4 Mateus 5.29.

5 Mateus 5.30.

6 Mateus 5.32.

Essa é a pureza de coração que Deus requer. Ele trabalha por meio de sua graça naqueles que creem em Jesus. Assim, bem-aventurados são os puros de coração. Esses verão a Deus. Ele mesmo se manifestará. Ele os abençoará com as mais claras comunicações de seu Espírito. Ele os premiará com a comunhão mais íntima com o Pai e o Filho. Ele se fará continuamente presente diante deles. A luz de sua face brilhará sobre eles. Esta é a oração incessante do coração deles: "Eu te imploro, Deus, mostra-me tua glória". Eles recebem a dádiva que lhe pedem. Agora o veem pela fé. Mesmo nas menores obras, Deus está em tudo o que os cerca. Eles têm consciência de Deus em tudo o que ele criou e fez. Eles o veem acima, nas alturas, e embaixo, nas profundezas. Eles o veem preenchendo tudo em todos. Os puros de coração veem todas as coisas repletas de Deus. Eles o veem no firmamento do céu e na Lua, andando em luz. Eles o veem no Sol, onde se alegra como um gigante percorrendo seu curso. Eles o veem formando das nuvens suas carruagens e andando sobre as asas do vento. Eles o veem preparando a chuva para a terra e abençoando seu aumento. Eles o veem dando pasto para o gado e ervas verdes para os homens. Eles veem o Criador de tudo governando tudo com sabedoria e sustentando todas as coisas pela Palavra de seu poder. E exclamam: "Ó Senhor, nosso governante, como é excelente teu nome em todo o mundo".

Por todas as providências divinas para com eles, sua alma e seu corpo, os puros de coração veem Deus de maneira mais especial. Veem sua mão sobre eles para fazer o bem, dando-lhes todas as coisas de acordo com seu peso e sua medida, chegando a contar-lhes os cabelos da cabeça. Veem Deus formando um muro ao redor deles e de tudo o que possuem, dispondo de todas as circunstâncias da vida. Compreendem que Deus o faz de acordo com a profundidade de sua sabedoria e misericórdia.

Contudo, de modo mais especial, veem Deus em suas ordenanças. Veem Deus quando se encontram em congregações para prestar honras a seu nome e adorá-lo na beleza de sua santidade. Deus está com eles quando entram em seus aposentos e ali lhe derramam a alma. Veem Deus, quer busquem os oráculos do Senhor, quer ouçam os embaixadores de Cristo proclamando as boas-novas de salvação, quer comam daquele pão e bebam daquele cálice que expressam sua morte até ele vir nas nuvens do céu. Em todos os meios ordenados por Deus, experimentam uma nova aproximação dele, de tal forma que não se consegue expressar. Eles o veem como que face a face. Falam com ele tal qual um homem conversa com um amigo. Isso é uma preparação adequada para as mansões do céu onde o verão como ele realmente é.

Não viam Deus aqueles mestres que ensinavam que os votos eram admissíveis. Os fariseus ensinavam isso. Permitiam todo tipo de juramento na conversa comum. Até a abjuração era irrelevante. Eles simplesmente proibiam jurar no nome específico de Deus. Jesus, porém, proíbe absolutamente todos os juramentos comuns, bem como os falsos. Ele mostra a fealdade de ambos. Ao considerar o assunto, ele mostra que toda criatura é criatura de Deus. Deus está presente em toda parte, em tudo e acima de tudo. "Não jurem de forma alguma: nem pelos céus, porque é o trono de Deus; nem pela terra, porque é o estrado de seus pés; nem por Jerusalém, porque é a cidade do grande Rei. E não jure pela sua cabeça, pois você não pode tornar branco ou preto nem um fio de cabelo. Seja o seu 'sim', 'sim', e o seu 'não', 'não'; o que passar disso vem do Maligno."[7] Jurar pelo céu é o mesmo que jurar por Deus, já que Deus está no céu. Uma vez que Deus está presente em todos os lugares, está na terra e no céu, então jurar pela terra é também jurar por Deus. Jerusalém era a cidade santa de Deus. Assim, jurar por Jerusalém era jurar por Deus. É claro que nada é nosso. Tudo é de Deus. Ele é o único Senhor de tudo, no céu e na terra. Assim, o juramento procede do Diabo, é do Diabo e é a marca dos filhos de Satanás. Os puros de coração limitam-se a uma afirmação simples e séria dos fatos.

Jesus não proíbe que juremos em julgamentos e na verdade, quando a lei nos exige isso. Isso é evidenciado pela ocasião dessa parte de seu ensino. O que ele reprova é o abuso. Ele reprova todo juramento como juramento comum. Jurar diante de um magistrado é bem diferente. Dessas mesmas palavras ele forma sua conclusão geral: "Seja o seu 'sim', 'sim', e o seu 'não', 'não' ", indica que respostas honestas podem ser dadas. De seu próprio exemplo, vemos que ele mesmo respondeu sob juramento quando exigido por um magistrado. Quando o sumo sacerdote lhe disse: "Exijo que você jure pelo Deus vivo: se você é o Cristo, o Filho de Deus, diga-nos", Jesus de imediato respondeu, afirmando: "Tu mesmo o disseste", isto é, que aquilo era verdade.[8] Deus Pai confirmou por juramento sua disposição de mostrar aos herdeiros da promessa a imutabilidade de seu conselho.[9] Também Paulo que, pelo que entendemos, tinha o Espírito de Deus e compreendia a mente de

[7] Mateus 5.34-37.

[8] Mateus 26.63,64.

[9] Hebreus 6.17.

Jesus, nos deu um exemplo. "Deus [...] é minha testemunha", disse aos romanos, "de como sempre me lembro de vocês em minhas orações".[10] Aos coríntios ele escreveu: "Invoco a Deus como testemunha de que foi a fim de poupá-los que não voltei a Corinto".[11] E aos filipenses confessou: "Deus é minha testemunha de como tenho saudade de todos vocês, com profunda afeição de Cristo Jesus".[12] Portanto, aparece inegavelmente que, se Paulo conhecia o significado das palavras de Jesus, elas não proíbem o juramento em ocasiões importantes mesmo uns aos outros. Muito menos proíbem juramentos a magistrados. Pelo menos, daquela afirmação de Paulo, algum juramento em geral era aceito. Em Hebreus ele ensinou: "Os homens juram por alguém superior a si mesmos, e o juramento confirma o que foi dito, pondo fim a toda discussão".[13]

Aqui Jesus nos ensina uma grande lição. Ele a ilustra com esse exemplo. Deus está em todas as coisas. Precisamos ver o Criador espelhado em cada criatura. Não devemos usar nem olhar nada como algo distinto de Deus. Com verdadeira grandeza de pensamento, devemos entender que o céu e a terra, e tudo o que neles há, estão contidos na palma da mão de Deus. Por sua magnificente presença, ele contém todas as coisas em seu ser. Permeia a estrutura de todas as coisas criadas e nelas atua. Ele é, no verdadeiro sentido, a alma do Universo. Pensar de outro modo é praticar uma forma de ateísmo.

Até esse ponto, Jesus estava mais empenhado em ensinar a religião do coração. Ele mostrou como devem ser os cristãos. Agora passa a mostrar também que devem fazer. Explica como a santidade interior deve manifestar-se na nossa conversa. Ele diz: "Bem-aventurados os pacificadores, pois serão chamados filhos de Deus". Sabemos que a palavra "paz" nas Escrituras implica todas as formas de bem. Refere-se a cada bênção relacionada à alma ou ao corpo, ao tempo ou à eternidade. Por conseguinte, quando Paulo, nos títulos de suas epístolas, deseja graça e paz aos leitores, é como se dissesse: "Como fruto do amor e do favor gratuitos e imerecidos de Deus, que vocês possam desfrutar de todas as bênçãos espirituais e temporais. Que possam desfrutar de todas as coisas boas que Deus tem preparado para aqueles que o amam".

10 Romanos 1.9.

11 2Coríntios 1.23.

12 Filipenses 1.8.

13 Hebreus 6.16.

Com base nisso, percebemos facilmente a amplitude do sentido com que o termo "pacificadores" deve ser compreendido. Em seu sentido literal, implica aqueles amantes de Deus e dos homens que detestam e abominam toda rixa e debate. Inclui os que evitam toda discórdia e contenda. São os que se esforçam ou para prevenir que isso ocorra, ou, quando ocorre, impedir que escape do controle. Quando a rixa explode, evitam que se espalhe ainda mais. Esforçam-se para acalmar espíritos atormentados. Procuram aquietar paixões turbulentas. Anseiam por abrandar mentes em contenda e, se possível, reconciliá-las. Usam todas as artes inocentes e empregam toda a força para fazê-lo. Usam todos os talentos que Deus lhes deu para preservar a paz onde ela está presente e restaurá-la onde ela não existe. A alegria do coração dos pacificadores é promover, confirmar e aumentar a boa vontade entre os homens. Eles o fazem mais especialmente entre os filhos de Deus, mesmo que sejam distintos por diferenças de pequena importância. Todos têm um Senhor e uma fé, e todos são chamados em uma esperança da vocação, de modo que podem andar dignos dessa vocação. Com toda submissão, humildade e moderação, suportam uns aos outros em amor. Empenham-se para manter a unidade do Espírito no vínculo da paz.

Todavia, na plena acepção da palavra, um pacificador é aquele que, tendo oportunidade, faz o bem a todos os homens. Ele é repleto de amor a Deus e a toda humanidade. Não consegue confinar a expressão desse amor à própria família, aos amigos, conhecidos, ao partido ou aos que partilham suas opiniões. Não restringe esse amor aos de sua própria fé religiosa. Suas boas ações ultrapassam todas essas fronteiras estreitas. Ele procura fazer o bem a todos. Espera conseguir de um modo ou outro manifestar seu amor aos próximos e desconhecidos, aos amigos e inimigos. Faz o bem a todos, conforme tem oportunidade. Pratica isso em cada ocasião possível. Redime o tempo para fazê-lo. Aproveita cada oportunidade, cada hora, sem perder nenhum momento em que pode ajudar alguém. Ele faz o bem não de um tipo específico, mas o bem em geral, de todos os meios possíveis. Emprega todos os talentos de todos os tipos nisso. Usa todos os seus poderes e faculdades do corpo e da alma, toda a sua fortuna, todo o seu interesse e toda a sua reputação. Apenas deseja que, quando Jesus vier, possa dizer: "Muito bem, servo bom e fiel".

O pacificador faz o bem ao máximo de sua força. Faz esse bem ao corpo de todos os homens. Alegra-se em oferecer seu pão ao faminto e cobrir com suas roupas o nu. Há algum estranho? Ele o toma e o socorre de acordo com suas necessidades.

Alguém está enfermo ou aprisionado? Ele o visita e ministra a ajuda de que este mais precisa. E tudo isso ele faz não como a um homem. Ele lembra que Jesus disse: "O que vocês fizeram a algum dos meus menores irmãos, a mim o fizeram".

Tanto mais ele se alegra se consegue fazer algum bem para a alma de algum homem. Aliás, esse poder pertence a Deus. É só Deus que muda o coração. Sem sua graça, qualquer outra mudança é mais leve que o vácuo. Entretanto, agrada a Deus, que age em tudo, ajudar o homem, principalmente por meio de outro homem. Por meio do homem, Deus transmite seu próprio poder, bênção e amor de um para outro. Assim, ainda que o auxílio na terra seja concedido pelo próprio Deus, nenhum homem deve ficar ocioso por esse motivo. O pacificador não fica. Está sempre labutando como um instrumento nas mãos de Deus, preparando a terra para uso de seu Senhor. Está sempre plantando a semente do Reino de Deus ou regando o que já plantou. Sempre espera que Deus desenvolva seu trabalho. De acordo com a medida da graça que recebeu, ele emprega toda a diligência para reprovar o pecador crasso. Recupera aqueles que correm precipitadamente pelo largo caminho da destruição. Dá luz aos que estão nas trevas, quase a perecer por falta de conhecimento. Sustenta os pobres e levanta as mãos decaídas. Procura trazer de volta e curar os mancos que saíram do caminho. É igualmente zeloso em confortar os que já entraram pela porta estreita. Tenta fortalecer os que agora estão de pé, para que corram com paciência a corrida diante deles. Tenta edificar na mais santa fé todos os que creem em Deus. E os exorta a reavivar os dons de Deus que estão dentro deles. Assim, esses crescem diariamente na graça. Uma entrada para o Reino eterno do nosso Senhor e Salvador é ministrada abundantemente.

Bem-aventurados os que são continuamente usados no trabalho da fé e na labuta do amor, pois serão chamados filhos de Deus. Deus continuará dando-lhes o Espírito Santo. Deus o derramará com mais abundância no coração deles. Ele os abençoará com todas as bênçãos de seus filhos. Ele os reconhecerá como filhos diante dos anjos e dos homens. Sendo filhos, são herdeiros, herdeiros de Deus e co-herdeiros com Jesus.

Tal homem é cheio de humildade genuína. É sério sem afetação. É moderado e gentil, e isento de desejos egoístas. Devotado a Deus, ama ativamente os homens. Alguém pode imaginar que tal pessoa seja o favorito de toda a humanidade. Mas Jesus conhecia a natureza humana mais que ninguém e conclui seu ensino sobre o caráter desse homem de Deus mostrando-lhe o tratamento que ele deve esperar do mundo. Ele diz: "Bem-aventurados os perseguidos por causa da justiça, pois deles é o Reino dos céus".

É importante compreender plenamente esse alerta. Primeiro, vamos perguntar: Quem são os perseguidos? Podemos descobrir isso facilmente nos escritos de Paulo. Ele disse: "Naquele tempo, o filho nascido de modo natural perseguiu o filho nascido segundo o Espírito. O mesmo acontece agora".[14] Em outra ocasião Paulo escreveu: "De fato, todos os que desejam viver piedosamente em Cristo Jesus serão perseguidos".[15] O apóstolo João pensava o mesmo, pois registrou: "Meus irmãos, não se admirem se o mundo os odeia. Sabemos que já passamos da morte para a vida porque amamos nossos irmãos".[16] É como se ele tivesse dito que os cristãos não podem ser amados, exceto por aqueles que passaram da morte espiritual para a nova vida espiritual. E, de modo expressivo, Jesus disse: "Se o mundo os odeia, tenham em mente que antes me odiou. Se vocês pertencessem ao mundo, ele os amaria como se fossem dele. Todavia, vocês não são do mundo [...] por isso o mundo os odeia. Lembrem-se das palavras que eu lhes disse: Nenhum escravo é maior do que o seu senhor. Se me perseguiram, também perseguirão vocês".[17]

Nessas Escrituras fica claro quem são os perseguidos. Os justos são perseguidos. Aquele que é renascido do Espírito é perseguido. Todos os que tentam viver piedosamente de acordo com Jesus serão perseguidos. Os que passaram da morte neste mundo para a vida espiritual podem esperar o mesmo tratamento. Os que são humildes e simples de coração, não do mundo, serão rejeitados pelo mundo. Os que choram por Deus e têm fome de serem semelhantes a ele serão considerados tolos. Os que amam a Deus e ao próximo e, quando têm oportunidade, fazem o bem a todos os homens, serão insultados por causa da bondade.

Deve-se então perguntar por que eles são perseguidos. A resposta é igualmente clara e óbvia. É por causa da justiça. É porque eles são justos, porque nasceram do Espírito. É porque querem viver piedosamente em Jesus. Eles são perseguidos porque não são do mundo. Qualquer que seja a alegação, essa é a causa real. Poderiam ter qualquer outra falta, mas, não fosse por isso, o mundo os aceitaria. O mundo ama os seus. Eles são perseguidos porque são pobres em espírito.

[14] Gálatas 4.29.

[15] 2Timóteo 3.12.

[16] 1João 3.13,14.

[17] João 15.18ss.

O mundo os acusa de serem pobres em espírito, dóceis, almas covardes, que para nada servem, inadequados para viver no mundo. Eles são assim acusados porque estão num choro santo. São acusados de serem estúpidos, intensos, criaturas tolas, entristecendo qualquer pessoa que os vê. São acusados de matarem a risada inocente e estragar a companhia onde quer que estejam. Por serem humildes, são acusados de serem subservientes, passivos, servindo apenas para serem pisados. Por terem fome e sede de justiça, são considerados fanáticos exaltados, arfando por não saberem o quê, insatisfeitos com a religião usual. Diz-se que correm loucamente atrás de êxtases e sensações internas. Por serem misericordiosos e amarem a todos — até os maus e ingratos — são acusados de encorajar todo tipo de perversidade. Diz-se que tentam as pessoas a fazerem maldades por causa da impunidade. Pelo caráter perdoador, são acusados de tentar os outros a serem frouxos em seus princípios. Por serem puros de coração, são considerados criaturas impiedosas que amaldiçoam todos, exceto aqueles que pertencem a seu próprio grupo. Diz-se que são blasfemadores desgraçados que fazem de Deus um mentiroso, pois fingem viver sem pecado. Acima de tudo, sofrem perseguição por serem pacificadores que tentam usar todas as oportunidades para fazer o bem a todos os homens. Esse é o grande motivo pelo qual têm sido perseguidos em todas as eras. Por isso serão perseguidos até a restauração de todas as coisas.

O mundo diz: "Se conseguissem manter a religião para si mesmos, seriam toleráveis, mas é essa difusão de seus erros, essa infecção dos outros, que não se pode tolerar. Eles causam tanto dano ao mundo que já não podem ser suportados. É verdade que fazem algumas coisas muito bem. Eles ajudam os pobres. Mas só fazem isso em causa própria. O efeito é que produzem mais danos".

Os homens do mundo creem sinceramente nisso quando falam. Quanto mais prevalece o Reino de Deus, mais os pacificadores são capazes de propagar a humildade, a submissão e todos os outros modos divinos. Quanto mais realizam, mais perseguidos são. À medida que se expande o verdadeiro cristianismo, mais o mundo se enraivece contra seus pregadores e mais veemente se torna a perseguição contra eles.

Então devemos compreender quem são os perseguidores. Paulo novamente nos responde: "Aquele que nasce da carne" não consegue amar os que são nascidos do Espírito. Os que nascem do Espírito, ou desejam nascer, são todos os que ao menos se esforçam para levar uma vida devota, de acordo com Jesus. Os que não estão nesse grupo são do mundo e não podem amar o homem espiritual. Ou seja, de acordo com Jesus, os perseguidores são os que não o conhecem e não conhecem o Deus que o enviou. Esses não conhecem Deus, o Deus perdoador e amoroso, por meio do ensino de seu próprio Espírito Santo.

O motivo para isso é claro. O espírito que está no mundo é diretamente oposto ao Espírito Santo, que é de Deus. É inevitável, portanto, que os que são do mundo se oponham aos que são de Deus. Há entre eles diferenças extremas de opiniões, anseios, desejos e disposição. Sabemos que não pode haver paz entre eles. O orgulhoso, porque é orgulhoso, perseguirá o humilde. Os levianos e inconsequentes perseguirão os que lamentam seriamente os próprios pecados. E isso ocorre com todos os outros tipos. A diferença de disposição é um terreno perpétuo para inimizades. Assim, todos os servos do Diabo tramarão para perseguir os filhos de Deus.

Também podemos descobrir como eles serão perseguidos. Isso pode ser respondido de maneira geral. Ocorrerá de qualquer modo que propicie o crescimento do cristão na graça e a expansão do Reino de Deus. Há um ramo do governo divino do mundo que está sempre sob controle. Os ouvidos de Deus nunca se fecham às ameaças dos perseguidores ou ao clamor dos perseguidos. Seus olhos estão sempre abertos. Sua mão está estendida para dirigir até a menor circunstância. O Senhor decide quando o conflito deve começar, que nível atingirá, a direção de seu curso, e quando e como terminará. Por sua sabedoria inerrante, ele controla os perseguidores. Quando os fins de sua graça são alcançados, os perseguidores são salvos. Foi o caso de Saulo, que se tornou o apóstolo Paulo.

Em alguns raros momentos no passado, como quando o cristianismo estava sendo disseminado pela primeira vez, permitiu-se que a tempestade se avolumasse. Naquela época os cristãos foram convocados até mesmo à morte por martírio. Parece haver um motivo especial pelo qual Deus permitiu que isso ocorresse mesmo com os apóstolos. Era para que o testemunho deles fosse ainda mais autêntico.

Com a história da Igreja aprendemos outro motivo muito diferente. Era por causa das corrupções monstruosas que reinavam na igreja primitiva. Parece que Deus permitiu que os hereges fossem purgados da igreja. O Senhor puniu, mas ao mesmo tempo se esforçou para curar.

Talvez seja possível fazer a mesma observação com respeito à perseguição no nosso tempo. Deus tem tratado com muita graça nossa nação. Derramou várias bênçãos sobre nós. Deu-nos paz fora e dentro do país. Concedeu-nos líderes sábios.

Acima de tudo, permitiu que as boas-novas dos ensinos de Jesus se elevassem e brilhassem entre nós. Mas o que o Senhor recebeu em resposta? Ele procurou justiça. Recebeu opressão, ofensa, ambição, injustiça, maldade, fraude e cobiça. Então Deus se levantou para manter a própria causa contra os que mantinham sua verdade em descaso. Permitiu que muitos deles fossem perseguidos por um julgamento combinado com misericórdia. Autorizou a aflição para punir, oferecendo ao mesmo tempo um remédio para curar a apostasia de seu povo.

Deus, porém, raramente permite que as tempestades da perseguição se tornem torturas, mortes ou aprisionamentos. Os cristãos são frequentemente chamados a enfrentar tipos mais leves de perseguição. Muitas vezes sofrem separação da família e perda de amigos. Nisso descobrem a verdade do ensino de Jesus: "Vocês pensam que vim trazer paz à terra? Não, eu lhes digo. Ao contrário, vim trazer divisão!".[18] E, assim, a testemunha zelosa de Jesus pode naturalmente esperar a perda de alguns negócios ou emprego. A prosperidade pode decrescer em vez de aumentar. Essas circunstâncias, porém, estão sempre sob a direção sábia de Deus. Ele permite a cada um apenas o que é melhor para nós.

Nem todos sofrem as perseguições descritas anteriormente. Há, porém, uma perseguição que alcança todo verdadeiro filho de Deus. É a que Jesus descreve com as seguintes palavras: "Bem-aventurados serão vocês quando, por minha causa, os insultarem, os perseguirem e levantarem todo tipo de calúnia contra vocês". Essa perseguição não pode falhar. É o distintivo do discipulado. É um dos selos do chamado de Deus. É a certeza dos insultos que recairão sobre todos os filhos de Deus. Se não formos insultados por causa da nossa nova fé viva, não somos verdadeiros filhos de Deus. Os filhos de Deus têm bom testemunho entre os próprios irmãos. São conhecidos por serem amáveis, sérios, humildes e amantes zelosos de Deus e dos homens. Esse modo de vida gera má reputação no mundo. Apesar da retidão, o mundo continua a tratá-los como lixo e refugo do mundo, porque eles são diferentes.

Quem imaginou que esse escândalo e esses maus-tratos cessarão antes do fim dos tempos deste mundo? Alguns esperam que Deus faça que os cristãos se tornem estimados e amados por aqueles que ainda são pecadores. Sim, e Deus às vezes realmente estanca as contendas, bem como a fúria dos homens mundanos. Deixando de lado essas exceções, o escândalo do cristianismo ainda não terminou.

[18] Lucas 12.51.

Assim, o homem ainda precisa dizer: "Se eu agrado aos homens, não sou servo de Jesus". Portanto, que nenhum homem acredite na agradável opinião de que os maus só fingem odiar e desprezar os bons. Eles de fato não amam nem estimam os bons no coração. Podem usá-los às vezes, mas apenas em benefício próprio. Podem confiar neles, pois sabem que o estilo de vida do cristão não é como o dos outros homens. Mas ainda não os amarão. Só os aceitarão na medida em que o Espírito Santo estiver lutando com eles. As palavras de Jesus são claras. "Se vocês pertencessem ao mundo, ele os amaria como se fossem dele. Todavia, vocês não são do mundo [...] por isso o mundo os odeia". O seguidor sério de Jesus pode esperar ser odiado pelo mundo com a mesma intensidade e sinceridade com que o próprio Jesus foi odiado.

Só resta uma questão. Como os seguidores espirituais de Jesus devem agir sob perseguição? Primeiro, não devem fazer nada que atraia perseguição. Isso contraria tanto o exemplo quanto o alerta de Jesus e todos os seus apóstolos. Eles nos ensinaram não só a não buscar a perseguição, mas a evitá-la. Precisamos evitá-la o máximo possível sem manchar nossa consciência. Não podemos renunciar a nenhuma parte daquela justiça que devemos preferir à própria vida. Assim, Jesus disse expressamente: "Quando forem perseguidos num lugar, fujam para outro". Se isso for possível, é a melhor maneira de evitar a perseguição.

Não pense que você sempre conseguirá evitá-la, seja por esse, seja por outros meios. Se esse pensamento vier a sua mente, afaste-o de vez. "Nenhum escravo é maior do que o seu senhor. Se me perseguiram, também perseguirão vocês." "Sejam astutos como as serpentes e sem malícia como as pombas." Mas esse comportamento livrará você das perseguições? Não, a menos que você tenha mais sabedoria que Jesus. Não, a menos que você seja mais inocente que ele.

Assim, você não deve nem desejar evitá-la, nem escapar totalmente da perseguição. Caso contrário, não é um seguidor de Jesus. Se você escapar da perseguição, perderá as bênçãos. Há uma bênção para todos os que são perseguidos por causa da justiça. Se você não for perseguido por causa da justiça, não poderá entrar no Reino dos céus. "Se perseveramos, com ele também reinaremos. Se o negamos, ele também nos negará."[19]

Em vez disso, alegre-se e seja grato quando for perseguido por causa de Cristo. Quando o mundo o persegue, insultando-o e dizendo toda sorte de males contra

[19] 2Timóteo 2.12.

você, seja grato. Eles mancharão você para desculparem a si mesmos. Portanto, não deixarão de misturar a seus insultos todo tipo de perseguição. "Pois da mesma forma perseguiram os profetas que viveram antes de vocês." Eles perseguiram os que eram mais eminentemente santos no coração e na vida. Sim, perseguiram todos os justos que existiram desde o início do mundo. Alegre-se porque, por meio dessa marca, você sabe a quem pertence. Grande será seu prêmio no céu. É um prêmio adquirido com o sangue da aliança. É concedido gratuitamente em proporção aos seus sofrimentos, bem como à santidade no seu coração e na sua vida. Seja grato, sabendo que essas aflições, que só duram um instante, desenvolvem para você um peso de glória eterno muito maior.

Enquanto isso, não permita que nenhuma perseguição desvie você do caminho da submissão e da humildade. Continue em amor e beneficência. "Vocês ouviram o que foi dito: 'Olho por olho e dente por dente'. Mas eu lhes digo: Não resistam ao perverso."[20] Não retribua na mesma moeda. Em vez disso, faça o seguinte. Quando alguém atingir o lado direito do seu rosto, ofereça a ele também o outro. Se algum homem processar você e tomar sua túnica, entregue-lhe também a capa. E, sempre que alguém o compelir a seguir com ele uma milha, vá com ele duas.

Que sua submissão seja invencível. Seu amor deve ser adequado a sua fé. Dê a quem pede a você e ao que deseja que lhe empreste algo. Só não dê o que é de outro. Isso não é seu para ser dado. Assim, cuide de não dever nada a ninguém, pois o que você deve não é seu, mas de outro. Faça a provisão para os de sua casa. Deus exige isso de você. Você deve prover o que é necessário para sustentá-los na vida e na devoção. Depois, dê ou empreste o que restar, dia após dia ou ano após ano. Sabendo que você não pode dar tudo, lembre-se primeiro dos seus irmãos espirituais.

Jesus descreveu a humildade e o amor que devemos sentir. Falou sobre a bondade que devemos demonstrar aos que nos perseguem por causa da justiça. "Vocês ouviram o que foi dito: 'Ame o seu próximo e odeie o seu inimigo'. Mas eu lhes digo: Amem os seus inimigos." Ame aqueles que o amaldiçoam. Ore por aqueles que o odeiam. Não se deixe vencer pelo mal, mas vença o mal com o bem. Ore por aqueles que abusam de você, o desprezam e o perseguem.

Deixe que seus atos mostrem que você é tão sincero no amor quanto eles são no ódio. Pague o mal com o bem. Se não puder fazer mais nada, pelo menos ore por

[20] Mateus 5.38,39.

aqueles que são seus abusadores, por aqueles que o desprezam e o perseguem. Você nunca deve deixar de fazer isso. Nenhuma das maldades e violências deles o podem impedir de fazer isso. Derrame sua alma diante de Deus. Ore por aqueles que fazem isso uma vez e se arrependem. Ore, lute por aqueles que não se arrependem, os que continuam abusando de você, desprezando-o e perseguindo-o. Perdoe-os não só sete vezes, mas setenta vezes sete.[21] Mostre a eles todos os exemplos de bondade, quer se arrependam, quer não. Ainda que pareçam cada vez mais longe, ore por eles. Desse modo, você mostra que é filho legítimo do Deus que está no céu. O Senhor mostra sua bondade abençoando até seus inimigos mais obstinados. Faz seu sol levantar-se sobre o bom e sobre o mau e envia a chuva para o justo e o injusto. Se você só ama os que o amam, que recompensa teria? Até os pecadores fazem isso.[22] Até os que fingem não ter religião e não têm Deus, amam os que os amam. E, se você mostrar bondade apenas aos seus amigos, irmãos e parentes, não fará mais que os pecadores. Precisamos seguir um padrão superior. Na paciência, na resignação, na misericórdia, na bondade de todo tipo, precisamos ser perfeitos. Mesmo para com os nossos perseguidores mais cruéis, precisamos ser perfeitos em espécie, ainda que não em grau, como Deus é perfeito no céu.[23]

Isso é cristianismo em sua forma original, conforme foi anunciado por Jesus. Essa é a religião genuína. Ele a apresenta aos que têm os olhos espiritualmente abertos. Aqui vemos um retrato de Deus naquilo que ele pode ser imitado pelo ser humano. É um retrato desenhado pela própria mão de Deus. Não deveríamos descansar até que cada linha desse retrato esteja impressa no nosso coração. Precisamos vigiar, orar, acreditar, amar e lutar para ganhar destreza nisso. Então podemos esperar que cada parte desse retrato aparecerá na nossa alma, colocado ali pelo dedo de Deus. Precisamos continuar nisso até sermos tão santos quanto ele, que nos chamou para sermos santos. Precisamos perseverar na fé em Jesus, até sermos perfeitos como nosso Pai no céu é perfeito.

[21] Mateus 18.22.

[22] Mateus 5.46.

[23] Mateus 5.48.

CAPÍTULO 6

O SAL DA TERRA[1]

"Vocês são o sal da terra. Mas se o sal perder o seu sabor, como restaurá-lo?
Não servirá para nada, exceto para ser jogado fora e pisado pelos homens.
Vocês são a luz do mundo. Não se pode esconder uma cidade construída sobre um monte.
E, também, ninguém acende uma candeia e a coloca debaixo de uma vasilha.
Ao contrário, coloca-a no lugar apropriado, e assim ilumina a todos os que estão na casa.
Assim brilhe a luz de vocês diante dos homens, para que vejam as suas boas
obras e glorifiquem ao Pai de vocês, que está nos céus."
(Mateus 5.13-16)

A beleza da santidade atrai os olhos de todos, de todos os que têm o entendimento iluminado. É a santidade do homem interior com um coração renovado à imagem de Deus. Ela manifesta um espírito manso, humilde e amoroso. Esse comportamento recebe a aprovação de todos os que são capazes de discernir, em algum grau, o bem e o mal espiritual. Desde o momento em que a pessoa começa a emergir das trevas que cobre o mundo inconsequente, ela percebe como é desejável ser transformada à semelhança de Deus. Essa religião interior traz a forma de Deus visivelmente impressa. A pessoa precisa estar totalmente imersa em carne e sangue, como homem natural, para duvidar do seu original divino. Jesus é a imagem expressa da pessoa de Deus. Num sentido secundário, ele é o brilho da glória de Deus. Jesus é tão moderado que qualquer um pode olhar para ele e ver o Deus vivo.

1 Wesley. Sobre o sermão de nosso Senhor no monte, Discurso IV. **Quarenta e quatro sermões**, Sermão XIX.

Nele está a nascente original de toda excelência e perfeição. Ele tem o selo, o caráter, a impressão viva da pessoa de Deus. Ele é a fonte da beleza e do amor.

Se a religião se detivesse em Jesus, ninguém duvidaria dela. Ninguém faria objeção a alguém buscá-la com toda a força da alma. Mas as pessoas dizem: "Por que a religião é abarrotada de outras coisas? Por que é carregada de obrigações e sofrimentos? São essas coisas que minam o vigor da vida espiritual. Elas fazem a alma afundar de novo na terra. Não basta buscar o amor e a caridade? Não podemos simplesmente alçar voo nas asas de seu amor? Não basta adorar Deus que é Espírito, com o espírito da nossa mente? Por que nos cobrirmos com coisas exteriores ou até mesmo pensar nelas? Não é melhor que todos os nossos pensamentos estejam centrados na contemplação celestial elevada? Por que não podemos ter comunhão com Deus só no coração, em vez de nos ocupar com coisas exteriores?".

Muitas pessoas de bem falam desse jeito. Elas nos aconselham a parar com esses atos exteriores e nos orientam a nos afastar totalmente do mundo. Dizem que podemos deixar o corpo para trás e abstrair todas essas coisas. Ensinam a não termos nenhuma preocupação com a religião exterior. Dizem que desenvolver as virtudes na mente é muito melhor. Acreditam que isso aperfeiçoará a nossa alma de um modo mais aceitável a Deus.

Essa é a mais simples de todas as estratégias com que Satanás vem pervertendo o evangelho de Jesus. Não é necessário ninguém informar Jesus a respeito dessa "obra-prima de sabedoria" das profundezas. Quantos instrumentos Satanás encontra, de tempos em tempos, para empregar nesse seu serviço! Ele tem mirado esse grande instrumento do inferno contra algumas das mais importantes verdades divinas. Tais mestres eminentes enganariam, se fosse possível, os próprios eleitos de Deus, pessoas de fé e amor. Por vezes, enganam e desviam um número não pequeno. Homens de todas as épocas enlaçados nessa armadilha dificilmente escapam sem sequelas.

Jesus estaria falhando? Ele nos guarda o suficiente desse engano? Não nos proveu de uma armadura contra Satanás, agora transformado num anjo de luz? Sim, Jesus realmente defendeu, da maneira mais clara e forte, a religião ativa e paciente que prescreveu. O que pode ser mais completo e evidente que as palavras que ele acrescenta imediatamente após falar sobre as nossas obrigações e os nossos sofrimentos? "Vocês são o sal da terra. Mas se o sal perder o seu sabor, como restaurá-lo? Não servirá para nada, exceto para ser jogado fora e pisado pelos homens.

Vocês são a luz do mundo. Não se pode esconder uma cidade construída sobre um monte. E, também, ninguém acende uma candeia e a coloca debaixo de uma vasilha. Ao contrário, coloca-a no lugar apropriado, e assim ilumina a todos os que estão na casa. Assim brilhe a luz de vocês diante dos homens, para que vejam as suas boas obras e glorifiquem ao Pai de vocês, que está nos céus".

Para explicar plenamente e reforçar essas importantes palavras, precisamos considerar primeiro que o cristianismo é uma religião social. Transformá-la em uma religião solitária é destruí-la. Depois, é necessário reconhecer que esconder essa religião é impossível, além de totalmente contrário aos propósitos de Jesus. Por fim, responderemos a algumas objeções aos ensinos de Jesus. Então concluiremos tudo com aplicações práticas.

Primeiro, o cristianismo é essencialmente uma religião social. Transformá-lo numa religião solitária equivale a destruí-lo. Por cristianismo entendemos aquele método de cultuar Deus que foi revelado aos homens por Jesus. Quando afirmamos que essa é uma religião essencialmente social, queremos dizer que ela não pode existir de maneira alguma sem a sociedade. Não é que ela não pode existir da mesma forma sem a sociedade. É que não pode ter nenhuma existência sem viver e conviver com outras pessoas. Para mostrar isso, limitaremos nossas considerações às que levantam desse discurso. Propomos demonstrar que transformar o cristianismo em uma religião solitária é destruí-lo.

De maneira alguma condenamos a combinação de solitude ou retiro com a sociedade. Isso é não apenas permissível, mas também conveniente. A solitude é necessária, conforme mostra a experiência diária. Todos os que já são ou desejam ser verdadeiros cristãos compreendem isso. Dificilmente conseguiríamos passar um dia inteiro num relacionamento contínuo com outras pessoas. Fazer isso causaria perdas a nossa alma. E entristeceria de algum modo o Espírito Santo. Precisamos retirar-nos do mundo diariamente, pelo menos pela manhã e à noite, para conversar com Deus. Precisamos falar livremente com nosso Pai, que está em secreto. Alguém com experiência religiosa também não pode condenar períodos mais longos de retiro religioso. Um retiro espiritual é permissível se não implicar negligência quanto ao trabalho secular em que Deus nos pôs. Entretanto, esse retiro não deve tomar todo o nosso tempo. Isso seria destruir, não desenvolver, o verdadeiro cristianismo. A religião descrita por Jesus anteriormente não pode existir sem a sociedade. Ela requer que vivamos e convivamos com outras pessoas.

Fica evidente que várias características essenciais ao cristianismo estariam perdidas se não tivéssemos relações com o mundo.

Não há nenhuma disposição mais fundamental ao cristianismo que a submissão. Submissão implica resignação a Deus com paciência em todas as coisas. De fato, ela pode existir num deserto, numa cela de eremita ou na solitude total. Mas a submissão também implica mansidão, bondade e resignação. Essas qualidades não podem existir sem contato com outras pessoas. Assim, transformar isso numa virtude solitária é destruí-la da face da terra.

Outra característica necessária do verdadeiro cristianismo é buscar a paz ou praticar o bem. Não se pode questionar que isso é tão essencial quanto as outras características da religião. O melhor argumento a seu favor é que Jesus incluiu essa prática no plano original dos fundamentos de sua religião. Portanto, deixar isso de lado aflige Cristo tanto quanto deixar de lado a misericórdia, a pureza de coração ou qualquer outra característica de seus ensinos. Mas isso é evidentemente desconsiderado por todos os que nos convocam a praticar uma religião solitária. Como alguém pode afirmar que um cristão solitário é capaz de ser misericordioso? Não haveria oportunidade de fazer o bem aos outros. O que pode ser mais claro que isso? A religião de Jesus não pode existir sem a sociedade, sem que vivamos e convivamos com os outros.

Alguns talvez perguntem: "Mas não é conveniente conviver apenas com os bons? Não deveríamos limitar nossos relacionamentos aos que sabemos serem mansos, misericordiosos, santos no coração e na vida? Não é sábio evitar conversas ou relacionamentos com pessoas de caráter oposto? Não deveríamos evitar amizades com aqueles que não obedecem ou não creem no evangelho de Jesus?". O conselho de Paulo aos cristãos de Corinto parece favorecer isso. Ele escreveu: "Já lhes disse por carta que vocês não devem associar-se com pessoas imorais".[2] Certamente não é recomendável cultivar a companhia daqueles que são obreiros da iniquidade. Não deveríamos ter nenhuma familiaridade especial ou amizade próxima com eles. Permanecer na intimidade com qualquer um desses não é conveniente para um cristão. Isso necessariamente o exporá a perigos e armadilhas dos quais ele não teria esperança razoável de livramento.

Paulo, porém, não nos proíbe de ter qualquer contato com aqueles que não conhecem Deus. Ele escreveu: "Se assim fosse, vocês precisariam sair deste mundo".

[2] 1Coríntios 5.9.

Ele jamais aconselharia os irmãos a fazer isso, de modo que acrescenta: "Mas agora estou lhes escrevendo que não devem associar-se com qualquer que, dizendo-se irmão, seja imoral, avarento, idólatra, caluniador, alcoólatra ou ladrão. Com tais pessoas vocês nem devem comer".[3] Isso implica anular toda familiaridade e toda intimidade com essa gente. Mas Paulo disse em outra ocasião: "contudo, não o considerem como inimigo, mas chamem a atenção dele como irmão".[4] Isso mostra claramente que não devemos renunciar a toda amizade com ele. Assim, Paulo não aconselha a nos separar totalmente, mesmo dos perversos. Suas palavras nos ensinam exatamente o contrário.

Menos ainda Jesus nos ensina a romper todo intercâmbio com o mundo. Sem isso, de acordo com sua descrição do cristianismo, não podemos ser cristãos. Seria fácil mostrar que algum relacionamento, mesmo com ímpios e profanos, é absolutamente necessário para completar a aplicação de cada disposição descrita como caminho para o Reino. É indispensável completar o exercício da pobreza em espírito, do choro e cada uma das outras disposições da genuína religião de Jesus.

Isso é necessário para a própria existência de várias dessas disposições. A humildade, por exemplo, em vez de exigir olho por olho, não resiste ao mal. Leva-nos a oferecermos o lado esquerdo do rosto quando atingidos na face direita. A misericórdia é a qualidade pela qual amamos os nossos inimigos. Abençoamos os que nos amaldiçoam. Fazemos o bem aos que nos odeiam. Oramos por aqueles que abusam de nós, desprezam-nos e nos perseguem. Isso produz em nós a consolidação do amor e todas as disposições santas que são exercidas no sofrimento por amor à justiça. Ora, tudo isso, é claro, não existiria se não tivéssemos contato com pessoas que não fossem realmente cristãs.

Aliás, se nos separássemos totalmente dos pecadores, como poderíamos manifestar o caráter que Jesus requer em seus outros ensinos? "Vocês são o sal da terra." É da nossa própria natureza temperar tudo o que está a nossa volta. É da natureza de nossa fé espalhá-la em tudo o que tocamos. Nós a difundimos por todos os lados a todos os que nos rodeiam. No relacionamento com os outros, somos modestos, sérios e humildes. Mostramos que temos fome de justiça e que amamos a Deus e à humanidade. Agindo dessa forma, fazemos o bem a todos e muitas vezes

3 1Coríntios 5.11.

4 2Tessalonicenses 3.15.

recebemos o mal em retribuição. Essa é a grande razão pela qual Deus nos pôs ao lado de outros homens, para que possamos comunicar aos outros toda a graça que recebemos de Deus. Toda disposição, palavra e obra santa que praticamos pode influenciá-los. Assim, haverá certo controle sobre a corrupção que está no mundo. Por meio de nós, ao menos uma pequena parte pode ser salva da contaminação geral do pecado e feita santa e pura diante de Deus.

A seguir, Jesus passa a mostrar o estado desesperador daqueles que não compartilham a religião que seus seguidores receberam. Eles não podem deixar de partilhá-la, já que ela permanece no coração deles. Jesus faz isso para que possamos trabalhar com maior diligência em todo o tempo, com todas as disposições santas e celestiais. "Se o sal perder o seu sabor, como restaurá-lo? Não servirá para nada, exceto para ser jogado fora e pisado pelos homens." Jesus está falando sobre aqueles que já tiveram mente santa e celestial, foram zelosos em realizar boas obras e agora já não têm dentro de si aquele tempero espiritual. Se um cristão se abate, fica insípido, morto, descuida da própria alma e torna-se inútil para a alma dos outros, como restaurá-lo? Um sal sem gosto pode ser restaurado a seu estado anterior? Não; então não serve para nada, exceto para ser jogado fora, como poeira na estrada. Ali é devastado por desprezo eterno e pisado pelos homens. Se nunca tivessem conhecido Jesus, haveria esperança. Se nunca tivéssemos pertencido a Cristo, esse ensino não se aplicaria a nós. Um ensino paralelo reforçando esse ponto foi registrado por João: "Todo ramo que, estando em mim, não dá fruto, ele [o Pai] corta [...]. Se alguém permanecer em mim e eu nele, esse dará muito fruto [...]. Se alguém não permanecer em mim, será como o ramo que é jogado fora e seca. Tais ramos são apanhados, lançados ao fogo e queimados".[5]

Deus verdadeiramente lamenta e tem grande misericórdia para com aqueles que nunca conheceram o evangelho. Entretanto, a justiça recai sobre os que experimentaram sua graça e depois deram as costas aos santos mandamentos que lhes foram transmitidos. "Ora, para aqueles que uma vez foram iluminados, provaram o dom celestial, tornaram-se participantes do Espírito Santo, experimentaram a bondade da palavra de Deus e os poderes da era que há de vir, e caíram, é impossível que sejam reconduzidos ao arrependimento; pois para si mesmos estão crucificando de novo o Filho de Deus, sujeitando-o à desonra pública."[6] Isso não é

[5] João 15.2,5,6.

[6] Hebreus 6.4-6.

uma suposição, mas uma declaração direta de que é impossível serem mais uma vez renovados aqueles em cujo coração Deus brilhou um dia. Então, para que ninguém compreenda mal essas palavras importantes, devemos fazer algumas observações cuidadosas. Primeiro, essas Escrituras só se aplicam aos que já foram iluminados e provaram aquele dom celestial, tendo sido feitos participantes do Espírito Santo. Os que não experimentaram essas coisas não precisam preocupar-se com essa passagem. Depois, a queda aqui mencionada é uma apostasia absoluta e total. Um cristão pode cair sem se perder totalmente. Pode cair e levantar-se de novo. Mesmo que caia em terrível pecado, seu caso não é desesperador. Sempre temos um advogado junto ao Pai, Jesus, o justo. Jesus é a propiciação por nossos pecados. Entretanto, os cristãos precisam manter-se cautelosos. Devem evitar endurecer o coração pelo caráter enganoso do pecado. É facílimo afundar cada vez mais até chegar a um naufrágio completo. Quando isso ocorre, o sal perdeu seu sabor. Se pecarmos conscientemente depois de termos recebido a habitação do Espírito Santo, já não há nenhum sacrifício pelo pecado. Tudo o que sobra é uma espera amedrontada por julgamento e flamejante indignação.

Outros concordam que os cristãos não devem separar-se totalmente da humanidade. Entretanto, devem procurar transmitir a fé muito discretamente aos outros. Acreditam que a fé pode ser proclamada de maneira secreta e quase imperceptível. Desse modo, dificilmente alguém conseguiria observar como ou quando isso ocorreu. Eles alegam que o sal dá sabor sem que seja visto ou ouvido. Por conseguinte, acreditam que deveriam ser capazes de viver no mundo e não sair por aí anunciando o evangelho. Esperam manter a fé para si mesmos de modo que não ofendam os outros. Jesus estava bem consciente dessa linha de raciocínio relativamente plausível. Ele deu uma resposta completa a isso na Palavra de seu ensino. Jesus deixou claro que era impossível esconder a religião. Ele apresentou duas comparações.

"Vocês são a luz do mundo. Não se pode esconder uma cidade construída sobre um monte." Os cristãos são a luz do mundo com respeito a suas disposições e também a suas ações. A santidade dos cristãos os torna tão visíveis quanto o Sol no céu. Assim como não podemos sair do mundo, também não podemos ficar nele sem sermos visíveis para toda a humanidade. Não podemos fugir dos homens. Enquanto estivermos entre eles, é impossível escondermos a modéstia e a humildade. Não podemos esconder o caráter cristão. Não podemos esconder a disposição pela qual aspiramos a ser perfeitos como Deus no céu é perfeito. O amor não pode ser escondido assim como a luz não pode ser ocultada. Acima de tudo, não pode ser escondida quando brilha em ação. Quando nos exercitamos numa obra de amor, qualquer que seja, somos observados. As pessoas podem tentar esconder uma cidade, assim como esconder um cristão. Podem tentar ocultar uma cidade estabelecida sobre um monte, assim como podem tentar esconder um amante santo, zeloso e ativo de Deus e dos homens.

É verdade que há homens que amam as trevas em vez da luz. Isso ocorre porque seus atos são maus. Eles farão de tudo para provar que a luz que está em nós na realidade são trevas. Eles falarão mal, todo tipo de mal, com falsidades sobre o bem que está num cristão. Acusarão com motivos muito distantes da mente do cristão. Acusarão os cristãos do inverso que são e de tudo o que fazem. A perseverança paciente e as boas ações, o suportar resignado de todas as coisas por amor ao Senhor, a alegria humilde em meio à perseguição, o esforço incansável para vencer o mal com o bem, tudo isso nos tornará mais visíveis e evidentes do que antes.

Se evitarmos que a religião cristã seja vista, eliminaremos seu efeito. Escondê-la é tão inútil quanto esconder a luz, a menos que a apaguemos. É certo que uma religião secreta, que não pode ser vista, não pode ser a religião de Jesus. Uma religião que pode ser encoberta não é o cristianismo. Se fosse possível esconder um cristão, ele não poderia ser comparado a uma cidade estabelecida sobre um monte. Não poderia ser comparado à luz do mundo, nem ao Sol brilhando no céu para ser visto por todos. Nunca, portanto, permita que entre no coração de alguém que Deus renovou pelo seu Espírito Santo a ideia de esconder essa luz. Não deixe ninguém pensar que pode guardar a religião para si mesmo. Esse pensamento é contrário ao plano de Jesus e impossível de concretizar.

A realidade dessa verdade fica evidente nas palavras que se seguem. "E, também, ninguém acende uma candeia e a coloca debaixo de uma vasilha". Jesus disse que as pessoas não acendem uma vela só para cobri-la e escondê-la. Deus também não ilumina uma alma com seu glorioso conhecimento e amor para depois ver essa alma coberta ou escondida. Ela não deve ser encoberta nem pela falsa alegação de prudência, nem por vergonha, menos ainda por humildade voluntária. Não deve ser ocultada nem num deserto nem no mundo. Não se deve escondê-la nem evitando os homens, nem convivendo com eles. "Ao contrário, coloca-a no lugar apropriado, e assim ilumina a todos os que estão na casa." É igualmente do propósito de Deus que cada cristão esteja à vista, fornecendo luz a todos a sua volta, expressando visivelmente a religião de Deus conforme dada por Jesus.

Desse modo, Deus falou ao mundo todo em todas as eras. Falou não só por preceitos, mas também por exemplos. Não ficou sem testemunho em cada nação onde o som do verdadeiro evangelho entrou. Nunca ficou sem alguém que testificasse sua verdade por meio da vida, bem como por palavras. Essas testemunhas têm sido como luzes brilhando no escuro. De tempos em tempos agem como instrumentos para iluminar alguns. Por isso, preservam um remanescente, uma pequena semente que continua com o Senhor em favor de toda uma geração.

Essas testemunhas conduzem algumas poucas pobres ovelhas para fora da escuridão do mundo. Conseguem guiar os pés de alguns até o caminho da paz.

Assim vemos tanto nas Escrituras como na razão que essas coisas são ditas de modo claro e expresso. Poderíamos imaginar que haveria muito pouco sugerido do outro lado. Pelo menos poderíamos supor que argumentos contrários teriam pouca aparência de verdade. Os que imaginam isso desconhecem os truques de Satanás. Depois de tudo o que as Escrituras e a razão dizem sobre sermos cristãos sociais, abertos e ativos, muitos são levados a esconder do mundo a sua fé. Necessitamos de toda a sabedoria e de todo o poder divino para escapar dessa armadilha.

Por isso, precisamos ter respostas para esses enganos. Alega-se que a religião verdadeira não repousa sobre coisas exteriores. Fica no coração, no íntimo da alma. É a união da alma com Deus, a vida divina na alma humana. Por causa dessa verdade, alguns dizem que a religião exterior não tem nenhum valor. Argumentam que Deus "não se agrada de holocaustos".[7] O Senhor não busca cultos visíveis, mas não desprezará o sacrifício puro e santo.

Isso é parcialmente verdade. A raiz da religião verdadeira está no coração. Ela fica no íntimo da alma. É a união da alma com Deus, a vida divina na alma do homem. No entanto, se realmente estiver no coração, essa raiz lançará galhos. Esses galhos são as muitas ocorrências de obediência exterior que são da mesma natureza que a raiz. Por conseguinte, não são meras marcas ou sinais, mas partes substanciais da verdadeira religião.

Também é verdade que a religião exterior vazia, sem raiz no coração, não tem nenhum valor. Deus não tem prazer em cultos exteriores, que não brotam

[7] Cf. Salmos 51.16.

do coração. Ele os aprecia tanto quanto aprecia as ofertas queimadas dos judeus. Um coração puro e santo é um sacrifício que sempre agrada a Deus. Mas ele também se agrada dos cultos exteriores que brotam de um coração puro. Tem prazer no sacrifício das nossas orações, quer feitas em público, quer em particular. Tem prazer nos nossos louvores e ações de graças. Tem prazer no nosso sacrifício de bens humildemente dedicados a ele. Tem prazer no emprego total do nosso corpo para sua glória. De fato, ele tem direito especial sobre todo o nosso ser. Observando esses direitos divinos sobre a nossa vida, Paulo ensinou que devemos oferecer o nosso corpo como sacrifício vivo, santo e agradável a Deus.[8]

Uma segunda objeção estreitamente relacionada é que o amor é tudo. Diz-se que o amor é o cumprimento da lei. O amor é a finalidade de cada mandamento divino. Tudo o que fazemos, tudo o que sofremos, se não tivermos amor, não tem proveito algum. Portanto, Paulo nos orienta a buscar o amor como o caminho mais excelente.[9]

É verdade que o amor a Deus e aos homens, brotando da fé completa, é o cumprimento total da lei e o objetivo último de cada mandamento divino. É verdade que, sem isso, tudo o que fazemos ou sofremos não serve para nada. Daí não decorre, porém, que o amor é tudo no sentido de substituir a fé ou as boas obras. O amor é o cumprimento da lei. Ele não nos livra da lei. Na verdade, exige que obedeçamos à lei. É a finalidade dos mandamentos, uma vez que cada mandamento nos conduz ao amor e gira em torno dele. É fato que tudo o que fazemos ou permitimos que se faça não nos serve para nada, a menos que tenhamos amor. Mas é igualmente verdade que tudo o que fazemos ou sofremos por amor, ainda que seja uma acusação por causa de Jesus, ou a oferta de um copo de água em seu nome, esse ato de modo algum ficará sem recompensa.

Paulo, porém, não nos orienta a seguir o amor? Ele não o considera um caminho mais excelente? O apóstolo de fato nos orienta a seguir o caminho do amor. Mas não apenas isso. Suas palavras são: "Sigam o caminho do amor e busquem com dedicação os dons espirituais".[10] Devemos seguir o amor e desejar consumir-nos e ser consumidos pelos irmãos. Sigamos o amor e, tendo oportunidade, façamos o bem a todos os homens.

[8] Romanos 12.1.

[9] 1Coríntios 12.31ss.

[10] 1Coríntios 14.1.

Nesse mesmo versículo, em que Paulo declara que o caminho do amor é o mais excelente, o apóstolo afirma que outros dons, além do amor, são desejáveis. Ou seja, outros dons deviam ser buscados com dedicação. Paulo escreveu: "busquem com dedicação os melhores dons. Passo agora a mostrar-lhes um caminho ainda mais excelente".[11] Mais excelente que o quê? Mais excelente que os dons de curar, de falar em línguas e interpretá-las, mencionados nos versículos precedentes. Entretanto, não mais excelente que a obediência. Paulo não está tratando disso. Ele não está falando, de modo algum, sobre a religião exterior. Assim, esse texto não aborda a presente questão.

Suponha, contudo, que Paulo estivesse falando da religião exterior, bem como da interior. Suponha que estivesse comparando uma com a outra. Suponha, nessa comparação, que ele tivesse dado preferência a uma delas. Suponha que tivesse preferido o coração amoroso às obras exteriores de qualquer tipo. Mesmo assim, não se seguiria que devemos rejeitar uma ou outra. Não: Deus as juntou desde o princípio do mundo. Que nenhum homem as separe.

Alguns perguntarão: "Isso é suficiente?". Não devíamos empregar toda a nossa força mental para fazer isso? Será que cuidar das coisas exteriores não embota a alma? Não a impede de levantar voo em santa contemplação? Não suprime o vigor dos nossos pensamentos? Não tende a sobrecarregar e distrair a mente? Paulo nos instruiria a esperar no Senhor sem distração".

É verdade que "Deus é espírito, e é necessário que os seus adoradores o adorem em espírito e em verdade".[12] Isso é suficiente. Devemos empregar toda a força da nossa mente nessa adoração. Mas precisamos perguntar: O que significa adorar Deus, que é Espírito, em espírito e em verdade? Ora, é adorá-lo com o nosso espírito. É adorá-lo daquela maneira que nada, senão o espírito, é capaz de adorar. É crer nele. É conhecê-lo como um ser sábio, justo e santo. É saber que seus olhos são puros demais para contemplar a iniquidade, que ele é misericordioso, gracioso e longânimo. Ele perdoa a iniquidade, a transgressão e o pecado. Lança todos os nossos pecados para longe e nos aceita em Jesus amado. Adorá-lo é também amá-lo e ter prazer nele. É desejá-lo com todo o coração e com toda a mente, alma e força. É imitar aquele a quem amamos, purificando-nos da mesma forma que ele é puro. É obedecer em

[11] 1Coríntios 12.31.

[12] João 4.24.

pensamento, palavra e ação a quem amamos e em quem cremos. Por conseguinte, parte da adoração de Deus em espírito e em verdade é guardar seus mandamentos exteriores. Glorificá-lo com o nosso corpo, bem como com o nosso espírito, é adoração genuína. É passar por obras exteriores com o coração elevado até o Senhor. É comprar e vender, comer e beber, tudo para sua glória. Essa é a adoração a Deus em espírito e em verdade, exatamente como é orar a ele em solitude.

Assim, vemos que a contemplação é apenas uma via de adoração. É só um modo de adorar Deus em espírito e em verdade. Entregar-nos inteiramente à contemplação seria destruir muitas facetas da nossa adoração espiritual. As duas formas são igualmente aceitáveis a Deus e proveitosas para a alma. O grande erro é supor que a atenção a coisas exteriores, para as quais Deus nos chamou, pode obstruir a alma cristã. Não há impedimento a nossa visão contínua do Deus que é invisível. Isso de modo algum embota o ardor dos nossos pensamentos. Não sobrecarrega nem distrai a nossa mente. Não produz desconforto ou preocupação danosa se é feito para o Senhor. O verdadeiro cristão aprendeu que tudo o que faz, em palavra ou ação, deve ser feito no nome de Jesus. Isso significa ter um olho da alma que se move por aí em coisas exteriores, enquanto o outro se mantém imóvel em Deus. Pobres reclusos precisam aprender o significado disso, de modo que possam discernir claramente a pequenez da fé que possuem.

Ainda há outra grande objeção. Alguns dirão: "Recorremos a nossa experiência. Nossa luz brilhou; usamos as coisas exteriores por anos. Mas isso não nos serviu para nada. Atentamos para as ordenanças da igreja, mas nem por isso éramos melhores. Aliás, ninguém era melhor por isso. Na verdade, éramos piores por isso, pois acreditávamos ser cristãos por praticarmos essas boas obras. Não sabíamos o significado do verdadeiro cristianismo".

Podemos concordar com essa declaração. Podemos concordar que milhares têm abusado das ordenanças divinas. Esses trocam os fins pelos meios. Supõem que fazer essas coisas, ou algumas obras exteriores, era a religião de Jesus ou seria aceito em seu lugar. Agora, que seja removido o abuso e permaneça o uso. Que usemos todas as coisas exteriores, mas com atenção constante na renovação da nossa alma em justiça e verdadeira santidade.

Isso, porém, não é tudo, alguns afirmam. A experiência mostra igualmente que a tentativa de fazer o bem não passa de labor perdido. De que adianta alimentar ou vestir o corpo dos homens, se eles estão prestes a cair no fogo eterno? E o que de bom alguém pode fazer pela própria alma? Para que eles sejam transformados, Deus deve agir pessoalmente. Além disso, todos os homens ou são bons, ou pelo menos desejam ser, ou são obstinadamente maus. Agora, os bons não têm nenhuma necessidade de nós. Que peçam ajuda de Deus, e a receberão. Não há ajuda que os maus possam receber de nós. E o Senhor nos proíbe de lançar pérolas aos porcos.

A resposta a isso é óbvia. Se as pessoas acabarão finalmente salvas ou perdidas, é irrelevante. Ainda recebemos a ordem expressa de alimentar os famintos e vestir os desnudos. Se pudermos, mas não o fizermos, independentemente do que ocorrer a eles, iremos para o fogo eterno. Ainda que só Deus mude o coração, em geral faz isso por meio dos seres humanos. É nossa responsabilidade fazer tudo o que cabe a nós. Precisamos agir com toda a diligência, como se nós mesmos pudéssemos mudá-los. Depois precisamos deixar os resultados com eles. Deus, em resposta à oração, edifica seus filhos uns aos outros em toda boa dádiva. Ele nutre e fortalece o corpo inteiro por meio daquilo que cada parte supre, de modo que o olho não pode dizer à mão: Não preciso de você. Não, nem mesmo a cabeça aos pés: Não preciso de vocês.

Por fim, como teremos certeza de que as pessoas a nossa frente são cães ou porcos? Não os julguemos sem os testar. Como saber que não ganharemos um irmão? Podemos, com a ajuda de Deus, salvar sua alma da morte. Se ele menosprezar seu amor e blasfemar contra a boa Palavra, então já terá passado tempo suficiente para desistirmos. Então podemos entregá-lo a Deus.

Alguns dizem: "Nós tentamos. Trabalhamos duro para reformar os pecadores. De que adiantou? Em muitos não conseguimos causar nenhuma impressão. Se alguns foram mudados por um breve tempo, a bondade deles não passou de orvalho matinal. Logo voltaram a ser tão ruins quanto antes, ou até piores. Não ferimos só eles, mas a nós mesmos também. Nossa vida ficou atormentada e desordenada. Às vezes ficamos cheios de ira no lugar do amor. Assim, deveríamos ter guardado nossa religião para nós mesmos".

É bem possível que essa declaração também seja verdadeira. É possível tentarmos fazer o bem e não ser bem-sucedidos. É verdade que alguns que parecem reformados reincidiram no pecado. É possível que o último estágio deles seja pior que o primeiro. Por que isso nos causaria surpresa? O servo é maior que o senhor? Com que frequência Jesus se esforçou para salvar pecadores que não lhe deram ouvidos? Quantos o seguiram por um tempo, mas voltaram atrás, como um cão volta ao próprio vômito?[13] Apesar de tudo, ele não desistiu de fazer o bem. Nós também não devemos desistir, não importam os resultados. A nossa parte é fazer conforme nos foi ordenado. Os resultados estão nas mãos de Deus. Não somos responsáveis por eles. Devemos entregá-lo àquele que ordena bem todas as coisas. "Plante de manhã a sua semente, e mesmo ao entardecer não deixe as suas mãos ficarem à toa, pois você não sabe o que acontecerá, se esta ou aquela produzirá, ou se as duas serão igualmente boas."[14]

E permanece a objeção de que o teste atormentou a alma dos próprios cristãos. Talvez isso tenha acontecido por um bom motivo. Talvez eles tenham pensado ser responsáveis pelos resultados. Nenhum homem é; aliás, não pode ser. Talvez eles não estivessem alertas. Não vigiaram o próprio espírito. Mas isso não é motivo para desobedecer a Deus. Precisamos continuar tentando. Precisamos tentar, permanecendo mais alertas que antes. Precisamos fazer o bem não só sete vezes, mas setenta vezes sete. Precisamos tornar-nos mais sábios pela experiência. Toda vez que tentamos fazer o bem, deve ser com maior cautela do que antes. Precisamos ser humildes diante de Deus, docilmente convencidos de que, por nós mesmos, nada podemos fazer. Precisamos ser sempre zelosos do nosso próprio espírito. Precisamos ser mais benévolos e alertas na oração. Assim, podemos continuar lançando o nosso pão sobre as águas e achá-lo de novo depois de muitos dias.[15]

Apesar de todas essas desculpas plausíveis, deixem que a sua luz brilhe diante dos homens para que possam ver as suas boas obras e glorificar ao seu Pai que está no céu. Essa é a aplicação prática que Jesus mesmo faz.

"Assim brilhe a luz de vocês", a nossa humildade de coração. A nossa luz é a nossa benevolência e humildade na sabedoria. É o nosso interesse sério e profundo por tudo o que diz respeito à eternidade. É o nosso lamento pelo pecado e pela miséria humana. É o nosso desejo sincero de santidade universal. É o nosso anseio pela felicidade plena em Deus. É a nossa boa vontade para com toda a humanidade e o amor fervente a Deus. Empenhemo-nos para não esconder a luz com que Deus iluminou a nossa alma. Deixemos que ela brilhe diante de todos os homens. Deixemos que ela brilhe diante de todos a nossa volta, em toda conversa que mantivermos. Deixemos que ela brilhe de maneira ainda mais evidente nas nossas ações,

[13] Provérbios 26.11; 2Pedro 2.22.

[14] Eclesiastes 11.6.

[15] Eclesiastes 11.1.

que ela se manifeste no fazer de todo bem possível a todos os homens. Ela brilha no nosso sofrimento por amor à justiça. Alegremo-nos e sejamos gratos, sabendo que será grande o nosso prêmio no céu.

Deixemos que a nossa luz brilhe diante dos homens para que vejam as nossas boas obras. Que o cristão nem de longe planeje ou deseje esconder a própria religião. Pelo contrário, que o nosso desejo seja o de não escondê-la. Façamos todo esforço para colocar a luz num castiçal, não sob uma vasilha. Devemos fornecer luz a todos os que estão na casa. Tomemos cuidado para não buscar o nosso próprio louvor nisso. Não desejemos nenhuma honra para nós mesmos. Que o nosso único alvo seja que todos os que virem as nossas boas obras possam glorificar ao nosso Pai que está no céu.

Que esse seja o nosso fim maior em todas as coisas. Com essa visão única, sejamos simples, abertos e sem disfarces. Que o nosso amor não seja dissimulado. Por que esconderíamos o nosso amor justo e desinteressado? Que não haja engano em nossa boca. Que as nossas palavras sejam o retrato genuíno do nosso coração. Que não haja trevas nem restrições nas nossas conversas. Não escondamos nenhum dos nossos comportamentos. Deixemos isso para os que têm em vista outros propósitos. Deixemos isso para os que possuem propósitos que não podem vir à luz.

Sejamos naturais e simples com todos.

Que todos possam ver, por meio desse comportamento, a graça de Deus que está em nós. É verdade que isso endurecerá o coração de alguns. Entretanto, outros tomarão conhecimento de que estamos com Jesus. Pelo nosso exemplo, eles retornarão para o Senhor Jesus. Isso então glorificará o nosso Pai que está no céu.

Que o nosso propósito seja que todos os homens possam glorificar a Deus em nós. Prossigamos, em seu nome, e no poder de sua grandeza. Não tenhamos vergonha de ficarmos sós. Permaneçamos sempre nos caminhos de Deus. Que a luz que está no nosso coração brilhe em todas as boas obras, tanto nas obras de piedade como nas obras de misericórdia. E, para aumentar a nossa capacidade de fazer o bem, renunciemos a tudo o que é supérfluo. Cortemos toda despesa desnecessária em comida, móveis e roupas. Sejamos bons mordomos de cada dom de Deus, mesmo dos menores dons. Eliminemos todo dispêndio desnecessário e todo emprego dispensável e inútil do nosso tempo. Tudo o que fizermos, façamos com todo o esforço. Em suma, sejamos plenos de fé e amor. Façamos o bem e estejamos dispostos a sofrer o mal. Em tudo isso, sejamos firmes e irredutíveis, sempre abundantes na obra do Senhor. Nisso saberão que o nosso labor não é vão no Senhor.

Capítulo 7

O CUMPRIMENTO DA LEI[1]

"Não pensem que vim abolir a Lei ou os Profetas; não vim abolir, mas cumprir. Digo-lhes a verdade: Enquanto existirem céus e terra, de forma alguma desaparecerá da Lei a menor letra ou o menor traço, até que tudo se cumpra. Todo aquele que desobedecer a um desses mandamentos, ainda que dos menores, e ensinar os outros a fazerem o mesmo, será chamado menor no Reino dos céus; mas todo aquele que praticar e ensinar estes mandamentos será chamado grande no Reino dos céus. Pois eu lhes digo que se a justiça de vocês não for muito superior à dos fariseus e mestres da lei, de modo nenhum entrarão no Reino dos céus." (Mateus 5.17-20)

Inúmeras acusações e críticas recaíram sobre Jesus. Ele foi desprezado e rejeitado pelos homens. Não podia deixar-se acusar de ser um mestre de novidades. Foi chamado introdutor de uma nova religião. Isso ocorreu porque muitas das expressões que ele usava não eram comuns entre os judeus. Ou eles não as usavam de nenhum modo ou usavam, mas não com o mesmo sentido. Às vezes os termos de Jesus não eram empregados pelos judeus com um sentido tão pleno e forte. Acrescente-se a isso que o culto a Deus em espírito e em verdade sempre parece uma nova religião aos que só conhecem formas exteriores de culto. É, assim, rejeitado por aqueles que só têm forma de piedade.

Alguns esperavam que Jesus abolisse a religião antiga. Sentiam ser possível que ele trouxesse uma nova. Imaginavam que Jesus mostraria um caminho mais fácil para o céu. Mas Jesus refuta tais esperanças vãs.

[1] Wesley. Sobre o sermão de nosso Senhor no monte, Discurso V. **Quarenta e quatro sermões**, Sermão XV.

Assim, é importante compreendermos cada uma das declarações de Jesus na ordem em que aparecem nesse texto. Cada versículo será usado para um subtítulo distinto na discussão a seguir.

"Não pensem que vim abolir a Lei ou os Profetas; não vim abolir, mas cumprir." A lei ritual ou cerimonial foi transmitida a Israel por Moisés. Continha todas as injunções e ordenanças referentes aos antigos sacrifícios e ao culto do templo. Jesus veio, de fato, destruir, dissolver e por fim abolir todas aquelas leis. Disso todos os apóstolos testemunham. Barnabé e Paulo se opuseram veementemente aos que ensinavam que os cristãos deviam guardar a lei de Moisés.[2] Pedro afirmou que insistir na observância da lei ritual era tentar Deus e colocar um jugo sobre os discípulos. Declarou que nem eles nem seus pais eram capazes de suportar aquele jugo. Quando todos os apóstolos, presbíteros e irmãos se reuniram num acordo, declararam que obrigá-los a cumprir essa lei era subverter-lhes a alma.[3] O Espírito Santo os havia inspirado a não lançar tal carga sobre os novos convertidos.[4] Jesus apagou, removeu e pregou na cruz as exigências da lei escrita.[5]

Jesus não removeu a lei moral. Os Dez Mandamentos foram reforçados por ele, assim como pelos profetas. Não era propósito de Cristo revogar alguma parte disso em sua vinda. Essa é uma lei que jamais pode ser quebrada. Persiste como testemunha fiel no céu. A lei moral continua de pé sobre uma base inteiramente diferente da lei cerimonial. Esta foi formada apenas como restrição temporária sobre um povo desobediente e de dura cerviz. A lei moral, pelo contrário, existia desde o princípio do mundo. Não foi escrita em tábuas de pedra, mas no coração de cada criatura de Deus. Ele a pôs no coração delas quando surgiram de suas mãos. Ainda que essas leis, uma vez escritas pelo dedo de Deus, agora estejam em grande medida deterioradas pelo pecado, elas jamais podem ser totalmente removidas. Permanecem enquanto tivermos alguma consciência do bem e do mal. Cada parte dessa lei deve permanecer em vigor sobre toda a humanidade. Subsiste em todas as eras. Não depende do tempo nem do lugar. Não muda sob nenhuma outra circunstância. Baseia-se na natureza de Deus e na natureza do homem, e no relacionamento imutável entre eles.

2 Atos 15.5.

3 Atos 15.24.

4 Atos 15.28.

5 Colossenses 2.14.

"Não vim abolir, mas cumprir." Alguns acreditam que Jesus quis dizer que ele veio para cumprir a lei por meio de perfeita obediência. Sem dúvida, nesse sentido, ele cumpriu plenamente cada uma de suas partes. Entretanto, não parece ser essa sua intenção aqui. Essa ideia é estranha ao escopo de seu presente discurso. Sem dúvida, seu significado é: Vim para estabelecer a lei em sua plenitude, apesar de todas as mudanças dos homens. Vim para declarar a verdade e a importância de cada parte da lei. Mostrarei sua extensão e amplitude e todo o seu alcance. Apresentarei cada mandamento nela contido e o peso, a profundidade, a pureza e a espiritualidade de todas as suas ramificações.

Jesus apresentou isso de maneira adequada nas partes precedentes e subsequentes do discurso que analisamos aqui. Nesse sentido, ele não apresentou uma nova religião ao mundo. É a mesma que estava no mundo desde o princípio. Sua substância é, sem dúvida, tão antiga quanto a criação. Tão antiga quanto o homem, procedeu de Deus no mesmo momento em que o homem foi feito alma vivente. Era uma religião da qual testificaram a Lei e os Profetas em todas as gerações subsequentes. Mas nunca foi tão bem explicada nem tão plenamente compreendida como quando Jesus fez seus comentários autênticos a respeito de cada elemento essencial. Ao mesmo tempo, Jesus declarou que a lei jamais deveria ser mudada. Deveria manter-se em vigor até o fim do mudo. Não haveria nenhuma mudança em sua essência, ainda que algumas circunstâncias agora digam respeito ao homem como uma criatura decaída.

Em seguida vem a promessa solene de Jesus que denota tanto a importância quanto a certeza daquilo que ele estava falando. "Digo-lhes a verdade: Enquanto existirem céus e terra, de forma alguma desaparecerá da Lei a menor letra ou o menor traço, até que tudo se cumpra." A menor letra é, literalmente, nem um iota,[6] nem a vogal menos importante. O traço refere-se a um canto ou ponto de uma consoante. Essa é uma expressão proverbial. Significa que nenhum mandamento contido na lei moral, nem a menor parte de algum deles, por menos importante que possa parecer, jamais será mudado.

Então Jesus afirmou que ninguém deveria transgredir a lei. Ele usou uma dupla negativa. Isso reforça o sentido a fim de não permitir uma contradição. Pode-se observar que o sentido é meramente futuro, declarando o que será. Essa declaração

6 Nona letra do alfabeto grego.

possui a força do imperativo. Ela ordena o que deve ser. É uma palavra de autoridade, que expressa a vontade e o poder solenes daquele que fala. Manifesta sua palavra como a lei para o céu e a terra, e permanece por toda a eternidade.

A menor letra ou o menor traço não desaparecerão até que passem o céu e a terra. Isso significa, conforme explicado imediatamente depois, até todas as coisas se cumprirem. A lei não passará até a consumação de todas as coisas. Isso não deixa brecha para nenhum subterfúgio. Para alguns, isso significa que nenhuma parte passará até que toda a lei seja cumprida. Afirmando que a lei foi cumprida por Jesus, dizem que ela precisa passar porque o evangelho foi estabelecido. Não é assim. A palavra "tudo" não significa toda a lei, mas todas as coisas no Universo. O termo, conforme empregado, aqui não se refere ao cumprimento da lei, mas ao cumprimento de todas as coisas no céu e na terra.

Então, de tudo isso aprendemos que não há nenhuma contradição entre a lei e o evangelho. Não há necessidade de a lei passar para que o evangelho se estabeleça. Aliás, nenhum suplanta o outro. Eles concordam perfeitamente entre si. As mesmíssimas palavras, consideradas em diferentes aspectos, são partes tanto da lei quanto do evangelho. Consideradas mandamentos, fazem parte da lei. Consideradas promessas, são partes do evangelho. Assim, "Ame o Senhor, o seu Deus de todo o seu coração", quando considerado mandamento, é um ramo da lei.[7] Quando considerado uma promessa que se cumprirá no coração do homem, é parte essencial do evangelho. O evangelho nada mais é do que o mandamento da lei apresentado em forma de promessa. Por conseguinte, a pobreza em espírito, a pureza de coração e tudo mais exigido na lei não passam de promessas grandiosas e preciosas.

Assim, pode-se conceber a máxima ligação entre a lei e o evangelho. Por um lado, a lei nos aponta e nos abre o caminho continuamente para o evangelho. Por outro, o evangelho nos leva continuamente ao cumprimento mais exato da lei. A lei, por exemplo, exige que amemos a Deus e ao próximo. Requer que sejamos mansos, humildes e santos. Percebemos a nossa inadequação em fazer essas coisas. Para os homens, elas são impossíveis. Mas vemos uma promessa divina de nos dar esse amor e de nos tornar humildes, mansos e santos. Nós nos agarramos a esse evangelho, a essas boas-novas. Isso é realizado em nós de acordo com a nossa fé. A justiça da lei é cumprida em nós pela fé que está em Cristo Jesus.

[7] Deuteronômio 6.5; Mateus 22.37.

Precisamos compreender que cada mandamento nas Escrituras Sagradas é simplesmente uma promessa encoberta. Deus age a fim de nos dar a graça para cumprir tudo o que ele manda. Ele declarou: " 'Esta é a aliança que farei [...] depois daqueles dias', declara o SENHOR: 'Porei a minha lei no íntimo deles e a escreverei nos seus corações' ".[8] Ele nos manda orar sem cessar, alegrar-nos sempre e ser santos como ele é santo? É suficiente. Ele produzirá em nós exatamente isso, conforme sua Palavra.

Contudo, nesse caso, quem pode se responsabilizar por mudar ou substituir alguns mandamentos de Deus? Estamos perdidos se pensamos em mudanças nos mandamentos que foram professados sob a direção específica do Espírito Santo. Jesus nos deu uma regra infalível com a qual podemos julgar todas essas pretensões. O cristianismo, incluindo toda a lei moral divina, é tanto injunção como promessa. Se ouvirmos Jesus, a lei foi designada por Deus para ser a última dispensação. Nada virá depois dela. Ela deve durar até a consumação de todas as coisas. O resultado é que todas as novas revelações são de Satanás, não de Deus. Todas as fantasias de outra dispensação mais perfeita caem por terra. As leis morais de Deus não mudarão, de modo algum, até passarem o céu e a terra.

"Todo aquele que desobedecer a um desses mandamentos, ainda que dos menores, e ensinar os outros a fazerem o mesmo, será chamado menor no Reino dos céus; mas todo aquele que praticar e ensinar estes mandamentos será chamado grande no Reino dos céus." Quem são aqueles que fazem da pregação da lei uma causa de reprovação? Não veem sobre quem a reprovação deve recair? Não percebem sobre quais cabeças ela precisa brilhar afinal? Quem quer que nos despreze com base nessa questão despreza Jesus que nos enviou. Ninguém jamais pregou a lei como Jesus, mesmo que Cristo não tenha vindo para condenar, mas para salvar o mundo. Ainda que ele tenha vindo com o propósito de trazer vida e imortalidade por meio do evangelho, continuou afirmando a lei. Alguém pode pregar a lei de maneira mais expressiva e mais rigorosa do que Jesus faz nessas palavras? Então quem irá emendá-las? Quem instruirá Jesus quanto ao modo de pregar? Quem lhe ensinará um meio melhor de anunciar a mensagem que ele recebeu de Deus?

"Todo aquele que desobedecer a um desses mandamentos, ainda que dos menores." Esses mandamentos, podemos observar, é uma expressão usada por Jesus

[8] Jeremias 31.33; Hebreus 8.10.

como equivalente à lei. Significam a Lei e os Profetas. São a mesma coisa. Os profetas nada acrescentaram à lei. Apenas declararam, explicaram ou a reforçaram, à medida que eram levados a fazê-lo pelo Espírito Santo.

"Todo aquele que desobedecer a um desses mandamentos", especialmente se o fizer voluntariamente, é culpado de quebrar todos eles. Aquele que guarda toda a lei e a ofende em um ponto, é culpado de todos. A ira de Deus permanece nele, tão certo como se tivesse quebrado todos os mandamentos. Não se permite uma única lascívia atraente. Não há lugar reservado para um único ídolo. Não há desculpas para refrear tudo mais e dar lugar a um único pecado resistente. O que Deus exige é a obediência completa. Precisamos manter os olhos em todos os seus mandamentos. Caso contrário, perdemos todo o empenho em manter alguns, e a nossa pobre alma pode perder-se para sempre.

"Ainda que dos menores", ou o menor desses mandamentos. Aqui se corta outra desculpa. Não conseguimos enganar Deus; só enganamos a nossa própria alma. Então dizemos: "Não é um pecado pequeno? Deus não terá misericórdia de mim nisso? Decerto ele não será tão extremo para se lembrar disso. Não transgrido nas questões maiores da lei". Essa esperança é vã. Do ponto de vista humano, podemos classificar entre mandamentos maiores e menores. Mas na realidade não há essa separação. Não existe pecado menor. Todo pecado é uma transgressão da lei santa e perfeita. Todo pecado é uma afronta a Deus.

"E ensinar os outros a fazerem o mesmo." Em certo sentido, todo que transgride abertamente qualquer mandamento ensina os outros a fazer o mesmo. Muitas vezes o exemplo fala mais alto que o preceito. Nesse sentido, é evidente que cada bêbado assumido é um mestre de embriaguez. Cada transgressor do sábado está constantemente ensinando o próximo a profanar o dia do Senhor. Mas isso não é tudo. Um transgressor habitual da lei raramente se contenta em parar por aí. Em geral, ensina os outros a fazerem o mesmo, por palavras e também por exemplos. Isso ocorre especialmente quando ele é teimoso e odeia críticas. Tal pecador logo começa a ser um advogado do pecado. Defende o que está decidido a não abandonar. Desculpa o pecado que não deseja largar. Assim, ensina diretamente cada pecado que comete.

"Será chamado menor no Reino dos céus." Isso significa: não terá parte nele. Ele é estranho ao Reino dos céus que está sobre a terra. Não tem parte na herança. Não participa da justiça, da paz e da alegria no Espírito Santo. Por conseguinte, não terá nenhuma parte na glória que ainda será revelada.

Onde aparecem esses falsos mestres? Onde estão os descritos por Jesus nessas palavras? Quem são esses que, portando o caráter de mestres enviados por Deus, ainda assim transgridem seus mandamentos? Onde estão esses que ensinam abertamente outros a fazê-lo, sendo abertamente corruptos tanto na vida quanto na doutrina?

Eles são de vários tipos. Do primeiro tipo são os que vivem em alguma espécie de pecado voluntário e habitual. Se um pecador comum ensina pelo próprio exemplo, quanto mais um ministro pecador. Este ensina a má conduta, ainda que não tente defender, desculpar ou atenuar o próprio pecado. Se o faz, é de fato um assassino. É o general assassino de sua congregação. Ele povoa a região da morte. É o instrumento seleto de Satanás. Quando ele parte, o inferno abaixo move-se para recepcioná-lo. Enquanto ele afunda no abismo sem fim, arrasta uma multidão atrás de si.

Depois deles estão os homens de boa índole, de boa espécie. Esses vivem uma vida tranquila, inofensiva. Nunca se incomodam com pecados exteriores ou com a santidade interior. Não se destacam nem pela religião nem pela falta dela. São regulares em questões públicas e privadas, mas não alegam ser mais religiosos que os outros. Um ministro desse tipo não transgride apenas um ou alguns dos menores mandamentos de Deus. Transgride todos os ramos grandes e pesados da lei que dizem respeito ao poder da piedade. Transgride a exigência da lei de que passemos a nossa vida desenvolvendo a salvação com temor e tremor. Bloqueia o mandamento de termos os lombos sempre cingidos e as lâmpadas sempre acesas. Nega o esforço ou agonia de entrarmos pela porta estreita. Ensina isso por seu estilo de vida e pelo teor de sua pregação. Tende a aliviar os que, em seus sonhos agradáveis, se imaginam seguidores de Deus, quando na verdade não o são. Persuade os que estão em seu ministério a dormir e descansar. Não será de admirar, portanto, se ele e os que o seguem acordarem juntos no fogo eterno.

Acima de todos esses, porém, no mais alto posto dos inimigos do evangelho de Jesus, estão os que aberta e explicitamente julgam a lei. São os que falam mal da lei. Ensinam os homens a quebrarem, a dissolverem, a afrouxarem e a desatarem seu caráter obrigatório. Fazem isso com toda a lei. Eles a limitam não só a um, seja o menor, seja o maior, mas a todos os mandamentos de uma só tacada. Ensinam, sem reserva, que Jesus aboliu a lei. Dizem que só há uma obrigação: que creiamos. Ensinam que todos os mandamentos são inadequados para nossos tempos. Longe de qualquer exigência da lei, nenhum homem é obrigado agora, segundo eles, a dar um único passo nessa direção. Não se requer dele que dê um centavo, que coma ou deixe de comer um bocado de alimento.

Isso é tratar a questão com arrogância. É resistir a Jesus de frente. É dizer que ele não soube transmitir a mensagem com a qual foi enviado. "Pai, perdoa-lhes, pois não sabem o que estão fazendo."[9]

Circunstâncias surpreendentes acompanham esse grande engano. O mais espantoso é que os que o aceitam realmente acreditam estar corretos em abolir sua lei. Creem estar exaltando o ofício de Cristo, quando estão destruindo sua doutrina. Eles o honram exatamente como Judas fez quando disse "Ei, Mestre!" e o beijou. E Jesus pode, com a mesma justiça, confrontar cada um deles: "Com um beijo você está traindo o Filho do homem?".[10] Não deixa de ser traí-lo com um beijo, questionar seu sangue e retirar sua coroa. É traição fazer pouco de qualquer parte de sua lei, sob a pretensão de promover seu evangelho. Ninguém pode fugir dessa acusação caso pregue a fé de algum modo que supera as exigências por obediência. Aquele que prega Jesus desse modo anula e enfraquece o menor dos mandamentos de Deus.

É impossível considerar a fé de maneira exagerada. Todos nós precisamos declarar: "Somos salvos pela graça, por meio da fé". O cristão compreende que não é salvo pelas obras, para que nenhum homem se orgulhe das próprias obras.[11] Precisamos declarar em alto e bom som a cada pecador penitente: "Creia no Senhor Jesus, e você será salvo".[12] Ao mesmo tempo, precisamos de cuidado ao definir essa fé. Não acreditamos em fé alguma, senão a que age por amor. Não experimentamos a fé salvadora até sermos libertados do poder, bem como da culpa, do pecado. Há um significado profundo quando dizemos: "Creia, e você será salvo". Não queremos dizer: "Creia, e você passará do pecado para o céu sem nenhuma santidade entre um e outro". Também não acreditamos que a fé substitua a santidade. Acreditamos: "Creia, e você se tornará santo. Creia em Jesus, e você terá paz e poder. Você receberá poder daquele em que crê para esmagar o pecado sob os pés. Você terá o poder de amar o Senhor Deus com todo o coração. Terá o poder de servir-lhe com todas as forças. Terá poder e paciência para continuar fazendo o bem. Terá poder de buscar a glória, a honra e a imortalidade por seu intermédio. Você cumprirá e ensinará todos os mandamentos de Deus. Você se apegará ao menor e também

[9] Lucas 23.34.

[10] Lucas 22.48.

[11] Efésios 2.8,9.

[12] Cf. Atos 16.31.

ao maior deles. Ensinará esses mandamentos com sua vida, bem como com suas palavras. Então poderá ser chamado grande no Reino dos céus."

Qualquer outro modo de ensinar um caminho para o Reino dos céus é, na verdade, um caminho para a destruição. Fé sem poder não é fé. Não traz ao homem paz final. Jesus afirma isso: "Pois eu lhes digo que se a justiça de vocês não for muito superior à dos fariseus e mestres da lei, de modo nenhum entrarão no Reino dos céus".

Os escribas, mencionados com tanta frequência no Novo Testamento, eram alguns dos opositores mais constantes e veementes aos ensinos de Jesus. Não eram secretários ou homens empregados apenas para escrever. O termo pode fazer-nos crer desse modo. Também não eram advogados conforme nosso entendimento comum da palavra. O emprego deles não tinha nenhuma relação com o de um advogado, ainda que escriba seja traduzido por advogado em algumas versões. Eles eram homens instruídos nas leis de Deus, não nas leis humanas. Aquelas leis eram o estudo deles. O negócio deles era ler e expor a Lei e os Profetas. Eles o faziam especialmente nas sinagogas. Eram os pregadores titulares entre os judeus. Para manter uma noção da palavra original, poderíamos mencioná-los como "os divinos". Eram homens que tinham por profissão a divindade. Em geral letrados, eram os homens mais instruídos na nação judaica.

Os fariseus formavam um grupo muito antigo entre os judeus. Originariamente, o nome vinha da palavra hebraica que significa separar ou dividir. Isso não indicava que fizessem alguma separação formal ou divisão na igreja nacional. Eles só se distinguiam dos outros pela vida mais rigorosa. Exibiam um comportamento mais religioso. Eram zelosos da lei nos detalhes. Davam o dízimo até das ervas: hortelã, anis e cominho. Por esse motivo, todo o povo os tinha por honrados. Em geral eram considerados os mais santos de todos os homens. Muitos escribas também pertenciam à seita dos fariseus. Assim, o próprio Paulo, educado para ser escriba, declarava-se fariseu e filho de fariseu.[13] Diante do rei Agripa, declarou: "como fariseu, vivi de acordo com a seita mais severa da nossa religião".[14] Todo o corpo dos escribas em geral respeitava e agia em harmonia com os fariseus. Assim, encontramos com frequência Jesus reunindo-os em seu ensino.

[13] Atos 23.6.

[14] Atos 26.5.

Neste trecho específico, eles são mencionados juntos, como os mestres mais proeminentes da religião. Os escribas eram tidos como os mais sábios entre os homens, e os fariseus, os mais santos.

É fácil determinar o que significa realmente a justiça dos escribas e fariseus. Jesus preservou o relato autêntico de um dos fariseus. Ele mesmo nos deu esse relato. Ele é claro e completo em descrever a autojustiça dos fariseus. Não se pode supor que ele tenha omitido alguma parte dela. O fariseu, de fato, foi ao templo orar. Ali, estava tão atento às próprias virtudes que se esqueceu do propósito com que havia chegado. Na verdade, o fariseu não faz nenhuma oração. Apenas diz a Deus como tem sido sábio e bom.

"Deus, eu te agradeço porque não sou como os outros homens: ladrões, corruptos, adúlteros; nem mesmo como este publicano. Jejuo duas vezes por semana e dou o dízimo de tudo quanto ganho."

Sua autoproclamada justiça, portanto, consistia em três partes. Primeiro, ele era diferente dos outros homens. Ele não era chantagista, nem injusto, nem adúltero. Segundo, jejuava duas vezes por semana. E, terceira, dava o dízimo de tudo o que possuía. Ele não era como os outros homens. Isso não é pouco. Nem todo homem pode dizer isso.

É como se dissesse: "Não me deixo levar pela grande corrente chamada costume. Não vivo pelo costume, mas pela razão. Não sigo o exemplo dos outros homens, mas só a Palavra de Deus. Não sou chantagista, nem injusto, nem adúltero. Por mais comuns que sejam esses pecados, mesmo entre os que se denominam povo de Deus, não me sujeito a eles. Não sou como esse publicano. Não sou culpado de nenhum pecado ostensivo ou arrogante. Não cometo pecados exteriores. Sou um homem justo, honesto, de vida e conversas imaculadas".[15]

"Jejuo duas vezes por semana." Isso implica mais coisas do que podemos perceber à primeira vista. Todos os fariseus rígidos observavam os jejuns semanais. Jejuavam toda segunda e quinta-feiras. Às segundas, jejuavam em memória do dia em que Moisés recebeu as duas tábuas de pedra escritas por Deus. Às quintas, jejuavam lembrando-se de que ele as lançou da mão ao ver que o povo dançava em torno do bezerro de ouro. Naqueles dias, não ingeriam comida até às 3 horas da tarde. Essa era a hora em que começavam a oferecer o sacrifício noturno no templo. Até às

[15] Cf. Lucas 18.10-14.

3 horas, era costume deles permanecer no templo. Ficavam em alguma parte para poderem facilmente ajudar nos sacrifícios e participar das orações públicas. Entre uma coisa e outra, costumavam orar e examinar as Escrituras. Liam continuamente a Lei e os Profetas e meditavam em suas leituras. Isso tudo está implícito na declaração: "Jejuo duas vezes por semana". Essa é a segunda parte da justiça do fariseu.

"Dou o dízimo de tudo quanto ganho." Isso os fariseus praticavam com a máxima exatidão. Não omitiam do dízimo por menor que fosse. Chegavam a dar o dízimo das ervas. Não retinham a mínima parte do que acreditavam pertencer propriamente a Deus. Davam a décima parte de todo o ganho, todos os anos. Além disso, davam a décima parte do lucro que tinham, qualquer que fosse.

Os fariseus mais rigorosos não se contentavam em dar apenas o dízimo. Entregavam o primeiro décimo aos sacerdotes e levitas, e ofereciam outro décimo a Deus por intermédio dos pobres. Davam esse décimo na forma de esmolas, assim como estavam acostumados a dar na forma de dízimos. Computavam esse montante com a máxima exatidão. Não ousavam guardar nenhuma parte. Sentiam que precisavam entregar tudo aquilo que pertencia a Deus. Entendiam que as esmolas eram devidas a Deus. Assim, no todo, davam de um ano para o outro um quinto de tudo o que possuíam.

Essa era a justiça dos escribas e fariseus. Ia muito além da concepção que muitos foram acostumados a respeitar. Talvez alguns digam: "Era tudo falso e dissimulado. Eles eram todos um bando de hipócritas". Alguns sem dúvida eram. Alguns realmente não tinham nenhuma religião, nenhum temor de Deus ou desejo de agradá-lo. É possível que alguns não tivessem interesse ou preocupação com a honra que vem de Deus, mas só com o louvor dos homens. Jesus os condenou e os reprovou severamente em muitas ocasiões. Mas não podemos supor, pelo fato de muitos fariseus serem hipócritas, que todos eram. A hipocrisia não é, de modo algum, o caráter obrigatório de um fariseu. Não é a marca distintiva desse grupo. A marca é a seguinte, de acordo com o relato de Jesus: "confiavam em sua própria justiça e desprezavam os outros".[16] Essa é a marca genuína deles. Mas um fariseu desse tipo não pode ser hipócrita. Deve ser, no senso comum, sincero. De outro modo, não acreditaria na própria justiça. O homem que se autoelogiava diante de Deus acreditava, inquestionavelmente, ser justo. Por conseguinte, não era hipócrita.

[16] Lucas 18.9.

Não tinha consciência de não ser sincero. Falava com Deus exatamente o que pensava, ou seja, que era muito melhor que os outros.

O exemplo de Paulo, se outro não havia, é suficiente para afastar essa questão. Como cristão, ele disse a respeito de si mesmo: "Por isso procuro sempre conservar minha consciência limpa diante de Deus e dos homens".[17] Ele disse isso quando era fariseu. Sobre aquela época declarou: "Meus irmãos, tenho cumprido meu dever para com Deus com toda a boa consciência, até o dia de hoje".[18] Ele era, portanto, sincero quando fariseu, assim como quando cristão. Não era mais hipócrita quando perseguia a igreja do que quando pregava a fé que antes havia perseguido. Então que se acrescente isso à justiça dos escribas e fariseus. Eles acreditavam sinceramente ser justos e estar prestando serviço a Deus em todas as coisas.

Mesmo assim, Jesus disse: "Se a justiça de vocês não for muito superior à dos fariseus e mestres da lei, de modo nenhum entrarão no Reino dos céus". Essa é uma declaração solene que todos os cristãos deveriam considerar seriamente, com profundidade. Mas, antes de indagarmos como nossa justiça pode exceder à dos fariseus, vamos analisar se nos aproximamos deles no presente.

Primeiro, um fariseu não era como os outros homens. Por fora, era singularmente bom. Somos também? Temos coragem de ser diferentes de algum modo? Não preferimos seguir a correnteza? Muitas vezes não dispensamos totalmente a religião e a razão porque não queremos parecer estranhos? Não temos com frequência mais medo de estar fora de moda do que fora da vontade de Deus? Temos coragem de enfrentar a maré, de remar contra o mundo? Estamos dispostos a obedecer a Deus, não ao homem? Se não estamos, o fariseu nos deixa para trás logo no primeiro passo.

Vamos observar mais de perto. Podemos usar a primeira alegação do fariseu diante de Deus? Ele disse: "Não faço o mal. Não vivo em nenhum pecado explícito. Não faço nada pelo qual meu coração me condene". Você tem certeza de que vive dessa maneira? Você evita práticas pelas quais seu coração o condenaria? Se não é adúltero, nem impuro, seja em palavras, seja em ação, você não é injusto? A grande medida de justiça, bem como de misericórdia, é: "façam aos outros o que vocês querem que eles lhes façam".[19] Você anda conforme essa regra? Nunca faz aos

[17] Atos 24.16.

[18] Atos 23.1.

[19] Mateus 7.12.

outros algo que não gostaria que fizessem a você? Não é grosseiramente injusto? Não pratica extorsões? Nunca tira proveito da ignorância ou da necessidade de alguém na hora de vender ou comprar? Suponha que você esteja envolvido em uma venda. Você pede e recebe nada mais que o valor do que vende? Você pede e recebe nada mais do ignorante tanto quanto do instruído? Cobra o mesmo do inexperiente e de um comprador experiente? Se não, por que seu coração não o condena? Esses atos são extorsão descarada. Observe quem pede mais pelos bens e serviços do que o preço usual quando alguém precisa desesperadamente deles. Quando alguém precisa daqueles bens ou serviços sem demora, como reage aquele que os fornece? Se o preço é aumentado, isso é extorsão pura. Aliás, ao fazer isso, a pessoa não chega aos pés da justiça de um fariseu.

Segundo, o fariseu usava todos os meios de graça. Jejuava muito e com frequência. Também participava de todos os sacrifícios. Era constante nas orações públicas e privadas. Lia e ouvia constantemente as Escrituras. Você chega a esse ponto? Jejua muito e com frequência? Duas vezes por semana? Pelo menos todas as sextas-feiras do ano? Jejua duas vezes por ano? Receio que alguns de nós nem isso conseguem afirmar. Você não negligencia nenhuma oportunidade de estar presente na comunhão cristã e dela participar? São muitos os que se chamam de cristãos, mas a desconsideram por completo. Ficam sem comer daquele pão ou beber daquele cálice por meses. Alguns a omitem totalmente por anos. Você ouve ou lê as Escrituras todos os dias e nelas medita? Reúne com os outros em oração todos os dias quando tem oportunidade? Se não diariamente, sempre que pode, particularmente nos dias regulares de culto? Você se esforça para criar oportunidades de culto? Você fica contente quando alguém o convida: "Vamos à igreja"? Você é zeloso e diligente na oração privada? Não deixa que nenhum dia passe sem oração? Pelo contrário, alguns cristãos não estão longe de passar algumas horas por dia em oração? Você pensa que uma hora é suficiente ou até demais? Você passa uma hora por dia, ou por semana, orando a Deus em secreto? Uma hora por mês? Você já passou uma hora completa em oração particular desde que nasceu? Ah, pobre cristão! O fariseu não deve levantar-se contra você em julgamento e condená-lo? A justiça dele está muito acima da maioria dos cristãos, tanto quanto o céu está acima da terra.

Terceiro, o fariseu pagava dízimos e dava esmolas de tudo o que ganhava. Fazia isso de maneira ampla. Era um homem de muitas bondades. Somos comparáveis a ele nisso? Quem de nós é tão abundante quanto ele nas boas obras? Quem de nós dá um quinto de tudo o que tem, tanto do principal quanto do lucro? Quem de nós, de 100 libras no ano, dá 20 para Deus e para os pobres? Quem, de 50, dá 10? Quando, então, nossa justiça pelo menos se igualará à justiça dos escribas e fariseus? Em que momento a nossa oferta, o uso dos meios de graça e a fuga do mal enquanto praticamos o bem equivalerão aos deles?

Mesmo que a nossa justiça se iguale à dos escribas e fariseus, isso não nos salva. "Eu lhes digo que se a justiça de vocês não for muito superior à dos fariseus e mestres da lei, de modo nenhum entrarão no Reino dos céus." Mas como é possível ser superior a eles? Onde a justiça de um cristão excede a dos escribas e fariseus?

A justiça cristã excede a deles, primeiro, em sua extensão. A maioria dos fariseus, ainda que fosse exata em muitas coisas, não era exata em tudo. As tradições de seus anciãos os induziam a desconsiderar outras questões de igual importância. Assim, eram extremamente exatos na guarda do sábado. Nem debulhavam uma espiga naquele dia. Mas desprezavam o terceiro mandamento. Pouco se preocupavam com juramentos, falsos ou levianos. Assim, a justiça deles era parcial. Em contraposição a isso, a justiça de um cristão real é universal. Ele não observa uma ou algumas partes da lei de Deus, negligenciando o resto. Mas guarda todos os mandamentos divinos. Ama todos os mandamentos. Valoriza-os mais que o ouro e pedras preciosas.

É possível que alguns dos escribas e fariseus tentassem guardar todos os mandamentos. Por conseguinte, seriam inculpáveis quanto à justiça da lei, de acordo com a letra. Mas ainda assim a justiça de um verdadeiro cristão excede toda a justiça de um escriba ou fariseu. Um verdadeiro cristão cumprirá o espírito e também a letra da lei. Ele a seguirá por obediência tanto interior como exterior. Não há comparação na espiritualidade dos dois. Isso é tudo o que Jesus provou tão amplamente em todo o seu discurso. A justiça dos fariseus era apenas exterior. A justiça cristã fica no interior do homem. O fariseu limpava o exterior do copo e do prato. O cristão limpa o interior. O fariseu se esforçava para apresentar a Deus uma vida boa. O cristão anseia por chegar a Deus com um coração puro. Um se livrava das folhas e, talvez, do fruto do pecado. O outro coloca um machado na raiz do pecado. O cristão não se contenta com as formas exteriores de bondade, por mais exatas que sejam. Busca também a vida com o Espírito Santo, em que o poder de Deus, a nossa salvação, é sentido na parte mais íntima do ser.

Assim, os atos de praticar o bem, não causar dano e obedecer às ordenanças de Deus são, todos, exteriores. Em contraposição, a pobreza em espírito, o choro, a humildade, a fome e a sede de justiça, o amor aos inimigos e a pureza do coração são, todos, interiores. Mesmo os atos de buscar a paz, praticar o bem e sofrer pela justiça dão direito às bênçãos a eles ligadas. Cada um deles implica uma disposição interior, já que brotam dessas qualidades, as exercem e as confirmam. Desse modo, a justiça dos escribas e fariseus era apenas exterior. Portanto, podemos dizer, em certo sentido, que a justiça dos cristãos é apenas interior. Todos os seus atos e sofrimentos nada são por si mesmos. São avaliados por Deus apenas pelas disposições internas de onde brotam.

Todos os que levam o nome santo e venerável de cristãos devem primeiro conferir se sua justiça não fica aquém da justiça dos fariseus e escribas. Um cristão não deve ser como os outros homens. Deve ter a coragem de ficar só, se necessário. Deve ser um exemplo singularmente bom. Não pode seguir a multidão, pois isso sempre leva ao mal. O costume e a moda não podem ser seus deuses. Seu Deus é de religião e razão. A prática dos outros não tem nenhuma relação com ele. Ele sabe que todo homem deve prestar contas de si mesmo a Deus. Aliás, procura salvar a alma dos outros, se possível. Entretanto, sabe que é requisitado a salvar pelo menos uma: a própria. Ele evita andar nos caminhos largos da morte, como muitos andam. Por serem largos e percorridos por muitos, ele conhece sua verdadeira natureza.

O caminho por onde você anda é um caminho largo, bem frequentado e vistoso? Isso leva infalivelmente à destruição. Não se destrua por causa das suas companhias. Acabe com o mal. Fuja do pecado como fugiria da presença de uma serpente. Pelo menos, não cause danos. "Aquele que pratica o pecado é do Diabo."[20] Não seja encontrado entre eles. Quanto aos pecados exteriores, certamente a graça de Deus agora é suficiente para você. Exercite-se em ter a consciência livre de ofensas para com Deus e os homens.

Segundo, não permita que a sua justiça fique aquém da dos escribas e fariseus no que diz respeito às ordenanças de Deus. Seja zeloso com a própria alma. Jejue com a máxima frequência que as suas forças permitirem. Não perca nenhuma oportunidade pública ou privada de derramar a sua alma em oração. Não negligencie nenhuma oportunidade de participar da comunhão no corpo e no sangue de Jesus. Seja diligente no estudo das Escrituras. Leia-as o máximo que conseguir e nelas medite dia e noite. Alegre-se em aproveitar cada oportunidade de ouvir a

[20] 1João 3.8.

Palavra de Deus. Ao usar todos os meios de graça, viva segundo a justiça dos escribas e fariseus, ao menos até conseguir ultrapassá-la.

Terceiro, não fique aquém dos fariseus nas boas obras. Dê esmolas de tudo o que você possui. Alguém está com fome? Alimente-o. Está com sede? Dê a ele o que beber. Está nu? Cubra-o com roupas. Se você tem riquezas, não limite sua beneficência a uma pequena porção delas. Seja misericordioso em seu poder. É assim que o fariseu agia.

Não pare, porém, por aí. Que a sua justiça ultrapasse a justiça dos escribas e fariseus. Não se contente em guardar toda a lei e ofendê-la em um ponto. Agarre-se a todos os mandamentos divinos. Abomine os falsos caminhos e a falsa fé. Faça todas as coisas que Deus mandou, e faça-as com todo o seu esforço. Você consegue realizar todas as coisas por meio de Jesus que o fortalece.[21] Lembre-se de que, sem ele, você não consegue nada.

Acima de tudo, que a sua justiça exceda a deles em pureza e espiritualidade. Qual a mais estrita forma de religião? É a mais perfeita justiça exterior? Vá mais alto e mais fundo que tudo isso. Que a sua religião seja a religião do coração. Seja pobre em espírito. Seja pequeno, humilde e simples aos seus próprios olhos. Fique maravilhado e humilhado porque o amor de Deus foi dado a você em Cristo Jesus, seu Senhor.

Seja sério. Que toda a sua corrente de pensamentos, obras e palavras flua da mais profunda convicção de que você está à beira de um grande abismo. Você e todas as outras pessoas estão prestes a cair. Você cairá ou na glória eterna ou no fogo eterno.

Seja humilde. Que a sua alma seja repleta de humildade, bondade, paciência e longanimidade para com todos. Ao mesmo tempo, que tudo o que está em você tenha sede de Deus. Anseie pelo Deus vivo. Anseie por sua semelhança e deleite-se nisso. Ame a Deus e a toda a humanidade. Nesse espírito, faça e sofra todas as coisas. Assim você excederá a justiça dos escribas e fariseus. E será então chamado grande no Reino dos céus.

[21] Filipenses 4.13.

Capítulo 8

QUANDO VOCÊ ORA[1]

"Tenham o cuidado de não praticar suas 'obras de justiça' diante dos outros para serem vistos por eles. Se fizerem isso, vocês não terão nenhuma recompensa do Pai celestial. Portanto, quando você der esmola, não anuncie isso com trombetas, como fazem os hipócritas nas sinagogas e nas ruas, a fim de serem honrados pelos outros. Eu lhes garanto que eles já receberam sua plena recompensa. Mas quando você der esmola, que a sua mão esquerda não saiba o que está fazendo a direita, de forma que você preste a sua ajuda em segredo. E seu Pai, que vê o que é feito em segredo, o recompensará. E quando vocês orarem, não sejam como os hipócritas. Eles gostam de ficar orando em pé nas sinagogas e nas esquinas, a fim de serem vistos pelos outros. Eu lhes asseguro que eles já receberam sua plena recompensa. Mas quando você orar, vá para seu quarto, feche a porta e ore a seu Pai, que está em secreto. Então seu Pai, que vê em secreto, o recompensará. E quando orarem, não fiquem sempre repetindo a mesma coisa, como fazem os pagãos. Eles pensam que por muito falarem serão ouvidos. Não sejam iguais a eles, porque o seu Pai sabe do que vocês precisam, antes mesmo de o pedirem. Vocês, orem assim:

Pai nosso, que estás nos céus!
Santificado seja o teu nome.
Venha o teu Reino;
seja feita a tua vontade,
assim na terra como no céu.
Dá-nos hoje o nosso
pão de cada dia.

[1] Wesley. Sobre o sermão de nosso Senhor no monte, Discurso VI. **Quarenta e quatro sermões**, Sermão XXI.

Perdoa as nossas dívidas,
assim como perdoamos
aos nossos devedores.
E não nos deixes cair
em tentação,
mas livra-nos do mal,
porque teu é o Reino,
o poder e a glória para
sempre. Amém.
Pois se perdoarem as ofensas uns dos outros, o Pai celestial também lhes perdoará.
Mas se não perdoarem uns aos outros, o Pai celestial não lhes
perdoará as ofensas." (Mateus 6.1-15)

As várias partes da religião interior foram descritas no capítulo precedente. Jesus nos mostra as disposições da alma e da mente que constituem o verdadeiro cristianismo. Ele descreve as disposições internas contidas na santidade sem a qual nenhum homem pode ver a Deus. Essas disposições fluem de uma fé viva em Deus mediante Jesus. São intrínseca e essencialmente boas e aceitáveis a Deus. No sexto capítulo de Mateus, Jesus vai adiante. Mostra como todas as nossas ações, mesmo aquelas que são indiferentes por natureza, podem tornar-se santas, boas e agradáveis a Deus. Isso é feito por intenções puras e santas. Tudo o que é feito sem elas, declara Jesus, não tem valor para Deus. Portanto, quaisquer obras exteriores consagradas a Deus por intenções puras têm grande valor aos olhos de Deus.

Jesus passa a mostrar essa necessidade de pureza de intenção nos atos religiosos. Ao fazê-lo, discute obras de devoção, caridade e misericórdia. Desta espécie, ele destaca em especial as doações de caridade. Isso foi discutido sob o tema da esmola. Outras espécies de boas obras são a oração e o jejum. As orientações que Jesus deu para cada uma delas devem aplicar-se igualmente a toda obra. Não há distinção entre obras de caridade e de misericórdia. Podemos observar em detalhes o que Jesus disse com respeito às obras de misericórdia. "Tomem cuidado para não darem suas esmolas diante dos homens para serem vistos por eles. Caso contrário, não terão recompensa do Pai que está no céu." As esmolas são a única obra de caridade incluída nesse ensino. Entretanto, toda obra de caridade está incluída. Tudo o que damos, falamos ou fazemos para que nosso próximo seja auxiliado é um ato de misericórdia. Atos de misericórdia são aqueles pelos quais outra pessoa pode receber um ato de caridade, seja para o corpo, seja para a alma. Misericórdia é alimentar o faminto. É vestir o despido. É recepcionar ou assistir o estrangeiro. Misericórdia é aquele ato de caridade de visitar os que estão doentes ou presos. A misericórdia consola o aflito. Instrui o ignorante. Reprova o perverso, enquanto exorta e encoraja quem faz o bem. Se há outras obras de misericórdia, estão igualmente incluídas sob essa orientação de Jesus.

"Guardai-vos de fazer a vossa esmola diante dos homens, para serdes vistos por eles."[2] Nesse ensino, Jesus não nos proíbe de fazer um bem que possa ser visto pelos outros. Por si só, essa circunstância — os outros verem o que fazemos — não torna o ato nem bom nem mau. A intenção ao fazermos boas obras diante dos homens, para sermos vistos por eles, é o que Jesus proíbe. Se essa é toda a nossa intenção, estamos indo contra a vontade divina. Entretanto, em alguns casos, essa pode ser parte da nossa intenção. Podemos desejar que algumas das nossas ações sejam vistas e também aceitáveis a Deus. Podemos querer que a nossa luz brilhe diante dos homens. Podemos desejar isso quando a nossa consciência testifica para nós no Espírito Santo que a nossa finalidade última é a de glorificar nosso Pai que está no céu.

Precisamos sempre cuidar para não fazermos algo, por menor que seja, tendo em vista a nossa própria glória. Precisamos cuidar para que o louvor dos homens não tenha lugar em nenhuma das nossas obras de misericórdia. Se buscarmos a nossa própria glória, se tivermos qualquer desejo de ganhar a honra dos homens com isso, tudo o que fizermos não será feito para o Senhor. Ele não o aceitará. "Vocês não terão nenhuma recompensa do Pai celestial" por isso.

"Portanto, quando você der esmola, não anuncie isso com trombetas, como fazem os hipócritas nas sinagogas e nas ruas, a fim de serem honrados pelos outros." A palavra "sinagoga", aqui, não significa lugar de culto. Significa qualquer lugar público, tal como o mercado ou a praça. Era comum entre os judeus ricos, particularmente os fariseus, agir exatamente como Jesus condena. Quando davam esmolas, faziam soar uma trombeta diante deles, na parte mais movimentada da cidade. Alegavam que o motivo era juntarem os pobres para recebê-las. Entretanto, o verdadeiro propósito

2 Mateus 6.1 (**Almeida Revista e Corrigida**).

era receber o louvor dos homens. Não seja como eles. Não faça uma trombeta tocar diante de você. Não use de nenhuma ostentação ao fazer o bem. Só tenha em vista a honra que vem de Deus. Aqueles que buscam o louvor dos homens têm a sua recompensa. Eles não receberão o louvor de Deus por sua exibição.

"Mas quando você der esmola, que a sua mão esquerda não saiba o que está fazendo a direita." Essa é uma expressão proverbial que significa: seja o que você fizer, faça-o em segredo, de modo coerente com o próprio ato de fazê-lo. Não deixe de fazê-lo. Não perca nenhuma oportunidade de fazer o bem, seja em segredo, seja de forma visível. Faça-o da maneira mais efetiva. Pode-se abrir outra exceção a essa regra. Se você acredita que tornar público seu bem pode incentivar outros a fazer mais, então você não precisa escondê-lo. Nessas circunstâncias, você pode deixar sua luz aparecer e brilhar a todos os que estão na casa. Entretanto, a menos que a glória de Deus e o bem da humanidade exijam que você faça diferente, aja da maneira mais privada e discreta que as circunstâncias permitirem. Cuide de que as esmolas sejam dadas em secreto. Então seu Pai, que vê em segredo, o recompensará abertamente — talvez no mundo presente, pois muitos exemplos disso são registrados em todas as eras, mas sem dúvida no mundo por vir, diante da assembleia de homens e de anjos.

Das obras de caridade e misericórdia, Jesus passa às chamadas obras de devoção. "Quando vocês orarem, não sejam como os hipócritas. Eles gostam de ficar orando em pé nas sinagogas e nas esquinas, a fim de serem vistos pelos outros." Não seja como os hipócritas. A hipocrisia, ou falta de sinceridade, é a primeira coisa contra a qual devemos guardar-nos na oração. Cuide de não orar o que você não entende. Orar é elevar o coração a Deus. Todas as obras de oração, sem isso, são mera hipocrisia. Sempre que tentar orar, cuide de que o seu único propósito seja comunicar-se com Deus. Deseje apenas elevar o seu coração a ele. Esteja motivado a derramar a sua alma diante do Senhor. Não seja como os hipócritas que se levantam em público para serem vistos em suas orações. Eles oravam nas sinagogas, na praça, no mercado, nas esquinas das ruas e em qualquer lugar cheio de gente que pudesse vê-los orar. Esse era o único desejo, motivo e objetivo deles. Era o propósito das orações que viviam repetindo. "Eu lhes asseguro que eles já receberam sua plena recompensa." Eles nada podiam esperar do Deus que está no céu.

Contudo, não é apenas o interesse no louvor dos homens que nos afasta das recompensas do céu. Não é só isso que nos impede de esperar a bênção de Deus sobre as nossas obras devocionais ou de misericórdia. A pureza de intenção é igualmente destruída pelo interesse nas recompensas do mundo, quaisquer que sejam. Fazer essas coisas com alguma esperança de lucro ou interesse torna os atos menos aceitáveis a Deus. O desejo de lucro se enquadra na mesma categoria do desejo de louvor. A oração, a adoração ou a esmola aos pobres não podem ser feitas com intenção de receber recompensa. Não podemos ter nenhum propósito que não seja o de promover a glória de Deus e a felicidade dos homens por amor a Deus. Qualquer perspectiva temporal, qualquer motivo deste lado da eternidade, que não seja o de promover a glória de Deus, é uma abominação para ele. A ação deve ter como alvo promover sua glória e a felicidade dos homens por amor a Deus . Não importa como esses atos possam parecer aos homens, apenas como parecem a Deus.

"Quando você orar, vá para seu quarto, feche a porta e ore a seu Pai, que está em secreto." Há um momento em que você deve orar abertamente para glorificar a Deus. Você deve orar a Deus e louvá-lo nas reuniões e nos cultos na igreja. Mas, quando desejar que os seus desejos pessoais sejam conhecidos por Deus, deve orar em particular. Seja à noite, seja de manhã, seja à tarde, entre no seu quarto e feche a porta. Use toda a privacidade que conseguir. Se não tiver um esconderijo particular, um quarto, não deixe de fazer as suas orações. Ore, tenha privacidade ou não. Ore a Deus, se possível, quando ninguém puder vê-lo, só ele. Se não for possível, ore assim mesmo. Ore desse modo ao seu Pai que está em secreto. Derrame todo o seu coração diante dele. O seu Deus Pai, que vê em secreto, o recompensará.

"Quando orarem, não fiquem sempre repetindo a mesma coisa, como fazem os pagãos", mesmo orando em secreto. Não usem milhares de palavras sem nenhum sentido. Não digam a mesma coisa vezes sem conta. Não pensem que os resultados dependem da extensão da oração. Essa era a crença dos pagãos. Eles pensavam que seriam ouvidos em razão do falar ininterrupto na oração.

O ensino aqui não é simplesmente contra o tamanho das nossas orações, seja longo, seja curto. Jesus ensina contra a oração sem sentido. Combate o uso da repetição vazia. Não faz objeção a todo tipo de repetição, pois ele mesmo orou três vezes, repetindo as mesmas palavras. A repetição vazia que os pagãos empregavam era a recitação dos nomes de seus deuses, várias e várias vezes. Alguns cristãos fazem o mesmo. Oram um terço, sem nem refletir sobre o que estão falando.

De acordo com Jesus, jamais devemos pensar que seremos ouvidos por muito falar. Não devemos imaginar que Deus mede as orações pela extensão. Ele não se agrada mais com as orações que contêm mais palavras. Ele não responde necessariamente às que soam mais longas a seus ouvidos. Há muitos casos de superstição e ignorância que promovem essas técnicas de oração. Alguns cristãos as seguem, assim como alguns pagãos. Espera-se isso daqueles sobre os quais a luz do evangelho nunca brilhou. Os cristãos devem evitar isso.

"Não sejam iguais a eles."Você, que provou a graça de Deus por meio de Jesus, é diferente. Deve ficar totalmente satisfeito por Deus saber do que você precisa antes mesmo de pedir a ele. O objetivo da sua oração não é informar Deus, como se ele não soubesse o que você quer. A oração é para você se informar. É para pensar no sentido de seus desejos mais profundos. É para dar a você um senso de contínua dependência dele. É para reforçar em sua mente que só ele é capaz de suprir as suas necessidades. Não é tanto para mover Deus, que sempre está mais pronto a dar do que você está pronto a pedir; é para mover você. É para o deixar desejoso e disposto a receber as boas coisas que ele preparou para você.

Depois de ensinar a verdadeira natureza e o verdadeiro objetivo da oração, Jesus nos deu exemplo. Nesse ponto, ele nos entregou aquele padrão divino de oração, que serve como modelo de todas as nossas orações. "Vocês orem assim." O relato de Lucas registra: "Ele lhes disse: 'Quando vocês orarem, digam [...]' ".[3]

Podemos fazer outras observações a respeito dessa oração divina. Primeiro, ela contém tudo o que podemos orar de modo razoável ou inocente. Não há nada que precisamos pedir a Deus ou que podemos pedir sem ofendê-lo que não esteja incluído nela. Todas essas coisas estão incluídas direta ou indiretamente nessa forma abrangente. Nela pedimos qualquer coisa que seja para a glória de Deus. Buscamos qualquer coisa que seja necessária e proveitosa não apenas para nós mesmos, mas para toda criatura no céu e na terra. Nela está tudo o que podemos desejar de maneira inocente e razoável. Aliás, nossas orações são o verdadeiro teste dos nossos desejos. Nada que merece ter um lugar nos nossos desejos deixa de merecer um lugar nas nossas orações. Aquilo pelo qual não podemos orar, também não deveríamos desejar. Além disso, essa oração contém todo o nosso dever para com Deus e os homens. Tudo o que é puro e santo, tudo o que Deus requer dos homens, está nela. Tudo o que é aceitável aos olhos de Deus e com que podemos beneficiar o nosso próximo está expresso ou implícito nela.

Essa oração contém três partes: o prefácio, as petições e a doxologia ou conclusão. O prefácio é: "Pai nosso, que estás nos céus!". Ele estabelece um

[3] Lucas 11.2.

fundamento geral para a oração. Informa o que primeiro precisamos saber de Deus antes de podermos orar na confiança de sermos ouvidos. Assim também, aponta para nós todas aquelas disposições com que devemos aproximar-nos de Deus. Diz quais delas são essenciais, caso desejemos que as nossas orações ou a nossa vida sejam aceitáveis a ele.

"Pai nosso." Se ele é o nosso Pai, então é bom e amoroso para todos os filhos. Aqui está a primeira e grande razão para orar. Deus está disposto a abençoar! Vamos pedir uma bênção. "Pai nosso" — nosso Criador. Ele é o autor do nosso ser. Ele nos tirou do pó e soprou em nós o fôlego da vida. Por meio dele, nós nos tornamos almas viventes. Uma vez que ele nos criou, podemos pedir a ele, que nada de bom negará à obra de suas mãos. Portanto, vamos pedir a ele. "Pai nosso" — aquele que nos conserva. Dia após dia, ele sustenta a vida que nos deu. Por meio de seu amor contínuo, recebemos agora e a cada momento vida, respiração e todas as coisas. Cientes disso, podemos chegar com ousadia diante dele. Encontramos misericórdia e graça nos momentos de necessidade. Acima de tudo, ele é o Pai de Jesus e de todos os que nele creem. Por meio dele, somos justificados, perdoados gratuitamente, por sua graça, pela redenção que está em Jesus. Por meio de Jesus, Deus apagou todos os nossos pecados e curou todas as nossas enfermidades. Por meio dele, Deus nos recebeu como filhos pela adoção e graça. Os filhos de Deus "receberam o Espírito que os adota como filhos, por meio do qual clamamos: *Aba*, Pai".[4] Deus nos gerou de novo, de maneira incorruptível, mediante uma nova criação em Jesus. Assim, sabemos que ele sempre nos ouve e podemos orar a ele sem cessar. Oramos porque o amamos. E o amamos porque ele nos amou primeiro.[5]

"Pai nosso." Não só nosso, daqueles que oramos a ele agora, mas nosso da maneira mais ampla. Ele é o Deus e Pai de todos os espíritos que habitam a carne. É o Pai tanto de anjos quanto de homens. Mesmo os pagãos o reconhecem como tal. Ele é o Pai do Universo, o Pai de todas as famílias no céu e na terra. Portanto, com ele não há discriminação entre pessoas. Ele ama todos os que criou. Ama cada homem e cada mulher e tem misericórdia de todas as suas obras.[6] Seu prazer está naqueles que o temem e confiam em sua misericórdia. Está naqueles que creem nele por meio de Jesus, sabendo que por ele são aceitos. Contudo, se ele nos amou

4 Romanos 8.15; Gálatas 4.6.

5 1João 4.19.

6 Salmos 145.9.

desse modo, devemos assim amar uns aos outros.[7] Devemos amar toda a humanidade. Devemos fazer isso porque Deus tanto amou o mundo que deu seu único Filho para morrer a fim de que não morrêssemos, mas tivéssemos vida eterna.[8]

"Que estás nos céus." Deus está acima, elevado sobre todos, bendito para sempre. Ele se assenta no círculo celestial. Contempla todas as coisas no céu e na terra. Seus olhos penetram toda a esfera dos seres criados e da noite não criada.[9] Deus conhece todas as próprias obras e as obras de todas as criaturas. Ele as conhece não apenas desde o princípio do mundo, mas desde toda a eternidade, de eternidade a eternidade. É ele que faz anjos e homens clamar maravilhados e assombrados: "Ó profundidade da riqueza da sabedoria e do conhecimento de Deus!".[10]

"Que estás nos céus", o Senhor e governante de tudo, supervisionando e dispondo todas as coisas. O Rei dos reis, Senhor dos senhores, Deus único e bendito. Ele é forte e rodeado de poder, fazendo o que lhe agrada. É o Onipotente. Tudo o que deseja, pode realizar. "Nos céus" — eminentemente ali. O céu é seu trono. É o lugar onde habita sua honra. Mas ele não está somente ali. Ele preenche toda a extensão do céu e da terra. Transcende o espaço. "Céu e terra são repletos da tua glória. Glória a ti, ó Senhor Altíssimo."[11]

Portanto, devemos servir a Deus com toda a alegria. Devemos prestar-lhe toda a reverência. Devemos pensar, falar e agir continuamente sob seus olhos. Estamos sempre em sua presença imediata. Estamos na presença imediata de Deus, o Senhor e Rei.

"Santificado seja o teu nome." Essa é a primeira das seis petições que compõem a oração. O nome de Deus é o próprio Deus. É a natureza de Deus, no que ela pode ser descoberta pelo homem. Significa, portanto, junto com sua existência, todos os seus atributos e perfeição. Inclui sua eternidade, especialmente a que é dignificada por seu nome incomunicável, Javé. Como traduziu o apóstolo João, "'Eu sou o Alfa e o Ômega', diz o Senhor Deus, 'o que é, o que era e o que há de vir' ".[12] A plenitude

7 1João 4.11.

8 João 3.16.

9 Em inglês, *uncreated night*. [N. do E.]

10 Romanos 11.33.

11 Culto de comunhão. **Livro de Oração Comum**. Igreja anglicana.

12 Apocalipse 1.8; 21.6; 22.13.

de seu ser é marcada em seu outro nome: "Eu Sou o que Sou".[13] Ele é onipresente e onipotente. É de fato o único agente do mundo material. Toda matéria é essencialmente inerte e inativa. Só se move pela mente e pelo poder de Deus. Ele é a fonte da ação em cada criatura, visível e invisível. Nada poderia agir ou existir sem o contínuo influxo e a agência de seu poder onipotente. Sua sabedoria é claramente deduzida das coisas que vemos. Dela provém a boa ordem do Universo.

Deus é trindade na unidade e unidade na trindade. Isso nos é apresentado na primeira linha de sua palavra escrita que, traduzida literalmente, significa: "os Deuses criou". É um substantivo plural ligado a um verbo no singular. Ele é pureza e santidade essencial. Acima de tudo, Deus é amor, que é o próprio resplendor de sua glória.

Ao orar que Deus, ou seu nome, possa ser santificado ou glorificado, oramos para que ele seja conhecido. Oramos para que todos os seres inteligentes o conheçam como ele é. Oramos para que todas as criaturas capazes de conhecê-lo possam dar-lhe a devida honra, temor e amor. Oramos para que isso seja feito acima, no céu, assim como embaixo, na terra. Oramos para que seja feito tanto por homens como por anjos. Com essa finalidade, Deus nos fez capazes de conhecê-lo e amá-lo por toda a eternidade.

"Venha o teu Reino." Isso está estreitamente relacionado à petição anterior. Para que o nome de Deus seja santificado, é preciso que venha seu Reino. Oramos para que seu Reino, o reino de Jesus, venha. Esse Reino vem quando uma pessoa se arrepende e crê no evangelho. Então ela aprende sobre Deus, não só para conhecer a si mesma, mas para conhecer Jesus e sua crucificação. E então vem a vida eterna. Isso é conhecer o único Deus verdadeiro e Jesus, enviado por ele. Daí começa o Reino de Deus na terra. Depois ele se estabelece no coração daquele que crê. O Senhor Deus Onipotente reina quando é conhecido por meio de Jesus. Ele assume todo o seu grande poder e submete todas as coisas a si. Entra na alma, vencendo e para vencer, até submeter todas as coisas a seus pés. Ele age na alma, até que cada pensamento seja levado cativo em obediência a Jesus.[14] Estamos orando pelo tempo em que Deus dará a Jesus todos os incrédulos por herança. Oramos pelo dia em que as extremidades da terra voltarão a fixar sob seu domínio e possessão. Oramos pelo dia em que todos

[13] Êxodo 3.14.

[14] 2Coríntios 10.5.

os reinos se curvarão diante dele e todas as nações lhe servirão. Oramos pelo dia em que o monte da casa do Senhor, sua Igreja, será estabelecido em toda parte. Oramos por aquele dia em que todos os gentios se converterão e todo o Israel será salvo.[15] Naquele dia se verá que Deus é Rei. Ele aparecerá a cada alma sobre a terra como Rei dos reis e Senhor dos senhores. É apropriado que aqueles que o amam e esperam sua manifestação orem para que ele precipite os acontecimentos.

Todos devem orar para que seu Reino, o reino da graça, venha rapidamente e devore os reinos da terra. A oração deles é que toda a humanidade, recebendo-o como rei, crendo de fato em seu nome, possa ser cheia de justiça, paz, alegria, santidade e felicidade. Depois de recebê-las, poderá ser removida para seu Reino celestial para ali reinar com ele eternamente.

Para isso também oramos: "Venha o teu reino". Oramos pela vinda de seu Reino eterno. Oramos pelo Reino da glória no céu, que é a continuação e perfeição do Reino da graça na terra. Por conseguinte, essa petição, bem como a anterior, é oferecida por toda a criação. É uma oração por todos aqueles que estão interessados nesse grande evento, a renovação final de todas as coisas. É uma oração pelo tempo em que Deus porá fim a toda miséria, a todo pecado, a toda enfermidade e morte. Então ele tomará todas as coisas nas mãos e estabelecerá o Reino que durará por toda a eternidade.

"Seja feita a tua vontade, assim na terra como no céu." Esse é o resultado necessário e imediato em todos os lugares a que chega o Reino de Deus. Ocorre em todos os lugares em que Deus habita na alma pela fé e em que Jesus reina no coração pelo amor.

É provável que muitos, talvez a maioria das pessoas, imaginem que essas palavras só expressem ou peçam resignação. Talvez pareçam remeter à disposição de sofrer a vontade de Deus, qualquer que seja, para conosco. Sem dúvida, esse é um alvo divino excelente, um dom precioso de Deus. Mas não é por isso que oramos nessa petição, pelo menos não é seu objetivo central e básico. Oramos não tanto por uma conformidade passiva, mas por uma conformidade ativa à vontade de Deus. É isso o que queremos dizer quando oramos: "Seja feita a tua vontade, assim na terra como no céu".

Como a vontade de Deus será realizada pelos anjos de Deus no céu, por aqueles que circundam exultantes seu trono? Eles o fazem de bom grado.

15 Romanos 11.25.

Amam seus mandamentos. Atentam de boa vontade para suas palavras. O alimento deles é cumprir a vontade de Deus. Essa é sua máxima glória e alegria. Eles o fazem continuamente. Não há interrupção no serviço que prestam voluntariamente. Eles não descansam dia e noite. Empregam cada momento para cumprir os mandamentos de Deus, executar seus desígnios e realizar o conselho de sua vontade.

E o fazem com perfeição. Nenhum pecado, nenhum defeito, pertence à mente dos anjos. É verdade que "nem a lua é brilhante e nem as estrelas são puras aos olhos dele".[16] Aos olhos de Deus, em comparação com o Senhor, até os anjos não são puros. Mas isso não significa que não sejam puros em si. Sem dúvida são. São totalmente dedicados à vontade de Deus. De novo, fazem toda a vontade de Deus conforme ele deseja. E a fazem da maneira que agrada a Deus, e de nenhuma outra forma. Fazem isso só porque é a vontade de Deus. Fazem isso com esse propósito e nenhuma outra razão.

Assim, é isso o que queremos dizer quando oramos para que a vontade de Deus seja realizada na terra como no céu. Pedimos que todos os habitantes da terra, toda a humanidade, possam começar a realizar a vontade de Deus, que está no céu, com a mesma disposição que os santos anjos. Oramos para que todos possamos cumpri-la continuamente, assim como eles fazem, sem nenhuma interrupção desse serviço voluntário. Oramos para que essa vontade seja cumprida perfeitamente. Oramos para que o Deus da paz, por meio do sangue da nova aliança, possa tornar perfeita cada boa obra, a fim de cumprir sua vontade. Buscamos que sua graça realize tudo o que é agradável a ele.

Em outras palavras, oramos para que nós e todos os outros possamos realizar a vontade de Deus em tudo. Oramos por nada mais, nada menos, mas por aquilo que é a vontade santa e aceitável de Deus. Oramos para realizar toda a vontade de Deus como ele deseja. Oramos para que toda a humanidade se comporte de um modo que agrade a Deus. Por fim, oramos para que possamos realizar isso porque é a vontade de Deus. Oramos para que essa seja a única razão e base, a única motivação de tudo o que pensamos, falamos ou fazemos.

"Dá-nos hoje o nosso pão de cada dia." Nas três petições anteriores oramos por toda a humanidade. Chegamos agora mais particularmente ao desejo de suprir as nossas necessidades pessoais. Nem aqui somos dirigidos a restringir a nossa oração

[16] Jó 25.5.

totalmente a nós mesmos. Esta e cada uma das petições seguintes podem ser usadas para todo o corpo de cristãos, bem como para nós mesmos.

Por "pão", podemos compreender todas as coisas de que necessitamos, seja para a alma, seja para o corpo. São as coisas que dizem respeito à vida e à devoção. Compreendemos que inclui não apenas o pão ou a comida visível. Jesus a chamou de comida que se estraga.[17] O termo também inclui, e significa até mais, o pão espiritual e a graça de Deus, que é o alimento que perdura por toda a vida eterna. A opinião de muitos líderes cristãos antigos era que aqui precisamos compreender também o pão sacramental. No início, toda a igreja o recebia diariamente. Ele era tido em alta conta, até que o amor de muitos esfriou. Na igreja primitiva, o pão da comunhão era o grande canal pelo qual a graça do Espírito Santo era transmitida à alma de todos os cristãos.

"O nosso pão de cada dia." A palavra que traduzimos por "de cada dia" tem recebido diferentes explicações de diferentes comentaristas. O sentido mais simples e natural parece aquele mantido em quase todas as versões antigas e modernas. Significa qualquer coisa que seja necessária para este dia e também para cada dia à medida que a vida vai se desenrolando.

"Dá-nos." Não reclamamos nada por nossos próprios direitos. Todas as coisas nos são dadas pela misericórdia gratuita de Deus. Não merecemos nem o ar que respiramos, nem a terra que produz para nós, nem o Sol que brilha sobre a nossa cabeça. Confessamos que tudo o que merecemos é o inferno. Mas Deus nos ama gratuitamente! Assim, pedimos que ele nos dê. Pedimos aquilo que já não podemos alcançar por nós mesmos nem merecemos da parte dele.

Não devemos supor que a bondade ou o poder de Deus sejam motivos para permanecermos ociosos. É vontade de Deus que empreguemos toda a diligência em todas as coisas. Devemos aplicar o nosso maior esforço em todas as coisas, como se o nosso sucesso fosse o resultado natural da nossa própria sabedoria e força. Então, como se não tivéssemos feito nada, devemos depender de Deus como o doador de cada dádiva boa e perfeita.

"Hoje." Aqui somos instruídos a não nos preocuparmos com o amanhã. Para reforçar isso, o nosso sábio Criador dividiu a vida em porções pequenas de tempo. Cada uma delas é claramente separada da outra. Isso é para que possamos olhar cada dia como uma nova dádiva de Deus. Cada dia é outra vida que podemos

[17] João 6.27.

dedicar a sua glória. Cada noite pode ser considerada o fechamento daquela vida. Além disso, não somos capazes de ver nada mais, exceto a eternidade.

"Perdoa as nossas dívidas, assim como perdoamos aos nossos devedores." Nada, só o pecado, pode impedir a generosa bondade que flui de Deus para cada uma de suas criaturas. Por isso, essa petição segue naturalmente a anterior. Todos os empecilhos devem ser removidos, de modo que possamos confiar mais claramente no Deus de amor para prover tudo o que é bom.

"As nossas dívidas." A palavra significa exatamente nossos débitos. Assim, os nossos pecados são frequentemente apresentados pelas Escrituras como débitos. Cada pecado nos põe mais endividados com Deus, a quem já devemos mais do que conseguimos pagar. Que diremos, então, se ele nos pedir: "Pague-me o que me deve!".[18] Estamos completamente insolventes. Nada temos com que pagar. Gastamos toda a nossa fortuna. Portanto, se ele lidar conosco de acordo com o rigor de sua lei, e exigir o que seria justo, pode ordenar que sejamos entregues com as mãos e os pés amarrados.

Aliás, já estamos com as mãos e os pés atados por nossos pecados. Estes, no que dizem respeito a nós, prendem-nos como argolas de ferro e algemas de latão. São como feridas por todo o nosso corpo. São doenças que desgastam o nosso sangue e o nosso espírito. Esses pecados nos levam para a beira do nosso túmulo. Considerados como são tratados aqui, com relação a Deus, são dívidas imensas e inumeráveis. Assim, vendo que não temos nada com que pagar, só podemos clamar a Deus que nos perdoe sinceramente de todos eles.

A palavra "perdoa" implica ou perdoar uma dívida ou abrir uma cadeia. Se aceitarmos a primeira tradução, a segunda segue seu curso. Quando nossas dívidas são perdoadas, as cadeias caem das nossas mãos. Logo que recebemos o perdão dos nossos pecados pela livre graça de Deus em Jesus, também recebemos um lugar entre aqueles que foram santificados pela fé. O pecado perde seu poder, não tem domínio sobre os que estão debaixo da graça e do favor de Deus. Assim como não há condenação para os que estão em Jesus,[19] eles são libertados do pecado e também da culpa. A justiça da lei é cumprida neles, e eles andam não pela carne, mas pelo espírito.[20]

[18] Mateus 18.28.

[19] Romanos 8.1.

[20] Romanos 8.4.

"Assim como perdoamos aos nossos devedores." Nessas palavras Jesus declara explicitamente tanto a condição como o modo e o grau em que podemos esperar sermos perdoados por Deus. Todas as nossas transgressões e os nossos pecados nos são perdoados se e à medida que perdoamos os outros. Esse é um ponto importantíssimo. Jesus quer que isso não saia do nosso pensamento em momento algum. Para evitar isso, ele não só o insere no corpo da oração, como o repete mais duas vezes. Ele diz: "Pois se perdoarem as ofensas uns dos outros, o Pai celestial também lhes perdoará. Mas se não perdoarem uns aos outros, o Pai celestial não lhes perdoará as ofensas". Em seguida percebemos que Deus nos perdoa à medida que perdoamos os outros. Manchas de maldade, amargura, crueldade e ira podem permanecer em nós. Somos destituídos do nosso perdão à medida que elas permanecem no nosso coração. Precisamos perdoar claramente os pecados de todos os homens para receber o perdão claro e pleno de Deus. Ele pode mostrar-nos algum grau de misericórdia sem isso. Entretanto, sem o nosso perdão completo, não permitimos que ele apague todos os nossos pecados e perdoe todas as nossas iniquidades.

Que tipo de oração estamos oferecendo a Deus quando pronunciamos essas palavras, se não perdoamos claramente as transgressões do nosso próximo? Estamos chegando diante de Deus em desobediência explícita. Estamos desafiando Deus a fazer o pior. "Perdoa as nossas dívidas, assim como perdoamos aos nossos devedores." Ou seja, em termos bem explícitos: "Não nos perdoe. Não desejamos nenhum favor de suas mãos. Oramos para que não se esqueça dos nossos pecados e que sua ira possa permanecer sobre nós". Você pode oferecer essa oração sinceramente a Deus? Nesse caso, como ele ainda não o lançou ao inferno? Chega de tentar Deus! Agora, agora mesmo, peça sua graça para perdoar como você quer ser perdoado. Tenha para com o próximo a mesma compaixão que Deus tem por você. Assim como ele o perdoou e teve piedade de você, perdoe e tenha piedade dos que transgrediram contra você.

"E não nos deixes cair em tentação, mas livra-nos do mal." A palavra traduzida por "tentação" significa prova de qualquer tipo. O termo "tentação" era inicialmente usado num sentido neutro. Agora é em geral compreendido como uma incitação ao pecado. Tiago emprega a palavra nesses dois sentidos. Ele a usa no primeiro sentido quando diz: "Feliz é o homem que persevera na provação [tentação], porque depois de aprovado receberá a coroa da vida".[21] Depois, usa imediatamente a palavra no segundo sentido: "Quando alguém for tentado, jamais deverá dizer: 'Estou sendo tentado por Deus'. Pois Deus não pode ser tentado pelo mal, e a ninguém tenta. Cada um, porém, é tentado pelo próprio mau desejo", ou cobiça. Somos tentados quando nos afastamos de Deus, o único em quem estamos seguro. Quando isso ocorre, quando somos enredados, terminamos pegos como um peixe é fisgado pela boca. É então que realmente caímos em tentação. A tentação vem depois que somos afastados e enredados. Então a tentação nos cobre como uma nuvem. Ela recobre toda a nossa alma. Aí dificilmente escaparemos da armadilha. Assim, quando oramos assim, estamos pedindo que Deus não nos permita sermos conduzidos à tentação.

"Mas livra-nos do mal." Na realidade, isso deve ser entendido como "livra-nos do Maligno". A tradução deve inquestionavelmente ser "do Maligno". O Maligno é Satanás, enfaticamente chamado príncipe e deus deste mundo, que age com força e poder naqueles que são desobedientes a Deus. Todos os que são filhos de Deus pela fé são libertados de suas mãos. O Diabo pode lutar contra eles. Aliás, realmente lutará. Mas não vencerá, a menos que eles traiam a própria alma. Ele pode atormentá-los por um tempo, mas não consegue destruí-los. Deus está ao lado deles. Deus não deixará de finalmente vingar seus filhos eleitos que clamam a ele dia e noite. Esta, portanto, é a oração: "Senhor, quando formos tentados, não nos permita entrar em tentação. Dá-nos uma via de escape, de modo que Satanás, o perverso, não nos possa tocar".

A conclusão da oração de Jesus, em geral chamada de doxologia, é uma ação de graças solene. É o reconhecimento conciso dos atributos e das obras de Deus. "Porque teu é o Reino" — o direito soberano sobre todas as coisas que são ou foram criadas. Teu Reino é um reino eterno e teu domínio perdura por todas as eras. "O poder" — o poder executivo pelo qual Deus governa todas as coisas e faz o que lhe agrada em todos os lugares de seu Reino. "E a glória" — o louvor que cada criatura lhe deve por seu poder e pela grandiosidade de seu Reino. Ele recebe glória por todas as obras maravilhosas que tem realizado desde o princípio e realizará até o fim, para sempre e sempre.

[21] Tiago 1.12.

Capítulo 9

JEJUE PELA GRAÇA[1]

"Quando jejuarem, não mostrem uma aparência triste como os hipócritas, pois eles mudam a aparência do rosto a fim de que os outros vejam que eles estão jejuando. Eu lhes digo verdadeiramente que eles já receberam sua plena recompensa. Ao jejuar, arrume o cabelo e lave o rosto, para que não pareça aos outros que você está jejuando, mas apenas a seu Pai, que vê em secreto. E seu Pai, que vê em secreto, o recompensará." (Mateus 6.16-18)

Desde o princípio do mundo, Satanás se empenha em separar o que Deus juntou. Seu propósito é separar a religião interior da exterior. Ele decidiu fazer uma parecer contrária à outra. E tem obtido relativo sucesso com aqueles que são ignorantes quanto a seu propósito. Muitos, em todas as épocas, têm sido zelosos por Deus. Para alguns deles, porém, o zelo não correspondeu ao conhecimento que tinham. Eles ficaram estritamente presos à justiça da lei. Enfatizaram demais a realização do dever exterior. Enquanto isso, porém, desconsideraram a necessidade da justiça interior, a justiça que está em Deus pela fé. Muitos outros caíram no extremo oposto. Desconsideraram as obrigações exteriores. Alguns foram tão longe que chegam a falar mal da lei. Julgaram a lei até o ponto em que ela impõe a realização de obrigações exteriores.

É por essa mesma obra de Satanás que a fé e as obras com frequência têm sido vistas como antagônicas. Muitos dos que tiveram grande consideração por Deus caíram, em alguns momentos, na armadilha de um lado ou outro. Alguns ampliaram

[1] Wesley. Sobre o sermão de nosso Senhor no monte, Discurso VII. **Quarenta e quatro sermões**, Sermão XXII.

a fé até a completa exclusão das boas obras. Eles tiveram entendimento adequado da salvação, sabendo que o homem é justificado pela redenção que está em Jesus. Entretanto, esqueceram-se do necessário fruto dessa redenção. Agiram como se as boas obras, o necessário fruto da fé, não tivesse lugar na religião de Jesus. Outros, ávidos em rejeitar esse erro perigoso, correram para muito longe na direção contrária. Sustentavam que as boas obras eram a causa ou, pelo menos, necessárias para a salvação. O resultado é que falavam sobre elas como se fossem tudo o que importava, toda a religião de Jesus.

De modo semelhante, a finalidade da religião tem divergido dos meios. Alguns bem-intencionados parecem ter resumido toda a religião a orar, ir à igreja, comungar, ouvir sermões e ler livros devocionais. Negligenciam o amor a Deus e ao próximo. Esse mesmo fato tem sido confirmado na negligência, quando não no desdém, para com as ordenanças de Deus. Elas foram completamente maltratadas e usadas para minar e desfazer o próprio fim para o qual foram estabelecidas.

No entanto, de todos os meios de graça, o jejum tem sido o mais mal compreendido. Dificilmente haveria outro assunto dentro da religião no qual os homens tenham chegado a maiores extremos. Alguns o exaltam acima de todas as Escrituras e da razão. Outros o desconsideram por completo. Parece estarem vingando-se ao desvalorizá-lo tanto quanto outros o supervalorizam. Alguns falam sobre o jejum como se fosse o máximo do máximo. Se não for o fim em si mesmo, parece-lhes estar infalivelmente ligado a ele. Outros dizem que não significa absolutamente nada, é um trabalho infrutífero, sem relação alguma com a graça. Ora, é certo que a verdade está entre um e outro. O jejum não é o máximo do máximo. Também não é nada. Não é um fim, mas um meio precioso. É um meio ordenado pelo próprio Deus. É o meio pelo qual, devidamente empregado, Deus certamente nos dará sua bênção.

Para esclarecer essa questão, vamos discutir quatro áreas do jejum. Primeiro, qual a natureza do jejum e alguns de seus tipos e graus? Segundo, quais suas razões, bases e fins? Terceiro, como responder às objeções mais plausíveis ao jejum? Quarto, de que maneira devemos jejuar?

Primeiro, é importante compreender tanto a natureza do jejum quanto seus tipos e graus. Quanto à natureza, todos os autores da Bíblia tomam a palavra "jejum" num único sentido. Para eles, significa não comer. Jejuar é abster-se de comida. Isso é tão claro que seria perda de tempo citar as palavras de Davi, Neemias, Isaías e outros profetas do Antigo Testamento a respeito do termo. Todos eles, bem como Jesus e seus apóstolos, concordam que jejuar é deixar de comer por um período.

Em épocas mais remotas, algumas outras circunstâncias em geral eram unidas ao jejum, sem que tivessem necessariamente ligação com ele. Alguns acresciam a negligência às vestes. Enquanto jejuavam, deixavam de lado os ornamentos costumeiros. Assumiam a aparência de luto. Lançavam cinzas sobre a cabeça ou vestiam panos de saco sobre a pele. Encontramos no Novo Testamento pouca menção de alguma dessas circunstâncias complementares. Não parece que tivessem importância para os cristãos dos primeiros séculos. Alguns penitentes poderiam usá-las voluntariamente como sinais exteriores de humilhação interior. Os apóstolos, e os cristãos contemporâneos com eles, não espancavam nem rasgavam a própria carne. Práticas como essas eram seguidas pelos sacerdotes e seguidores daquele falso deus, Baal. Os deuses dos pagãos não passavam de demônios. Tal comportamento era sem dúvida aceitável a esse deus demoníaco. Os sacerdotes deles muitas vezes gritavam alto e se cortavam até jorrar sangue.[2] Esse comportamento não agrada a Jesus, que veio não para destruir a vida dos homens, mas para salvá-los.[3] Esse tipo de comportamento não é próprio de seus seguidores.

Quanto aos graus ou medidas de jejum, temos exemplos de alguns que jejuaram vários dias. Moisés, Elias e Jesus foram dotados de força sobrenatural para esse propósito. É registrado que eles jejuaram sem interrupção por quarenta dias e quarenta noites.[4] Entretanto, o tempo do jejum mais frequentemente registrado nas Escrituras é de um dia, da manhã ao anoitecer. Esse era o jejum mais comumente observado pelos primeiros cristãos. Além deles, também havia os meio-jejuns, observados no quarto e no sexto dias da semana, o ano todo. Nesses dias, as pessoas não comiam até as 3 horas da tarde, hora em que retornavam do culto público na igreja.

Estreitamente relacionado ao jejum é o que a igreja moderna parece entender como abstinência. Esta é usada quando não se pode jejuar por completo em razão de enfermidade ou fraqueza física. Equivale a alimentar-se com pouco, abstendo-se parcialmente da comida, ou seja, ingerindo uma quantidade menor que a usual. Não parece haver exemplo bíblico disso. Entretanto, não se pode condenar a prática, já que as Escrituras não a condenam. Ela pode ter um uso para receber uma bênção de Deus.

O tipo mais inferior de jejum, se é que podemos assim chamá-lo, é a abstenção de alimentos agradáveis. Temos alguns casos desse tipo nas Escrituras. Daniel e

[2] 1Reis 18.28.

[3] Lucas 9.56.

[4] Deuteronômio 9.18; 1Reis 19.8; Mateus 4.2.

seus amigos fizeram isso. Eles não queriam contaminar-se com a porção de carne e vinho do rei. Pediram e obtiveram permissão para comer só vegetais e beber apenas água.[5] Uma imitação equivocada pode ter derivado do antigo costume de abstenção de carne e vinho durante esses períodos, como se fizessem parte do jejum e da abstinência. Esse mal-entendido pode ter surgido de outra suposição, de que, por serem esses os alimentos mais agradáveis, fosse adequado usar o que era menos agradável em tempos de aproximação solene de Deus.

Na igreja judaica havia alguns jejuns estabelecidos. Um era o jejum do sétimo mês, ordenado pelo próprio Deus. O jejum devia ser observado por todo o Israel sob a mais severa penalidade. Os judeus foram orientados a isso quando Deus falou por intermédio de Moisés. "O décimo dia deste sétimo mês é o Dia da Expiação [...] humilhem-se [...] quando se faz propiciação por vocês perante o SENHOR, o Deus de vocês. Quem não se humilhar nesse dia será eliminado do seu povo."[6] Posteriormente, alguns outros jejuns foram acrescidos a este. Em Zacarias, faz-se menção do jejum não só no sétimo, mas também no quarto, quinto e décimo meses.[7]

Na igreja cristã primitiva, também havia jejuns estabelecidos. Eram anuais e semanais. Um do tipo anual era realizado antes da Páscoa. Era observado durante quarenta e oito horas por alguns. Outros o estendiam por uma semana inteira. Muitos jejuavam por duas semanas. Os que se dedicavam a esses jejuns não consumiam alimentos até o anoitecer de cada dia.

Os jejuns do quarto e do sexto dias eram observados por cristãos de toda parte. Epifânio escreveu que era praticado em todo o mundo habitado.[8] Os jejuns anuais na igreja histórica são: os quarenta dias da Quaresma, os Têmporas nas quatro estações, os dias de Rogações e as Vigílias ou Vésperas de alguns festivais solenes; os semanais: todas as sextas-feiras do ano, exceto o Dia de Natal.

Além desses que são fixos em todas as nações cristãs, sempre houve jejuns ocasionais. São os jejuns marcados de tempos em tempos, quando circunstâncias

[5] Daniel 1.8,12.

[6] Levítico 23.27-29.

[7] Zacarias 8.19.

[8] Epifânio (c. 315-403) tornou-se arcebispo de Constância, capital de Chipre. Escreveu extensivamente contra várias heresias. Além disso, credita-se a ele a compilação de uma lista de 292 escrituras do Antigo Testamento que foram confirmadas e completadas pelos fatos da vida de Jesus conforme registrados nos Evangelhos.

e ocasiões específicas exigem essa prática. Assim, a Bíblia registra que, quando "os moabitas e os amonitas, com alguns dos meunitas, entraram em guerra contra Josafá [...]. Alarmado, Josafá decidiu consultar o SENHOR e proclamou um jejum em todo o reino de Judá".[9] Também, "no nono mês do quinto ano do reinado de Jeoaquim, filho de Josias, rei de Judá [quando estavam com medo do rei da Babilônia], foi proclamado um jejum perante o SENHOR para todo o povo de Jerusalém".[10] Na nossa época, muitos são cuidadosos em seus caminhos e desejam andar humildemente perto de Deus. Da mesma forma, encontrarão ocasiões frequentes para jejuns particulares. Assim, afligem a alma diante de Deus que está em secreto. É a esse tipo de jejum que se dão essas orientações e se faz referência principal e básica.

Passaremos a seguir a investigar a base, o motivo e os fins do jejum.

Homens sob fortes emoções na mente esquecem-se de comer. Afetados por alguma paixão forte, como dor ou medo, com frequência são tragados por ela. Nessas ocasiões, não se interessam pela comida. Nem chegam a consumir o que é necessário para sustentar o próprio corpo. Menos interesse têm em alguma variedade de delícias. São consumidos por pensamentos bem diferentes de comida. Assim, Saul podia dizer: "Estou muito angustiado. Os filisteus estão me atacando e Deus se afastou de mim". Registra-se depois que "ele tinha passado todo aquele dia e toda aquela noite sem comer".[11] Assim, os que se achavam no navio com Paulo durante a tempestade estavam "em vigília constante, sem nada comer", sem nenhuma refeição regular por quarenta dias.[12] O mesmo ocorreu com Davi e todos os homens que o acompanhavam. Eles ouviram que o povo havia fugido da batalha e que muitos tinham sido mortos. Haviam relatado que Saul e seu filho, Jônatas, também estavam mortos. Assim, eles "lamentaram, chorando e jejuando até o fim da tarde, por Saul e por seu filho Jônatas [...] e pelo povo de Israel".[13]

Muitas vezes aqueles cuja mente está profundamente envolvida ficam impacientes com qualquer interrupção. Eles abominam a necessidade de comer. Isso lhes distrai o pensamento do que merece sua maior atenção. Assim Saul, na ocasião já mencionada, não comeu até que seus servos o compelissem a fazê-lo.

9 2Crônicas 20.1-3.

10 Jeremias 36.9.

11 1Samuel 28.15,20.

12 Atos 27.33.

13 2Samuel 1.12.

Esta é, portanto, a base natural do jejum. Incluídos aqui estão os que sofrem grande aflição, sobrecarregados de pesar pelos seus pecados, e também os que vivem em grande apreensão pela presente ira de Deus. Esses, sem nenhuma regra e sem saber considerar se esta é ou não uma ordem de Deus, se esqueceriam de comer. Eles se absteriam não só da comida agradável, mas até da necessária. Seriam como Paulo, que, depois de ser levado a Damasco, "por três dias [...] esteve cego, não comeu nem bebeu".[14]

Quando se levantam as tempestades da vida, quando está pairando uma ameaça horrível, os que ficaram muito tempo longe de Deus detestam comer. O alimento é desagradável e irritante para eles, que ficariam impacientes por qualquer coisa que interrompesse o clamor incessante: "Senhor, salva-nos! Vamos morrer!".[15]

Isso é expresso de maneira incisiva pela Igreja anglicana na Homilia do Jejum. "Quando os homens sentem o fardo pesado do pecado, veem que a perdição é seu prêmio e contemplam com os olhos da mente o horror do inferno, eles tremem, estremecem, são tocados internamente por uma aflição no coração e não conseguem deixar de se acusar e abrir seu pesar ao Deus todo-poderoso, clamando a ele por misericórdia. Fazendo isso com seriedade, a mente deles fica tão ocupada [tomada], em parte pela dor e pelo pesar, em parte por um desejo sincero de ser libertado desse perigo do inferno e da perdição, que todo desejo de carne e bebida é colocado de lado, enquanto a repugnância de todas as coisas e de todos os prazeres terrenos toma seu lugar. Desse modo, preferem nada mais que chorar, lamentar e prantear com palavras e com comportamentos do corpo para se mostrarem cansados da vida."

Há ainda outro motivo ou base para jejuar. Muitos dos que temem a Deus estão bem cientes da frequência com que pecam contra ele. Incluído em seus pecados contra Deus está o abuso da comida e da bebida. Eles sabem que têm pecado por comer em excesso. Têm consciência de que o tempo todo vêm transgredindo as leis de Deus com respeito à temperança e à sobriedade. Sabem que têm sido indulgentes com os apetites sensuais, chegando até a prejudicar a saúde física. Essa indulgência lhes tem prejudicado a alma. Por seus atos, têm alimentado continuamente e aumentado aquela bobagem alegre, aquela inconsequência da mente,

[14] Atos 9.9.

[15] Mateus 8.25.

aquela leviandade de disposição, aquela desatenção festeira para com as coisas do mais profundo interesse espiritual. Eles continuam numa vertigem e num descuido de espírito que embotam as suas faculdades mais nobres, como também faria o excesso de álcool. Para remover esse efeito, portanto, removem a causa. Mantêm distância de todo excesso. Abstêm-se quanto possível daquilo que quase os precipitou na separação eterna de Deus. Com frequência refreiam-se por completo, sempre cuidando de serem frugais e controlados em todas as coisas.

Da mesma forma, eles se lembram de como os excessos aumentaram não só o descuido e a leviandade de espírito, mas igualmente os desejos fúteis e profanos. Com estes vieram as paixões impuras e vis. Não há dúvida de que experimentam essas coisas. Mesmo uma sensualidade refinada e regrada acaba por sensibilizar a alma ao fazê-la descer a um nível com as feras que perecem sem a vida eterna. Não há como expressar a influência que a variedade e a qualidade de alimentos têm sobre a mente, bem como sobre o corpo, despertando-os para todo prazer sensorial, assim que surge uma oportunidade. Portanto, só por esse motivo, cada homem sábio se refreará. Nessa questão ele refreia a alma e a mantém controlada. Ele a priva mais e mais de todas aquelas indulgências em apetites inferiores. Sabe que a tendência natural delas é prendê-la à terra, manchando-a e humilhando-a. Eis, então, outro motivo perpétuo para jejuar. É para remover o alimento da cobiça e da sensualidade. Seu propósito é retirar os incentivos dos desejos tolos e danosos, das paixões vis e vãs.

Não podemos omitir mais uma razão para jejuar destacada por outros bons homens. Entretanto, não se deve dar muita ênfase a ela. Isto é: alguns punem a si mesmos por terem abusado das boas dádivas de Deus. Essa autopunição consiste em às vezes privar-se dessas dádivas. É um tipo de santa vingança contra si mesmos, pela futilidade e pela ingratidão do passado. É uma autopunição por terem transformado algo que deveria ser para a saúde deles em uma ocasião para a própria queda. Davi tinha isso em mente quando disse: "Chorei e castiguei com jejum a minha alma".[16] Eles acreditam que Paulo queria dizer isso quando falou: "que vindita" a dor piedosa ocasionou nos coríntios.[17]

Um motivo ainda mais importante para jejuar é que essa prática traz um auxílio específico àquele que ora, especialmente quando separamos períodos maiores

[16] Salmos 69.10 (**Almeida Revista e Corrigida**).

[17] 2Coríntios 7.11 (**Almeida Revista e Atualizada**).

para orações particulares. Nessas horas, Deus com frequência se agrada em elevar a alma dos que se dedicam tanto, acima de todas as coisas na terra. É nessas ocasiões que às vezes ele os enaltece, por assim dizer, ao terceiro céu. O jejum é, principalmente, portanto, um auxílio à oração. Com frequência percebe-se ser um meio nas mãos de Deus para confirmar e aumentar a virtude e a castidade. Essa graça não se limita à virtude ou castidade somente, conforme imaginavam alguns, sem nenhuma base nas Escrituras, razão ou experiência. Também acrescenta seriedade de espírito, sinceridade, sensibilidade e mansidão de consciência. Aumenta a morte para o mundo e, por conseguinte, o amor a Deus e cada paixão celestial e santa.

Não se deve pressupor que existe alguma relação natural ou necessária entre o jejum e as bênçãos que Deus nos transmite. Ele tem misericórdia daqueles que resolveu favorecer. Transmitirá o que quer que lhe pareça bom, mediante quaisquer meios que desejar escolher. Em todas as eras, tem escolhido o jejum como meio de evitar sua ira. De tempos em tempos, por meio do jejum, obtemos sua bênção.

O jejum é um meio poderoso de evitar a ira de Deus. Podemos aprender isso com um exemplo notável de Acabe. Acabe vendeu-se às obras de perversidade como um escravo comprado com dinheiro. Mas rasgou suas vestes, vestiu panos de saco e jejuou. Depois disso, Deus disse a Elias: "Você notou como Acabe se humilhou diante de mim? Visto que se humilhou, não trarei essa desgraça durante o seu reinado, mas durante o reinado de seu filho".[18]

Para evitar a ira de Deus, Daniel buscou o Senhor com jejum, panos de saco e cinzas. Esse parece ser todo o assunto de sua oração. É particularmente evidente na conclusão. "Agora Senhor, [...] afasta [...] do teu santo monte, a tua ira e a tua indignação. [...] Ouve, nosso Deus, as orações e as súplicas do teu servo [...] olha com bondade para o teu santuário abandonado. [...] Senhor, ouve! Senhor, perdoa! Senhor, vê e age! Por amor de ti, meu Deus, não te demores, pois a tua cidade e o teu povo levam o teu nome".[19]

Não é só com o povo de Deus que aprendemos sobre o jejum. Com os pagãos aprendemos que a ira de Deus é removida daqueles que o buscam em jejum e oração. Quando Jonas declarou: "Daqui a quarenta dias Nínive será destruída", o povo de Nínive proclamou um jejum e vestiu panos de saco. Até o rei de Nínive se

[18] 1Reis 21.29.

[19] Daniel 9.16-19.

levantou do trono, deixou de lado o manto, cobriu-se de saco e sentou-se sobre cinzas. Ele proclamou um jejum por toda a Nínive e publicou um decreto: "Não é permitido a nenhum homem ou animal, bois ou ovelhas, provar coisa alguma; não comam nem bebam!". Não que os animais tivessem pecado ou pudessem arrepender-se. Pensava-se que, pelo exemplo deles, todos os homens seriam advertidos de que, por causa do pecado deles, a ira de Deus pairava sobre todas as criaturas. O rei julgou que Deus talvez afastasse sua ira para que não perecessem. O esforço do povo não foi vão. A ira feroz de Deus foi afastada. "Tendo em vista o que eles fizeram [...] Deus se arrependeu e não os destruiu como tinha ameaçado."[20]

O jejum não é usado para apenas afastar a ira de Deus. É também um meio de obter quaisquer bênçãos de que necessitamos. Quando outras tribos foram destruídas diante dos benjaminitas, todo o Israel subiu ao templo e clamou e jejuou até o anoitecer. Então o Senhor disse: "Vão, pois amanhã eu os entregarei nas suas mãos".[21] Em outra ocasião, Samuel reuniu todo o Israel. Eles estavam sob domínio dos filisteus. Jejuaram naquele dia perante o Senhor. Quando os filisteus se aproximaram para a batalha, o Senhor trovejou sobre eles com um grande estrondo. Aturdidos, os filisteus foram destruídos diante de Israel.[22] Em ainda outra ocasião, Esdras proclamou um jejum próximo ao rio Aava. O propósito era buscar a Deus e sua direção. O Senhor foi invocado por todos.[23] Neemias jejuou e orou diante do Deus do céu. Ele pediu: "Faze com que hoje este teu servo seja bem-sucedido, concedendo-lhe a benevolência deste homem".[24] Deus lhe concedeu misericórdia diante do rei.

Assim também, os apóstolos sempre juntavam o jejum à oração quando desejavam a bênção de Deus em alguma questão importante. Lemos, por exemplo: "Na igreja de Antioquia havia profetas e mestres [...] Enquanto adoravam o Senhor e jejuavam, disse o Espírito Santo: 'Separem-me Barnabé e Saulo para a obra a que os tenho chamado'. Assim, depois de jejuar e orar, impuseram-lhes as mãos e os enviaram".[25]

Também se registra que tanto Paulo quanto Barnabé jejuavam. O relato é que, quando eles "voltaram para Listra, Icônio e Antioquia, fortalecendo os

20 Jonas 3.4ss.
21 Juízes 20.26ss.
22 1Samuel 7.10.
23 Esdras 8.21.
24 Neemias 1.4-11.
25 Atos 13.1-3.

discípulos [...], designaram-lhes presbíteros em cada igreja; tendo orado e jejuado, eles os encomendaram ao Senhor, em quem haviam confiado".[26]

Jesus ensinou expressamente que era possível obter com o jejum bênçãos de outro modo inatingíveis. Acerca de um demônio persistente, os discípulos perguntaram: " 'Por que não conseguimos expulsá-lo?' Ele respondeu: 'Porque a fé que vocês têm é pequena. Eu lhes asseguro que se vocês tiverem fé do tamanho de um grão de mostarda, poderão dizer a este monte: Vá daqui para lá', e ele irá. Nada lhes será impossível. Mas esta espécie só sai pela oração e pelo jejum' ".[27] Portanto, vemos os meios indicados para obter aquela fé pela qual os próprios demônios se sujeitam a nós, e essa vem pela oração e pelo jejum.

Assim, o jejum tem sido, de tempos em tempos, ensinado por Deus mediante revelações claras e diretas de sua vontade. Compreendemos a necessidade do jejum não apenas à luz da razão ou da consciência natural. Vemos que o povo de Deus tem sido, em todos os estágios, direcionado a jejuar para fins espirituais. O exemplo notável disso é o do profeta Joel. Sua profecia foi uma instrução direta de Deus ordenando o jejum. " 'Agora, porém', declara o SENHOR, 'voltem-se para mim de todo o coração, com jejum, lamento e pranto'. [...] Talvez ele volte atrás, arrependa-se, e ao passar deixe uma bênção [...]. Toquem a trombeta em Sião, decretem jejum santo, convoquem uma assembleia sagrada. [...] Então o SENHOR mostrou zelo por sua terra e teve piedade do seu povo. [...] 'Estou lhes enviando trigo, vinho novo e azeite [...] nunca mais farei de vocês objeto de zombaria para as nações'."[28]

Não são apenas bênçãos espirituais que Deus orienta seu povo a esperar do jejum. Ele promete até mais aos que o buscarem com jejum, lamento e pranto. Ao falar por intermédio de Joel, declarou: "Vou compensá-los pelos anos de colheitas que os gafanhotos destruíram: o gafanhoto peregrino, o gafanhoto devastador, o gafanhoto devorador e o gafanhoto cortador". E acrescentou: "Vocês comerão até ficarem satisfeitos, e louvarão o nome do SENHOR, o seu Deus. [...] Então vocês saberão que eu estou no meio de Israel. Eu sou o SENHOR, o seu Deus". Segue-se imediatamente a grande promessa do evangelho: "derramarei do meu Espírito sobre todos os povos. Os seus filhos e as suas filhas profetizarão, os velhos terão

[26] Atos 14.21-23.

[27] Mateus 17.19ss.

[28] Joel 2.12-19.

sonhos, os jovens terão visões. Até sobre os servos e as servas derramarei do meu Espírito naqueles dias".[29]

Vimos os motivos bíblicos empregados para alertar aqueles dos tempos antigos a serem zelosos e constantes atentando para a obrigação do jejum. Esses motivos são de igual força para nos alertar nos tempos atuais. De todos esses motivos, temos um peculiar em favor do jejum frequente. Ou seja: Jesus assim ordenou. Neste trecho de seu sermão, ele não exigiu expressamente nem o jejum, nem as esmolas, nem a oração. Suas orientações mostram como jejuar, orar e dar esmolas. Entretanto, essas orientações nos tocam com a mesma força das imposições. Ao nos ordenar que façamos algo de certo modo, Jesus inquestionavelmente requer que façamos esse algo. É impossível realizar algo de determinada maneira, se esse algo não é realizado. Por conseguinte, quando Jesus nos orienta a dar esmolas, a jejuar e a orar de tal e tal maneira, essas são ordens claras para realizarmos tais tarefas. Somos ordenados a cumpri-las e a fazer isso da maneira prescrita a fim de não perder nossa recompensa.

Há ainda outro motivo e incentivo para a realização do jejum. É uma promessa que Jesus anexou ao uso do jejum. "Teu Pai, que vê em secreto, te recompensará publicamente."

Aqui estão os verdadeiros fundamentos, motivos e fins do jejum. Aqui está nosso incentivo para perseverar nele. Precisamos praticá-lo, apesar das abundantes objeções que os homens, julgando-se mais sábios que Jesus, têm levantado continuamente contra ele.

Vamos agora considerar as objeções ao jejum. Podemos agora analisar as mais plausíveis delas. Primeiro, diz-se com frequência: "Que o cristão jejue do pecado, não de alimentos. É isso o que Deus requer dele". De fato. Entretanto, Deus também requer jejuns. Assim, é preciso abster-se do pecado, mas o jejum não deve ser negligenciado. Poucos atentam para esse argumento em toda a sua dimensão. Quando você o fizer, perceberá facilmente sua força. A alegação é de que, se um cristão deve abster-se do pecado, então não precisa abster-se de comida. Que o cristão deve abster-se do pecado é mais que verdade. Como daí se segue que ele não deve abster-se de comida? Que faça ambos: um e outro. Pela graça de Deus, que sempre se abstenha do pecado. Depois, que se abstenha de alimentos, por aqueles

[29] Joel 2.25ss.

motivos e propósitos que a experiência e as Escrituras mostram claramente serem atendidos pelo jejum.

Outros fazem uma objeção diferente. "Mas não é melhor abster-se do orgulho e da vaidade, dos desejos tolos e danosos, da irritação, da ira e do descontentamento do que de alimentos?" Sem dúvida, sim. Aqui, de novo, precisamos lembrar-nos das próprias palavras de Jesus. "Vocês devem praticar estas coisas, sem omitir aquelas." Aliás, o jejum é realizado para alcançarmos um estado de impecabilidade. É um meio para esse grande fim. Nós nos abstemos da comida com essa perspectiva. Buscamos ter a graça de Deus transmitida a nossa alma mediante esse recurso exterior. Ele é realizado em conjunto com todos os outros canais de graça ordenados por Deus. Oramos e jejuamos para que mediante sua graça sejamos capacitados a nos abster de cada paixão e disposição que não agrade a seus olhos. Nós nos privamos da comida para que, imbuídos do poder de Deus, sejamos capazes de nos privar do pecado. Assim, esse argumento prova exatamente o contrário do que se pode imaginar. Ele prova que precisamos jejuar. Pois, se devemos abster-nos de disposições e desejos maus, então precisamos abster-nos de comida. Esses pequenos exercícios de abnegação são o meio que Deus escolheu para nos conceder essa grande salvação.

Há ainda uma terceira objeção ao jejum. É uma objeção relacionada à experiência pessoal. Alguns dizem: "Não percebemos isso na nossa experiência. Temos jejuado muito e com frequência. De que valeu? Não melhoramos em nada. Não encontramos nenhuma bênção nisso. Pelo contrário, percebemos mais obstáculos que auxílio. Em vez de prevenir a ira, por exemplo, ou a irritação, o jejum tem resultado em tal aumento dessas emoções que não conseguimos suportar nem a nós mesmos nem aos outros". É bem possível que seja assim. É possível ou jejuar ou orar de tal maneira que torne uma pessoa pior do que antes. Alguns meios de fazer essas coisas podem tornar você mais infeliz e menos santo. Mas a falha não está no meio em si. Está na maneira de usar o meio. Use o meio, mas mude a maneira de usá-lo. Faça o que Deus manda, como ele manda. Se você fizer isso, sem dúvida, suas promessas não falharão. Então suas bênçãos já não serão retidas. Quando você jejua em secreto, "seu Pai, que vê em secreto, o recompensará" publicamente.

A quarta objeção é que o jejum é mera superstição. Alguns dizem: "Mas não é superstição imaginar que Deus considera essas mínimas coisas?". Se você diz isso, condena gerações de filhos de Deus. Você diria que aqueles que vieram antes de você eram todos homens fracos e supersticiosos? Seria tão insolente a ponto de afirmar isso a respeito de Moisés, Josué, Samuel, Davi, Josafá, Esdras, Neemias e todos os profetas? Você acusaria até Jesus? É certo que Jesus e todos os seus servos acreditavam que o jejum não era insignificante. Jesus o tinha em alta conta. É evidente que os apóstolos passaram a ter a mesma opinião depois que foram cheios do Espírito Santo e de toda sabedoria. Quando receberam a unção de Deus, ensinando-lhes todas as coisas, eles ainda comprovavam serem ministros de Deus por meio do jejum. Eles o faziam jejuando, bem como vestindo a armadura da justiça nas mãos direita e esquerda. Não tentavam nada para a glória de Deus sem um jejum solene e oração.

A quinta objeção está relacionada com o modo de jejuar. Alguns perguntam: "Mas se o jejum é tão importante e está sempre relacionado a bênçãos, não é melhor jejuar o tempo todo? Por que só jejuar de vez em quando? Por que não manter um jejum contínuo? Por que não usar de abstinência tantas vezes quantas nosso corpo aguentar?". Não se deixe abalar por este argumento. Por todos os meios, exercite a abnegação o máximo de vezes que seu corpo aguentar. Use todos os meios para ingerir a menor quantidade de alimentos e a comida mais simples que conseguir. Pela bênção de Deus, isso pode levar a alguns dos grandes fins já mencionados. Pode ser de considerável ajuda não só para a castidade, mas também para a mentalidade celestial. Pode levar você a se desapegar das coisas terrenas, ao mesmo tempo que o direciona para as coisas celestiais. Mas esse não é o jejum bíblico. Isso nunca é chamado de jejum em toda a Bíblia. De certa forma, cumpre alguns dos fins do jejum. Entretanto, ainda é diferente. Pratique-o se quiser. Mas não creia que foi ordenado por Deus como um meio de evitar seu julgamento e obter suas bênçãos.

Use continuamente o máximo de abstinência que quiser. A abstinência, nesse sentido, não é mais que a temperança cristã. Essa abstinência jamais deve interferir em sua observância dos períodos solenes de jejum e oração. Por exemplo, sua abstinência habitual, ou temperança, não deve impedir o jejum em segredo. Se você for subitamente devastado por grande dor, remorso, medo terrível ou desânimo, cabe um jejum. Essa condição mental quase exigiria de você um jejum. Você rejeitaria naturalmente o seu alimento diário. Você mal conseguiria ingerir aquilo de que o seu corpo necessita. Você não desejaria comer até a graça de Deus o tirar do fundo do poço, colocar seus pés sobre a rocha da salvação e mostrar a você nova direção. O mesmo ocorreria se você estivesse desesperadamente desejoso, lutando intensamente pela bênção divina. Você não precisaria de ordens para jejuar. Jejuaria voluntariamente até obter o que estaria pedindo a Deus.

Se você estivesse em Nínive, sua temperança ou abstinência não o teria excluído do jejum nacional. Você estaria tão preocupado quanto qualquer outro em não provar nenhuma comida naquele dia. Nenhuma abstinência nem a observância de um jejum contínuo isentariam qualquer israelita do jejum no Dia da Expiação. Não há exceções ao decreto solene.

Por fim, se você estivesse em Antioquia por ocasião do envio de Barnabé e Saulo, participaria do jejum da igreja em favor desses missionários. Não haveria possibilidade de imaginar que aquela temperança ou abstinência seria causa suficiente para você não participar daquele jejum. Caso não participasse, você sem dúvida logo seria excluído da comunidade cristã. Seria retirado do meio deles por ter levado confusão à igreja de Deus.

Agora precisamos examinar a maneira pela qual devemos jejuar. Precisamos de um modo que torne o jejum aceitável ao Senhor. Primeiro, deve ser feito para o Senhor. Nossos olhos devem estar fixados somente nele. Nossa intenção deve ser essa, e somente essa. O propósito é glorificar o nosso Pai que está no céu. É expressar nossa dor e vergonha por nossas muitas transgressões de sua santa lei. É esperar um aumento de sua graça purificadora a fim de intensificar o nosso amor pelas coisas celestiais. É acrescentar seriedade e sinceridade a nossas orações. É evitar a ira de Deus. É ajudar-nos a obter todas as grandes e preciosas promessas que ele nos fez mediante Jesus.

Cuidemos de não zombar de Deus. Precisamos estar atentos para não transformar o nosso jejum ou as nossas orações numa abominação para ele. Misturá-los com qualquer objetivo secular, especialmente a busca do louvor humano, é manchar a intenção santa. Jesus nos alerta particularmente sobre isso nas palavras do texto em análise. "Quando jejuarem, não mostrem uma aparência triste como os hipócritas, pois eles mudam a aparência do rosto a fim de que os outros vejam que eles estão jejuando. Eu lhes digo verdadeiramente que eles já receberam sua plena recompensa. Ao jejuar, arrume o cabelo e lave o rosto, para que não pareça aos outros que você está jejuando, mas apenas a seu Pai, que vê em secreto. E seu Pai, que vê em secreto, o recompensará." Muitos dos fariseus, chamados de povo de Deus, deformavam a fisionomia com expressões afetadas de amargura e dor. Não só usavam distorções artificiais, como também se cobriam de pó e cinzas. O propósito principal, se não o único, dos fariseus era apenas o reconhecimento e o louvor dos homens. Durante o jejum, devemos agir como em qualquer outra ocasião. A admiração dos outros não deve ser objeto da nossa atenção. Se descobrirem acidentalmente o nosso jejum, não importa. Você não será melhor nem pior por ter sido descoberto. Deve sempre lembrar-se de que é Deus no céu quem se impressionará com seu jejum, não os homens na terra.

Mesmo que só desejemos o reconhecimento de Deus no jejum, precisamos cuidar da segunda tentação. Não podemos cair na armadilha de imaginar que merecemos algo de Deus por jejuar. Nunca é demais sermos alertados disso, tal o desejo de estabelecer a nossa própria justiça por meio das obras. Seria uma tentativa de obter a salvação por mérito, não pela graça. Essa tentação está profundamente arraigada em nosso coração. O jejum é só um meio orientado por Deus pelo qual esperamos sua misericórdia imerecida. É um lugar de espera. A misericórdia que recebemos é sem merecimento da nossa parte. Deus prometeu dar-nos sua bênção gratuitamente.

Não devemos imaginar que a simples execução de um ato exterior provocará alguma bênção de Deus. "Seria este o jejum que escolhi, que o homem um dia aflija a sua alma, incline a sua cabeça como o junco e estenda debaixo de si pano de saco e cinza?"[30] Será que esses atos exteriores, ainda que realizados da maneira mais estrita, não passam apenas de um homem "afligindo a sua alma"? Decerto que não. Se fosse apenas um serviço exterior a Deus, não passaria de esforço perdido. Essa atuação pode talvez afligir o corpo. Quanto à alma, não tem nenhum proveito.

É possível afligir exageradamente o corpo por meio do jejum. Podemos tornar-nos inaptos para as tarefas usuais do nosso chamado. Devemos guardar-nos disso com toda a diligência. Precisamos preservar nossa saúde como uma boa dádiva de Deus; portanto, devemos tomar cuidado sempre que jejuamos. Precisamos adequar o jejum a nossa força. Assim como não devemos oferecer a Deus assassinato por sacrifício, não devemos destruir o nosso corpo para salvar a nossa alma. Mesmo que tenhamos uma fraqueza no corpo, podemos evitar o extremo e jejuar. Se não pudermos abster-nos totalmente de comida, que nos privemos de alimentos agradáveis. Então não buscaremos a face de Deus em vão. "No dia do seu jejum vocês fazem o que é do agrado de vocês."[31]

30 Isaías 58.5 (**Almeida Revista e Atualizada**).

31 Isaías 58.3.

Vamos cuidar de afligir a nossa alma, bem como o nosso corpo. Que cada período de jejum seja uma ocasião de exercer os sentimentos santos envolvidos num coração quebrantado e contrito. Que seja um tempo de lamento devotado e pesar devoto por causa do pecado. Que haja um sofrimento como o dos coríntios. A respeito deles Paulo disse: "Agora, porém, me alegro, não porque vocês foram entristecidos, mas porque a tristeza os levou ao arrependimento. Pois vocês se entristeceram como Deus desejava, e de forma alguma foram prejudicados por nossa causa. A tristeza segundo Deus não produz remorso, mas sim um arrependimento que leva à salvação".[32] Essa tristeza está de acordo com Deus, uma dádiva preciosa do Espírito Santo. Eleva a alma àquele de quem ela flui. Devemos permitir que a nossa tristeza de tal natureza devota produza em nós o mesmo arrependimento interior e exterior. Ela deve causar toda uma mudança de coração, renovado à imagem de Deus, em justiça e verdadeira santidade. Também conclama a uma mudança de vida, até sermos santos como Deus é santo, em nosso modo de conversar e pensar. Deve produzir em nós o mesmo cuidado que se encontra em Deus. Devemos ser sem mancha nem defeito. É a purificação pela nossa vida, não por nossas palavras, por nossa abstinência de toda aparência do mal. Isso nos dá a mesma indignação e repulsa veemente a todo pecado. Produz em nós o mesmo medo do nosso coração enganoso. Produz o desejo de sermos em todas as coisas conformados à santa e agradável vontade de Deus. Provê o zelo por qualquer coisa que possa ser um meio de sua glória em crescermos no conhecimento de Jesus. E dá a vingança contra Satanás e todas suas obras, bem como contra toda podridão tanto da carne quanto do espírito.

Devemos sempre juntar a oração fervorosa ao nosso jejum. Devemos derramar toda a nossa alma, confessando os nossos pecados com todos os seus agravantes. Devemos humilhar-nos sob sua mão poderosa, confessando a ele todas as nossas necessidades, toda a nossa culpa e o nosso estado desesperador. Esse é um tempo para intensificar as nossas orações, em favor de nós mesmos e dos nossos irmãos. É um tempo para lamentar os pecados de todo o povo, para clamar pela igreja que Deus pode edificar e abençoar. Reconheçamos, assim, que os homens de Deus em tempos antigos sempre juntaram a oração e o jejum. Isso também ocorreu com os apóstolos em todos os casos citados anteriormente. Jesus mesmo os uniu nesse entendimento no discurso que está diante de nós.

32 2Coríntios 7.9ss.

Para observar um jejum que seja aceitável ao Senhor, só nos falta acrescentar as nossas esmolas. Obras de misericórdia, de acordo com a nossa capacidade, tanto ao corpo como à alma dos homens, muito agradam a Deus. Assim o anjo declarou a Cornélio que estava orando e jejuando em casa: "Suas orações e esmolas subiram como oferta memorial diante de Deus".[33]

Deus mesmo declarou expressamente:

> "O jejum que desejo não é este:
>   soltar as correntes da injustiça,
>   desatar as cordas do jugo,
>   pôr em liberdade os oprimidos
>   e romper todo jugo?
> Não é partilhar sua comida
>   com o faminto,
>   abrigar o pobre desamparado,
>   vestir o nu que você encontrou,
>   e não recusar ajuda ao próximo?
> Aí sim, a sua luz irromperá
>   como a alvorada,
> e prontamente surgirá a sua cura;
> a sua retidão irá adiante de você,
> e a glória do Senhor estará
>   na sua retaguarda.
> Aí sim, você clamará ao Senhor,
>   e ele responderá;
> você gritará por socorro, e ele dirá:
>   Aqui estou. [...]
> se com renúncia própria
> você beneficiar os famintos
>   e satisfizer o anseio dos aflitos,
> então a sua luz despontará nas trevas,
>   e a sua noite será como o meio-dia.
> O Senhor o guiará constantemente;
> satisfará os seus desejos
>   numa terra ressequida pelo sol

[33] Atos 10.4ss.

e fortalecerá os seus ossos.
Você será como um jardim bem regado,
como uma fonte cujas águas
nunca faltam".[34]

[34] Isaías 58.6ss.

CAPÍTULO 10

INTENÇÕES PURAS[1]

"Não acumulem para vocês tesouros na terra, onde a traça e a ferrugem destroem, e onde os ladrões arrombam e furtam. Mas acumulem para vocês tesouros no céu, onde a traça e a ferrugem não destroem, e onde os ladrões não arrombam nem furtam. Pois onde estiver o seu tesouro, aí também estará o seu coração. Os olhos são a candeia do corpo. Se os seus olhos forem bons, todo o seu corpo será cheio de luz. Mas se os seus olhos forem maus, todo o seu corpo será cheio de trevas. Portanto, se a luz que está dentro de você são trevas, que tremendas trevas são!" (Mateus 6.19-23)

Neste texto, Jesus passa a nomear os atos comuns da vida. Ele mostra que a mesma pureza de intenções é tão indispensável nos nossos negócios ordinários como nos nossos atos religiosos.

Sem dúvida, a mesma pureza de intenções que tornam os nossos atos religiosos aceitáveis devem também tornar o nosso trabalho secular ou emprego uma oferta adequada a Deus. O homem pode esforçar-se em seu negócio a ponto de ganhar importância aos olhos do mundo. Contudo, se não estiver mais servindo a Deus em seu emprego, não tem direito a nenhuma recompensa divina. É o mesmo caso daquele que dá esmolas para ser visto ou que ora para ser ouvido pelos homens. Intenções vãs e terrenas não são permitidas no nosso trabalho, assim como não são nas esmolas e na devoção. Essas más intenções misturam-se a nossas boas obras

[1] WESLEY. Sobre o sermão de nosso Senhor no monte, Discurso VIII. **Quarenta e quatro sermões**, Sermão XXIII.

e atos religiosos. Elas têm a mesma natureza perversa quando entram nas nossas práticas de trabalho. Se fosse permitido insistir nessas intenções no nosso trabalho terreno, seria permitido insistir nelas na nossa vida religiosa também. Portanto, assim como nossas orações e dons não são um culto aceitável a Deus quando procedem de intenções impuras, também o nosso trabalho secular não pode ser um culto a Deus, a menos que seja realizado com a mesma devoção no coração.

Jesus declarou isso da maneira mais enérgica. Em palavras fortes e abrangentes, ele explicou, reforçou e tratou essa questão ao longo de todo o capítulo diante de nós. "Os olhos são a candeia do corpo. Se os seus olhos forem bons, todo o seu corpo será cheio de luz. Mas se os seus olhos forem maus, todo o seu corpo será cheio de trevas." Os olhos representam a intenção. A intenção está para a alma como os olhos estão para o corpo. Assim como os olhos dirigem todos os movimentos do corpo, as intenções guiam os movimentos da alma. Dizemos, então, que esses olhos da alma são bons quando olham para um único objeto. Quando não temos nenhum outro propósito, senão conhecer a Deus e a Jesus, a quem ele enviou — conhecê-lo com emoções adequadas —, temos olhos bons. Intenção pura é amar a Deus como ele nos amou. É agradar a Deus em todas as coisas. É servir-lhe da mesma maneira que o amamos, com todo o nosso coração, com toda a nossa mente, alma e força. É desfrutar Deus em todas as coisas e acima de todas as coisas, no tempo e na eternidade.

"Se os seus olhos forem bons", fixados dessa forma em Deus, "todo o seu corpo será cheio de luz." O corpo todo — tudo o que é guiado pela intenção, como o corpo é guiado pelos olhos. Tudo o que você é, tudo o que faz, todos os seus desejos, disposições e paixões; todos os seus pensamentos, palavras e ações. Isso tudo "será cheio de luz", cheio de conhecimento verdadeiro e divino. Essa é a primeira coisa que podemos compreender por luz. "Graças à tua luz, vemos a luz."[2] "Deus, que disse: 'Das trevas resplandeça a luz', ele mesmo brilhou em nossos corações."[3] Ele iluminará os olhos do nosso entendimento com o conhecimento de Deus. Seu Espírito Santo nos revelará as profundezas de Deus. A inspiração do Espírito Santo nos dará entendimento e nos fará conhecer a sabedoria. A unção que recebemos dele "fará morada em você e lhe ensinará todas as coisas".[4]

2 Salmos 36.9.

3 2Coríntios 4.6.

4 Cf. João 14.16-26.

Como a nossa experiência confirma isso! Podemos perder essa luz mesmo depois que Deus abriu os olhos do nosso entendimento. Se buscamos ou desejamos qualquer outra coisa que não seja Deus, o nosso coração insensato rapidamente volta a escurecer. Então nuvens voltam a pousar sobre a nossa alma. Dúvidas e medos nos assombram novamente. Somos jogados de um lado para o outro e não sabemos o que fazer. Não sabemos qual rumo seguir. Mas, quando nada mais desejamos senão Deus, nuvens e dúvidas se apagam. Nós, que estávamos em trevas, entramos na luz do Senhor. A noite agora brilha como dia. Encontramos "a vereda do justo", que é "como a luz da aurora".[5] Deus nos mostra quais veredas devemos seguir. Ele aplaina o caminho diante de nós.

A segunda coisa que podemos compreender como luz é a santidade. Enquanto buscar a Deus em todas as coisas, você o encontrará em todas as coisas. A fonte da sua santidade preencherá você continuamente com a semelhança, a justiça, a misericórdia e a verdade divinas. Se você olhar para Jesus e somente para ele, será preenchido com a mente que ele tinha. A sua alma será renovada dia após dia, à imagem daquele que a criou. Se os olhos da sua mente não se afastarem de Deus, se você persistir, como se visse "aquele que é invisível", e nada mais enxergar no céu ou na terra, então, contemplando a glória do Senhor, você será transformado "com glória cada vez maior, a qual vem do Senhor, que é o Espírito".[6]

É uma questão de experiência diária que pela graça somos salvos por meio da fé.[7] É pela fé que os olhos da mente são abertos. Pela fé, vemos a luz do amor glorioso de Deus. Enquanto os nossos olhos estiverem firmemente fixados em Deus conforme revelado em Jesus, reconciliando consigo o mundo, somos cada vez mais cheios com o amor divino e humano. Aumentamos a nossa submissão, bondade, paciência e todos os frutos da santidade. Eles nos são dados pela revelação que está em Jesus, para a glória de Deus Pai.

Terceiro, a luz que preenche aquele que tem olhos puros significa felicidade, bem como santidade. Decerto, "a luz é agradável, é bom ver o sol".[8] Muito mais agradável é ver o sol da justiça brilhando continuamente sobre a alma. E, se há alguma consolação em Jesus, algum conforto de amor, alguma paz que sobrepuja todo

[5] Provérbios 4.18.

[6] 2Coríntios 3.18.

[7] Efésios 2.8.

[8] Eclesiastes 11.7.

entendimento, alguma alegria na esperança da glória de Deus, tudo isso pertence àquele cujos olhos são bons. Assim, todo o seu corpo é cheio de luz. Ele anda na luz, da mesma maneira que Deus anda na luz. Ele se alegra ainda mais, orando sem cessar e dando graças em tudo. Ele se alegra, qualquer que seja a vontade de Deus, de acordo com o que lhe é revelado por meio de Jesus.

"Mas se os seus olhos forem maus, todo o seu corpo será cheio de trevas." "Se os seus olhos forem maus." Vemos que não há meio-termo entre os olhos bons e os olhos maus. Se o olho não é bom, então é mau. As nossas intenções, em tudo o que fazemos, devem ser unicamente para Deus. Se buscarmos qualquer outra coisa, isso significa que a nossa mente e a nossa consciência estão corrompidas.

Os nossos olhos, portanto, são maus se o nosso alvo está em alguma coisa que não é Deus. Se temos algum outro objetivo diferente de conhecer e amar a Deus, nossas intenções são más. Precisamos buscar unicamente servir-lhe e agradá-lo em todas as coisas. Devemos ter um único propósito: desfrutar de Deus e ser felizes nele tanto agora como na eternidade.

Se os seus olhos não estiverem fixados unicamente em Deus, "todo o seu corpo será cheio de trevas". O véu permanecerá no seu coração. A sua mente estará cada vez mais cegada pelo deus deste mundo. Satanás procura impedir que a luz do evangelho glorioso de Cristo brilhe sobre você. Você ficará então cheio de ignorância e erro a respeito das coisas de Deus. Sem essa luz, você é incapaz de discerni-las. E, mesmo que tenha algum desejo de servir a Deus, estará repleto de incertezas quanto à maneira de fazê-lo. Você deparará com dúvidas e dificuldades por todos os lados, e será incapaz de encontrar alguma forma de escapar disso.

Se você busca alguma das coisas terrenas, os seus olhos não são puros. Você estará então cheio de impiedades e injustiças. Os seus desejos, as suas disposições e as suas paixões estarão, todos, fora de curso. Eles se tornarão escuros, vis e vãos. Sua conversa será má, tanto quanto seu coração. Não será temperada com sal, nem será capaz de ministrar graça aos ouvintes. Você será então ocioso, inútil, corrupto e miserável para o Espírito Santo.

Então a destruição e a infelicidade estarão em seu caminho. Você terá perdido o caminho da paz. Não há paz, nenhuma paz estabelecida, para os que não conhecem Deus. Não há nenhum contentamento verdadeiro ou duradouro para alguém que não o busca de todo o coração. Enquanto você tiver por alvo as coisas que perecem, tudo o que vem é vaidade. Não é só vaidade, mas também aflição de espírito.

Tanto a busca como o gozo das coisas mundanas são vaidade. Você realmente anda em trevas vazias e em vão se aflige. Anda em trevas que podem ser tocadas. Dorme e dorme, mas não recebe descanso. Os sonhos da vida podem causar dor, e você sabe que não podem dar paz. Não há descanso neste mundo ou no mundo por vir. O descanso está só em Deus, o centro do nosso espírito.

"Se a luz que está dentro de você são trevas, que tremendas trevas são!" A boa intenção iluminará a alma toda. Ela a encherá de conhecimento, amor e paz. E a encherá desde que seja boa, desde que só almeje Deus. As trevas estão em almejar qualquer coisa diferente de Deus. Essas intenções, por conseguinte, cobrem a alma com trevas, em lugar da luz. Elas produzem ignorância, erro, pecado e sofrimento. Ah, como são grandes essas trevas. É a própria fumaça que sobe do abismo. É a noite essencial que reina nas profundezas mais distantes, na terra da sombra da morte.

Assim, "não acumulem para vocês tesouros na terra, onde a traça e a ferrugem destroem, e onde os ladrões arrombam e furtam". Se o fizerem, fica claro que seus olhos são maus. Não estão fixados somente em Deus.

Será que os cristãos observam este mandamento que professam ter recebido de Deus por meio de Jesus? De modo algum. Não, em nenhum grau. Como se essa ordem jamais lhes tivesse sido dada. Mesmo os bons cristãos, conforme são denominados pelos outros e por si mesmos, não prestam a mínima atenção nele. Talvez ainda esteja escondido em seu original grego, pois não tomam nenhum conhecimento dele. Em qual cidade cristã se encontra um homem entre 500 que tenha a mínima preocupação em acumular toda riqueza que consegue? Onde está aquele que não aumentará os bens no máximo da própria capacidade? Há, é verdade, os que não farão isso injustamente. Muitos não roubarão nem furtarão. Alguns não enriquecerão com a ignorância ou a necessidade do próximo. Mas o ponto é outro. Mesmo esses não fazem objeções ao ato, somente à maneira de fazê-lo. Só se opõem ao acúmulo desonesto. Não ficam alarmados por desobedecerem a Jesus, mas apenas pela violação da moralidade pagã. Assim, até os homens honestos não são mais obedientes a esse mandamento que um ladrão de estrada ou um arrombador. Aliás, eles nunca planejaram obedecer. Desde a juventude, isso nunca lhes passou pela cabeça. Foram criados pelos pais, mestres e amigos cristãos sem nenhuma instrução a esse respeito. Se receberam alguma instrução, foi esta: quebrar o mandamento assim que conseguissem, e continuar quebrando até o fim da vida. Não há casos de enfado com o mundo, o que é mais assombroso ainda. A maioria lê ou ouve a Bíblia com frequência. A maioria lê ou ouve essas palavras centenas de vezes, sem jamais suspeitar que são condenados por elas. Ah, que Deus fale com sua voz poderosa a esses que enganam a si mesmos. Que os desperte dessa armadilha do Diabo e permita que as escamas caiam de seus olhos.

Você talvez questione o que significa acumular tesouros na terra. É necessário examinar esse ponto em detalhes. Primeiro, veremos o que não é proibido nesse mandamento. Então poderemos descobrir claramente o que ele proíbe.

Não somos proibidos de prover coisas honestas aos olhos dos homens. Não somos proibidos de obter fundos com que pagar quando nossos débitos justos nos são cobrados. Longe disso. Deus nos ensina a não devermos nada a ninguém.[9] Isso nada mais é do que uma lei simples de justiça comum. Jesus não veio para destruir, mas para cumprir a lei da justiça. Segundo, Jesus não nos proíbe de prover aquilo que é necessário para o nosso corpo. Precisamos de alimento básico, completo e suficiente. Precisamos de roupas limpas para vestir. É nossa obrigação prover essas coisas e não sermos um peso para ninguém.

Não somos proibidos de prover para a nossa família. Isso também é nossa obrigação. Até os princípios de moralidade pagã exigem isso. Cada homem deve prover as necessidades básicas da vida para toda a família. Com seu exemplo, ensina aos seus como obter provisão. Assim, quando morre e se vai, eles serão capazes de prover para si mesmos.

Falo aqui das necessidades básicas da vida. Não me refiro a iguarias ou excessos. Não é obrigação do homem esforçar-se diligentemente para fornecê-los à família, muito menos a si próprio. Ninguém tem direito aos meios do luxo ou do ócio. Mas, se alguém não provê para os próprios filhos, praticamente nega a fé e é pior que o infiel ou pagão.[10]

Por fim, Jesus não nos proíbe de acumular o necessário para tocar nossos negócios seculares. Podemos, de tempos em tempos, juntar o dinheiro necessário para administrar nosso negócio na medida e no grau necessários. Ao fazê-lo, os propósitos precedentes devem ser cumpridos. Primeiro, não podemos dever nada a ninguém. Segundo precisamos capacitar-nos para receber o que é necessário para vivermos. Terceiro, devemos prover os nossos familiares em suas necessidades com os meios adequados para obtê-las enquanto vivemos.

[9] Romanos 13.8.

[10] 1Timóteo 5.8.

Agora podemos ver claramente, a menos que não estejamos dispostos a ver, o que se proíbe aqui. É a intenção de obter mais riquezas do que as que atendem aos propósitos precedentes. É o esforço por uma medida maior de riquezas, um aumento maior de dinheiro, do que exigem esses fins. O acúmulo de qualquer coisa além disso é expressa e absolutamente proibido aqui. Se as palavras têm algum significado, deve ser esse. Não é possível que tenham outro significado. Por conseguinte, aquele que dispõe de comida, roupa e abrigo adequados para a família, capital adequado para seu negócio, e não tem dívidas, atende a esses propósitos razoavelmente. Que ninguém que já esteja nessa situação busque uma porção ainda maior sobre a terra. Aquele que o faz vive negando Jesus de maneira aberta e habitual. Fazendo isso, praticamente negou a fé.

Ouçam isso, todos vocês que ainda vivem no mundo e amam o mundo. Vocês podem ser estimados pelos homens, mas são abomináveis aos olhos de Deus. Por quanto tempo sua alma se apegará ao pó das riquezas? Por quanto tempo vocês se cobrirão dessa camada grossa de barro? Quando acordarão para ver que muitos pagãos declarados e movidos à especulação estão mais perto do Reino dos céus que vocês? Quando vocês serão persuadidos a escolher a melhor parte que não lhes será tirada? Quando se esforçarão para acumular tesouros no céu, renegando, temendo e abominando todos os outros? Se você almeja acumular tesouros na terra, está simplesmente perdendo o seu tempo e gastando as suas energias com aquilo que não é pão. O que você ganha se for bem-sucedido? Você mata a própria alma. Você extingue a última centelha de vida espiritual nela. Aliás, cercado de vida e abundância, você está morto. Você é um homem vivo, mas um cristão morto. "Pois onde estiver o seu tesouro, aí também estará o seu coração." O seu coração está afundado no pó deste mundo. A sua alma se apega ao chão. As suas paixões estão fincadas não nas coisas do alto, mas nas coisas da terra. As suas paixões se dirigem a coisas pobres que podem envenenar, mas não conseguem satisfazer um espírito eterno feito para Deus. O seu amor, a sua alegria, os seus desejos, estão todos direcionados às coisas que perecem com o uso. Você jogou fora o tesouro no céu. Perdeu Deus e seu Espírito. Ganhou riquezas e se separou do Senhor.

Ah, "dificilmente um rico entrará no Reino dos céus".[11] Os discípulos de Jesus ficaram atônitos quando ele ensinou isso. Longe de retratar-se, ele repetiu a mesma

[11] Mateus 19.23ss.

verdade em termos ainda mais fortes: "É mais fácil passar um camelo pelo fundo de uma agulha do que um rico entrar no Reino de Deus". Como é difícil não se julgar sábio aquele que é aplaudido pelos outros a cada palavra. Como é difícil não se considerar melhor que a horda de pessoas pobres, comuns, humildes e ignorantes. Como é difícil não buscar a felicidade em riquezas ou em coisas que dependem das riquezas. Como é difícil evitar satisfazer os desejos da carne, os desejos dos olhos ou o orgulho da vida. Ah, como o rico pode escapar da perdição do inferno? Só por Deus essas coisas são possíveis.

E, se você não for bem-sucedido, qual será o fruto do seu esforço? O que você ganha acumulando tesouros na terra? Os que querem ser ricos, os que desejam a riqueza e por ela se esforçam, sejam ou não bem-sucedidos, caem na tentação e na armadilha. Esse esforço é um laço do Diabo. Leva a muitos anseios tolos e danosos — desejos que não têm nenhuma relação com a razão. Tais desejos não pertencem propriamente aos seres racionais e imortais. Pertencem apenas às bestas selvagens que não têm entendimento. Afogam o ser humano na destruição e perdição, na miséria presente e eterna. Vemos provas melancólicas disso; basta abrir os olhos e observar à volta. Vemos pessoas que, desejando e decidindo a riqueza, cobiçam o dinheiro, cujo amor é a raiz de todos os males.[12] Ao fazê-lo, já se dilaceraram com muitos sofrimentos. Antecipando o inferno ao qual se estão dirigindo.

Não se pode afirmar isso de maneira absoluta sobre todos os ricos. É possível alguém ser rico sem nenhuma falta própria, pela graça de Deus que precede suas escolhas. O perigo é para aqueles que desejam ou buscam ser ricos. As riquezas, por mais perigosas que sejam, nem sempre afundam os homens na destruição e perdição. É o desejo de possuir riquezas que faz isso. Os que calmamente desejam e buscam deliberadamente obter riquezas, ganhem ou não o mundo, esses perdem infalivelmente a alma. Estão vendendo Jesus, que os lavou com o próprio sangue, por algumas poucas moedas. Entram numa aliança com a morte e o inferno, e essa aliança permanecerá. Eles se aprontam diariamente para participar da herança que têm com o Diabo e seus anjos.

Quem alertará essa geração de víboras a fugir da ira vindoura? Não os que mentem à porta do rico ou se curvam a seus pés. Nem os que desejam alimentar-se das migalhas que caem de suas mesas. Não os que cortejam seu favor ou

[12] 1Timóteo 6.10.

temem sua reprovação. Nenhum desses que se preocupam com coisas terrenas ressoará esse alerta.

Há na terra algum cristão, alguém que tenha vencido o mundo, que não deseje nada, senão Deus? Há um ser que não tema ninguém, exceto aquele que é capaz de destruir tanto o corpo como a alma no inferno? Nesse caso, ó homem de Deus, fale e não ceda. Levante a voz como trombeta. Clame alto e mostre a esses honrados pecadores a condição desesperadora em que se encontram. Talvez um entre mil tenha ouvidos para ouvir. Esse então poderá levantar-se e sacudir a poeira. Poderá livrar-se das algemas que o prendem à terra e finalmente passar a acumular tesouros no céu.

O que aconteceria se um deles fosse despertado pelo poder grandioso de Deus e perguntasse: "Que devo fazer para ser salvo?". A resposta, segundo a Palavra de Deus, é clara, completa e definida. Deus não diz a eles: "Vendam tudo o que têm". Aliás, aquele que vê o coração dos homens percebeu ser necessário dizer isso num único caso específico. Jesus disse isso ao jovem líder rico. Mas nunca estabeleceu uma regra geral para todos os ricos em todas as gerações subsequentes.

A instrução geral de Deus é, primeiro, que não sejamos arrogantes. Deus não vê como veem os homens. Não nos estima por nossas riquezas, grandiosidades ou equipamentos. Não avalia nenhuma das nossas qualificações ou realizações que, direta ou indiretamente, dependem da nossa riqueza. Não está interessado nas coisas que podem ser compradas ou adquiridas com dinheiro. Nada disso tem valor para ele. Assim seja também para você. Cuide de não se considerar nem um pouco mais sábio ou melhor por causa das suas posses. Pese-se com outra balança. Meça-se apenas pela medida da fé e do amor que Deus dá a você. Se você tem mais conhecimento e amor de Deus que os outros, é melhor por conta disso. Por nenhum outro motivo você é mais sábio ou melhor, mais valioso ou mais honrado do que aquele que é seu servo. Se você não tem esse tesouro espiritual, é tolo e desprezível. Se não é mais humilde do que o menor servo sob o seu teto, é menor que o mendigo sentado à sua porta.

Segundo, que não confiemos em riquezas incertas. Não confie nas riquezas para ter saúde. Não confie nelas para ser feliz. Não confie nelas para ter socorro. Você está miseravelmente enganado se procura socorro no dinheiro. O dinheiro não é capaz de pôr você nem um pouco acima do mundo, assim como não é capaz de posicioná-lo acima do Diabo. Saiba que ambos, o mundo e Satanás, riem de toda essa preparação contra eles. O dinheiro de pouco valerá no dia da dificuldade, mesmo que perdure na hora de provação. Mas não é certo que perdurará. Com que frequência as riquezas ganham asas e voam para longe? E, quando não, que apoio darão a você mesmo nos problemas corriqueiros da vida? O desejo dos seus olhos, a esposa da sua juventude, o seu filho único ou o amigo tão próximo quanto o seu próprio coração podem ser tomados em uma rápida estocada. O seu dinheiro reanimará os mortos? Trará de volta um habitante falecido deste mundo? Protegerá você da doença, da enfermidade ou da dor? Será que essas aflições só atingem os pobres? Não. Os pobres parecem ter menos enfermidades que os ricos. Eles raramente são visitados por esses visitantes inconvenientes. Se os tais acabam chegando, são mais facilmente expulsos dos pobres que dos afluentes. E, durante o tempo que o corpo é torturado de dor, como o dinheiro pode ajudar? Deixemos Horácio, o poeta da Antiguidade, responder: "Quando um homem está sob a escravidão do desejo ou medo, sua casa e sua propriedade lhe dão tanto prazer quanto um quadro ao que tem olhos inflamados, ou curativos a quem sofre de gota, ou a música da lira a quem sofre de dor de ouvido".[13]

Contudo, à espreita está um problema maior que todos esses. O homem precisa morrer. Precisamos retornar ao pó de onde fomos tirados, para misturar-nos com o barro comum. O corpo deve entrar na terra como estava antes, enquanto o espírito retorna a Deus que o deu. Esse momento se aproxima. Os anos se passam rapidamente, ainda que em silêncio. Talvez o seu tempo tenha chegado. A tarde da vida passou, e as sombras da noite começam a pairar sobre você. Você percebe a inquestionável aproximação da decadência. As fontes da vida se esgotaram. Agora, para que servem as riquezas? Elas tornam mais doce a morte? Tornam amigável essa hora solene? Pelo contrário. "Ó morte, como é amarga a tua memória para um homem que vive em paz no meio das suas posses!"[14] Como é inaceitável, para aquele que persegue riquezas, esta sentença assustadora: "Esta mesma noite a sua vida lhe será exigida".[15]

Será que a riqueza prevenirá um derrame inoportuno ou adiará essa hora terrível? Será que ela pode livrar a alma de encontrar a morte? Pode restaurar os anos que já passaram? Pode acrescentar um mês, um dia, uma hora, um momento que seja, ao nosso tempo determinado na terra? Será que as coisas boas deste mundo,

[13] **Horácio, Epístolas** 1.2,52.

[14] Eclesiástico 41.1.

[15] Lucas 12.20.

preferidas às coisas espirituais, nos seguirão na transposição do grande abismo? Não. Viemos nus a este mundo e nus devemos voltar. Decerto essas verdades são óbvias demais para serem observadas porque são óbvias demais para serem negadas. Ninguém à porta da morte pode confiar no auxílio das riquezas incertas.

Do mesmo modo, não podemos confiar nas riquezas para obter felicidade. Aqui também elas se mostrarão enganosas na balança. Qualquer pessoa razoável pode compreender isso com base no que já foi observado. Muito dinheiro, ou as vantagens ou prazeres adquiridos com enormes quantias, não pode livrar-nos de sermos miseráveis. Assim, segue-se evidentemente que o dinheiro não nos pode fazer felizes. Aliás, a experiência aqui é tão completa, forte e inegável que torna os outros argumentos desnecessários. Simplesmente apelamos aos fatos. Os ricos e os grandes são as únicas pessoas felizes? São menos ou mais felizes em proporção a sua riqueza? São felizes de verdade? Quase podemos afirmar que, de todos os seres humanos, eles são os mais miseráveis. Você, rico, fale ao menos uma vez a verdade, de coração. Você é consumido por um desejo de mais riquezas e tem medo de perder o que possui. Fale por si e pelos seus irmãos.

Com certeza, então, confiar nas riquezas é a grande tolice dos homens sobre a terra. Você não está convencido disso? Ainda espera encontrar felicidade no dinheiro ou em tudo o que ele pode comprar? Como? Será que o dinheiro, a comida e a bebida, a posse de servos, os trajes brilhantes, as diversões e os prazeres o farão feliz? Eles apenas o podem tornar imortal.

Tudo isso é ostentação sem vida. Desconsidere essas coisas. Confie no Deus vivo. Você estará seguro à sombra do Onipotente. A fidelidade e a verdade serão o seu abrigo e o seu escudo. Ele é o socorro presente em tempos de aflição.

Deus é um socorro que nunca falha. Então você poderá dizer, se todos os outros amigos morrerem: "O Senhor vive! Bendita seja a minha Rocha!". Ele o acudirá quando você estiver doente, na cama. Ele o socorrerá quando não houver socorro dos homens. Ele o sustentará quando toda a riqueza do mundo não servir de apoio para você. O consolo de Deus abrandará a sua dor e o fará alegrar-se na aflição. E, quando a sua casa terrena estiver quase aos pedaços, quando você estiver a ponto de virar pó, Deus estará ao seu lado. Ele o ensinará a dizer: "Onde está, ó morte, a sua vitória? Onde está, ó morte, o seu aguilhão? [...] Mas graças a Deus, que nos dá a vitória por meio de nosso Senhor Jesus Cristo".[16]

[16] 1Coríntios 15.55,57.

Confie em Deus para alcançar felicidade e também socorro. Confie naquele que nos dá todas as coisas para delas desfrutarmos ricamente. Ele, por sua própria misericórdia rica e gratuita, as guarda para nós, como que nas próprias mãos. Recebendo-as como suas dádivas e juras de amor, podemos desfrutar de tudo o que possuímos. É o amor de Deus que dá sabor a tudo o que provamos. É esse amor que dá vida a todas as coisas e as adoça. Ele transfere a alegria que está em sua mão direita para tudo o que concede aos filhos agradecidos. Esses filhos, tendo comunhão com o Pai e seu Filho, desfrutam dele em tudo e acima de tudo.

Terceiro, que não busquemos o aumento das riquezas. "Não acumulem para vocês tesouros na terra." Este é um mandamento direto e simples. É tão claro quanto: "Não adulterarás". Então como é possível a um homem rico ficar ainda mais rico sem negar Jesus? Como é possível alguém que já tem supridas as necessidades da vida ganhar ou almejar mais e permanecer inculpável? Se, apesar desse ensino, você continua fazendo isso, por que se considera cristão? Você não obedece a Jesus. Nem planeja obedecer-lhe. Por que você se identifica com o nome dele? O próprio Jesus questiona: "Por que vocês me chamam 'Senhor, Senhor', e não fazem o que eu digo?".[17]

Você pode perguntar: "Que fazer com nossa riqueza em excesso, se não devemos juntá-la? Devemos jogá-la fora?". Respondo: se você a jogar no mar, se a lançar no fogo, ela estará mais bem empregada que agora. Não há modo mais infeliz de acumular riquezas do que para sua posteridade. De todos os métodos possíveis para jogar dinheiro fora, esse é o pior. É o mais contrário ao evangelho de Jesus e o mais pernicioso para a sua própria alma.

William Law escreveu:

> Se desperdiçamos o nosso dinheiro, não somos culpados apenas de desperdiçar um talento que Deus nos deu, mas nos causamos mais este dano: transformamos esse talento útil num meio poderoso de nos corromper; na medida em que ele é gasto de modo errôneo, na medida em que é gasto para sustentar alguma disposição errônea, para satisfazer algum desejo vão e irracional, a que, como cristãos, somos obrigados a renunciar.
>
> Assim como não se podem esbanjar a inteligência e as partes belas, mas expor os que as têm a tolices maiores, assim também o dinheiro não pode ser simplesmente esbanjado, mas, se não for usado de acordo com a razão e

[17] Lucas 6.46.

> a religião, fará que a pessoa viva de modo mais tolo e extravagante do que se não o possuísse. Se, portanto, você não gastar o seu dinheiro fazendo o bem para os outros, terá de gastá-lo para dano próprio. Você age como alguém que recusa ao amigo doente o remédio que ele mesmo não pode tomar sem inflamar o próprio sangue. Pois esse é o caso do dinheiro supérfluo: se você o dá aos que precisam dele, é um remédio. Se você o gasta para você mesmo, com algo de que não necessita, ele só inflama e desorienta a sua mente.
>
> Ao usar as riquezas onde elas não têm real utilidade, nem para nós real necessidade, só as usamos para grande dano nosso, para criar desejos irracionais, nutrir disposições doentias, indulgenciar paixões insensatas e sustentar uma atitude fútil. O excesso de comida e bebida, roupas finas e casas, propriedades e equipamentos refinados, prazeres e diversões alegres, todos eles ferem e desorientam naturalmente o seu coração. São a comida e o alimento de toda a insensatez e fraqueza da nossa natureza. São, todos eles, o sustento de algo que não deve ser sustentado. São contrários àquela sobriedade e devoção de coração que temperam as coisas divinas. São tanta carga sobre a nossa mente que nos tornam menos capazes e menos inclinados a elevar os nossos pensamentos e sentimentos às coisas do alto.
>
> De modo que o dinheiro gasto desse modo não é meramente desperdiçado ou perdido, mas é gasto para propósitos ruins e efeitos miseráveis; para corrupção e desorientação do nosso coração; para nos tornar incapazes de seguir as doutrinas sublimes do evangelho. É como não dar aos pobres, a fim de comprar veneno para nós mesmos.[18]

Igualmente indesculpável é o acúmulo de riquezas desnecessárias para qualquer propósito.

Se um homem tivesse mãos, olhos e pés que pudesse dar aos que deles necessitassem; se os trancasse num cofre, em vez de dá-los aos irmãos cegos e aleijados, não seria justo considerá-lo um miserável desumano? Se antes escolhesse divertir-se, acumulando-os, em vez de se qualificar para um prêmio eterno, dando-os a quem deseja olhos e mãos, não seríamos justos ao considerá-lo um louco?

Ora, o dinheiro tem exatamente a mesma natureza dos olhos e pés. Se, portanto, o trancamos em cofres, enquanto os pobres e aflitos precisam dele para suprir

[18] Law, William (1686-1761). **A Serious Call to a Devout and Holy Life**. London: William Innys, 1729, cli. vi. p. 82-84.

suas necessidades, não estamos longe da crueldade daquele que prefere acumular as mãos e os olhos a dá-los aos que deles necessitam. Se resolvemos acumulá-lo, em vez de nos habilitar a um prêmio eterno por empregar bem esse dinheiro, somos culpados dessa loucura que prefere trancar olhos e mãos a fazer-se bendito para sempre ao dá-lo aos que dele necessitam.[19]

Não é esse o motivo pelo qual os ricos dificilmente entram no Reino dos céus? A vasta maioria deles está sob maldição. Estão sob uma maldição peculiar de Deus. No curso geral da vida, eles estão roubando Deus. Usurpam e desperdiçam continuamente os bens divinos. Por esse mesmo meio, corrompem a própria alma. Também estão roubando dos pobres, famintos e nus. Por seus atos, prejudicam a viúva e os órfãos. Isso os torna responsáveis por todas as necessidades, aflições e sofrimentos que não removem. O sangue daqueles que perecem por aquilo que os ricos acumulam ou guardam desnecessariamente clama da terra. Ah, que contas prestarão a Deus, que está pronto para julgar tanto os vivos como os mortos?

O verdadeiro modo de usar aquilo de que você não necessita para seu sustento pode ser aprendido das seguintes palavras de Jesus. Elas são o contraponto daquilo que veio antes. "Acumulem para vocês tesouros no céu, onde a traça e a ferrugem não destroem, e onde os ladrões não arrombam nem furtam." Ponha qualquer coisa que você conseguir poupar numa segurança maior do que aquela que este mundo pode oferecer. Deposite os seus tesouros no banco do céu. Deus os restituirá no dia em que você tiver necessidade. "Quem trata bem os pobres empresta ao SENHOR, e ele o recompensará."[20] Esse ato de dar aos pobres é equivalente a depositar na conta de Deus. Além disso, devemos a ele não só isso, mas também a nós mesmos.

Dê ao pobre com sinceridade. Dê a eles com coração correto e escreva: "o mesmo tanto dado para Deus".

"O que vocês fizeram a algum dos meus menores irmãos, a mim o fizeram."[21]

Essa é a exigência para um mordomo fiel e sábio. Não venda nada do seu senhor, a menos que alguma situação especial o exija. Não deseje nem se empenhe para aumentar a sua riqueza, muito menos para desperdiçá-la em vaidades. Empregue-a totalmente para os propósitos sábios e razoáveis que Deus delegou a você.

[19] Ibid., p. 81.

[20] Provérbios 19.17.

[21] Mateus 25.40.

O mordomo sábio, após ter provido para a própria família, faz amigos com tudo o que resta. Quando este tabernáculo terreno for dissolvido, ele será recebido no paraíso, na casa do Deus eterno nos céus.

Assim, vocês que são ricos neste mundo, tendo recebido para isso autoridade proveniente de Jesus, devem habituar-se a fazer o bem. Devem realizar boas obras constantemente. Devem ser misericordiosos como o Pai no céu é misericordioso. Ele faz o bem sem cessar. Até onde deve estender-se a sua misericórdia? De acordo com a sua força, com toda a capacidade que Deus deu a você. Faça disso a sua medida para praticar o bem. Não a meça com algum costume indigente do mundo. Seja rico em boas obras. Tendo muito, dê muito. "Vocês receberam de graça; deem também de graça."[22] Isso equivale a ajuntar tesouros no céu. Esteja pronto para distribuir a cada um de acordo com suas necessidades. Distribua amplamente, dê aos pobres, reparta o pão com os famintos. Cubra os despidos, hospede o estrangeiro, leve ou envie ajuda aos que estão presos. Cure os enfermos não só com milagres, mas por meio das bênçãos de Deus, com o seu apoio financeiro. Que a bênção daquele que se dispôs a morrer, por extrema necessidade, concretize-se por intermédio das suas obras. Defenda os oprimidos, advogue a causa dos órfãos e faça o coração da viúva cantar de alegria.

Participe da comunhão santa dos primeiros cristãos. Eles afirmavam que nada do que possuíam era próprio e tinham todas as coisas em comum.[23] Seja um mordomo bom e fiel de Deus e dos pobres.

Você só difere dos pobres por duas circunstâncias. Primeiro, as suas necessidades estão supridas. Depois, você recebe a bênção ao dar aquela porção dos seus bens que não é necessária a você. Assim, edifique para você mesmo um bom alicerce. Edifique-o não no mundo que existe agora, mas no mundo por vir, para a vida eterna. O grande fundamento de todas as bênçãos de Deus, quer temporais, quer eternas, é o Senhor Jesus Cristo — sua justiça e seu sangue — o que ele fez e o que ele sofreu por nós. Nenhum homem pode lançar outro fundamento. Pelos méritos de Cristo, tudo o que fazemos em seu nome é um fundamento para uma boa recompensa. Cada um receberá o próprio prêmio, de acordo com o próprio trabalho. Portanto, não trabalhe pela riqueza que perece, mas pela que dura para a vida eterna. Assim, tudo o que você tiver de fazer, faça-o com todas as forças.

[22] Mateus 10.8.

[23] Atos 2.44; 4.32.

Seja paciente em sua constante prática do bem. Busque a glória, a honra e a imortalidade de Deus. Seja constante e zeloso na realização de todas as boas obras. Espere por aquela hora feliz em que o Senhor dirá: "Pois eu tive fome, e vocês me deram de comer; tive sede, e vocês me deram de beber; fui estrangeiro, e vocês me acolheram; necessitei de roupas, e vocês me vestiram; estive enfermo, e vocês cuidaram de mim; estive preso, e vocês me visitaram". "Venham, benditos de meu Pai! Recebam como herança o Reino que lhes foi preparado desde a criação do mundo."[24]

[24] Mateus 25.35-36,34.

Capítulo 11

MENTE INDIVISA[1]

"Ninguém pode servir a dois senhores; pois odiará um e amará o outro, ou se dedicará a um e desprezará o outro. Vocês não podem servir a Deus e ao Dinheiro. Portanto eu lhes digo: Não se preocupem com sua própria vida, quanto ao que comer ou beber; nem com seu próprio corpo, quanto ao que vestir. Não é a vida mais importante que a comida, e o corpo mais importante que a roupa? Observem as aves do céu: não semeiam nem colhem nem armazenam em celeiros; contudo, o Pai celestial as alimenta. Não têm vocês muito mais valor do que elas? Quem de vocês, por mais que se preocupe, pode acrescentar uma hora que seja à sua vida? Por que vocês se preocupam com roupas? Vejam como crescem os lírios do campo. Eles não trabalham nem tecem. Contudo, eu lhes digo que nem Salomão, em todo o seu esplendor, vestiu-se como um deles. Se Deus veste assim a erva do campo, que hoje existe e amanhã é lançada ao fogo, não vestirá muito mais a vocês, homens de pequena fé? Portanto, não se preocupem, dizendo: 'Que vamos comer?' ou 'Que vamos beber?' ou 'Que vamos vestir?' Pois os pagãos é que correm atrás dessas coisas; mas o Pai celestial sabe que vocês precisam delas. Busquem, pois, em primeiro lugar o Reino de Deus e a sua justiça, e todas essas coisas lhes serão acrescentadas. Portanto, não se preocupem com o amanhã, pois o amanhã trará as suas próprias preocupações. Basta a cada dia o seu próprio mal." (Mateus 6.24-34)

Depois de capturar Israel e levá-lo cativo, o rei da Assíria repovoou Samaria com pagãos de outras terras. As Escrituras registram que eles temiam o

[1] Wesley. Sobre o sermão do Senhor no monte, Discurso IX. **Quarenta e quatro sermões**, Sermão XXIV.

Senhor, ou seja, prestavam um culto formal a Deus. Ainda que temessem ao Senhor, também cultuavam suas imagens esculpidas. Seus filhos e os filhos deles agiam como os pais, até mesmo nos tempos dos registros bíblicos.[2]

A prática da maioria dos cristãos modernos lembra muito a dos antigos pagãos: eles temem a Deus, prestam a ele um culto formal e, com isso, mostram que lhe têm algum temor; ao mesmo tempo, contudo, cultuam seus próprios deuses. Há quem os ensina acerca de Deus, assim como havia quem ensinasse os habitantes pagãos de Samaria. Esses ensinam os caminhos de Deus, mas não servem unicamente a ele. Não temem o suficiente. "Cada grupo fez seus próprios deuses nas diversas cidades em que moravam." Essas nações temiam o Senhor. Não abandonaram a forma exterior de adorá-lo. Entretanto, ainda serviam às imagens esculpidas de prata e ouro. Cultuavam obras de mãos humanas: dinheiro, prazer e honra. Dividiam o culto entre Deus e os deuses deste mundo. Desse modo, tanto os seus filhos como os filhos de seus filhos fizeram como seus pais no passado. E continuam fazendo isso até hoje.

Em termos vagos, segundo o senso comum , os pobres pagãos de antigamente temiam ao Senhor. Observe, porém, que as Escrituras logo acrescentam, de acordo com a real verdade e natureza das coisas, que eles não temiam ao Senhor. Eles não temiam a Deus, nem respeitavam a lei e o mandamento que o Senhor dera aos filhos de Jacó. Não temiam o Deus da aliança que lhes havia ordenado: "Não adorem outros deuses. [...] Antes, adorem o SENHOR, o seu Deus; ele os livrará das mãos de todos os seus inimigos".[3]

Esse mesmo julgamento é aplicado pelo Espírito inerrante de Deus àqueles comumente chamados cristãos. Se falarmos segundo a verdade real e a natureza das coisas, "esses não temem nem servem ao Senhor". Servem a outros deuses até hoje. No entanto, Jesus disse: "Ninguém pode servir a dois senhores".

Como é desesperador para qualquer pessoa tentar servir a dois senhores. É fácil prever a consequência inevitável dessa tentativa. "Pois odiará um e amará o outro, ou se dedicará a um e desprezará o outro." As duas partes dessa declaração devem ser compreendidas em conexão, embora sejam apresentadas separadamente. A segunda parte é consequência da primeira. Naturalmente, a pessoa se apegará ao que ama. A isso se aterá e prestará um culto voluntário,

[2] 2Reis 17.28ss.

[3] 2Reis 17.37-39.

fiel e diligente. Enquanto isso, desprezará o senhor a quem odeia e pouco se importará com suas ordens. Se chegar a obedecer a essas ordens, será de maneira desleixada. Portanto, os sábios deste mundo concordarão: "Não podeis servir a Deus e a Mamom".[4]

Mamom era um dos deuses pagãos. Acreditava-se que ele presidia os ricos. Da maneira que é empregado aqui, o termo Mamom é entendido como as riquezas propriamente ditas. É a prata e o ouro. Em geral, equivale a dinheiro. Por uma figura de linguagem comum, Mamom é tudo o que pode ser adquirido com dinheiro. Isso inclui tranquilidade, honra e prazer sensual.

No entanto, o que devemos entender por servir a Deus e servir a Mamom, de acordo com esse ensino? Não podemos servir a Deus, a menos que acreditemos nele. Esse é o único fundamento verdadeiro para servir-lhe. Devemos crer em Deus de acordo com a revelação em Jesus. Devemos crer nele como um Deus que ama e perdoa. Essa é a primeira característica do culto a Deus.

Crer desse modo em Deus implica confiar nele como nossa força. É reconhecer que sem ele nada podemos fazer. É saber que ele, a cada momento, concede-nos poder do alto, sem o qual é impossível agradá-lo. É ver Deus como nosso auxílio — nosso único auxílio — em tempos difíceis. É conhecê-lo como nosso abrigo e defensor, aquele que nos eleva a cabeça acima dos nossos inimigos.

Implica confiar em Deus como a nossa felicidade e saber que ele é o centro do nosso espírito, o único bem adequado a todas as nossas capacidades e suficiente para satisfazer todos os nossos desejos.

Implica, em outras palavras, confiar em Deus como a nossa finalidade última. É ter os olhos fitos nele em todas as coisas. É usar todas as coisas como meios de ter prazer nele. É, em todos os momentos e em todos os lugares, ver aquele que é invisível. É saber que ele olha para nós com muito prazer. É entregar todas as coisas para ele em Cristo Jesus.

Assim, crer é a primeira coisa que precisamos entender como o serviço a Deus. A segunda é amá-lo. Amar a Deus é amá-lo como o único Deus. Essa é a forma de amar descrita nas Escrituras. É a forma que Deus mesmo requer de nós. Ao exigi-la, ele se empenha para produzi-la em nós. Significa amá-lo de todo o nosso coração, com toda a nossa alma, com toda a nossa mente e com toda a nossa força.

[4] Mateus 6.24 (**Almeida Revista e Corrigida**).

É desejar Deus apenas pelo que ele é. É buscar nada mais, exceto o que se refere a ele. É alegrar-se e ter prazer em Deus. É não só buscar, mas encontrar felicidade nele. É desfrutar dele como o único entre milhares. Amar a Deus é descansar nele como o nosso Deus e o nosso tudo. Em suma, é ter posse de Deus de tal maneira que nos faça sempre felizes.

O terceiro grande ponto que devemos entender como o serviço a Deus é tornar-nos semelhantes a ele ou imitá-lo. Um cristão da igreja primitiva disse: "O melhor culto ou serviço a Deus é imitar quem você cultua". Falamos aqui sobre imitar Deus ou tornar-nos semelhantes a ele no espírito da nossa mente. É aqui que a verdadeira imitação de Deus começa. Deus é Espírito, e os que o imitam ou se tornam semelhantes a ele devem fazê-lo em espírito e em verdade.

Ora, Deus é amor. Assim, os que se tornam semelhantes a ele no espírito da sua mente são transformados à mesma imagem. São tão misericordiosos quanto ele. A alma deles está repleta de amor. São bondosos, benevolentes, compassivos, sensíveis; e isso não apenas com os gentis, mas também com os perversos. Como Deus, são amorosos com todas as pessoas, e sua misericórdia se estende a todas as suas obras.

Outro ponto relacionado ao serviço a Deus é obedecer-lhe. É glorificá-lo com o nosso corpo, tanto quanto com o nosso espírito. É guardar seus mandamentos exteriores. É realizar zelosamente tudo o que ele ordenou. Inclui evitar cuidadosamente tudo o que ele proibiu. A obediência é realizar todas as ações ordinárias da vida com sinceridade e coração puro. É oferecer todos os atos com um amor santo e fervoroso, como sacrifícios a Deus por meio de Jesus Cristo.

Agora, vamos considerar o que podemos entender como o serviço a Mamom. Primeiro, implica confiar nas riquezas, no dinheiro ou nas coisas adquiridas com as riquezas. É confiar no dinheiro como a nossa força, o meio pelo qual concretizamos qualquer projeto que temos nas mãos. É confiar nessas coisas como nosso socorro pelo qual esperamos ser confortados nas dificuldades ou livrados de sua ocorrência.

Implica confiar no mundo para chegar à felicidade. É supor que a vida humana e os confortos da vida consistem na abundância das coisas que alguém possui. Confiar em Mamom é buscar descanso nas coisas visíveis. É buscar contentamento na plenitude exterior. É esperar nas coisas do mundo a satisfação que jamais será encontrada fora de Deus.

Se o fizermos, não podemos ter outro alvo que não o mundo. Ele se torna o nosso fim máximo; se não o único, pelo menos o objeto de muitos dos nossos esforços. Muitas das nossas ações e dos nossos desígnios estão voltados nessa direção. Em tais atividades, almejamos apenas o aumento da riqueza, a satisfação dos prazeres ou obtenção do louvor. Acreditamos que a felicidade aumenta pela obtenção de uma medida maior de coisas temporais, sem nenhuma preocupação com as coisas eternas.

Servir a Mamom implica, em segundo lugar, amar o mundo. É desejar o mundo por aquilo que ele é. É pôr a nossa alegria e fixar o nosso coração nas coisas do mundo. É buscar a nossa felicidade no mundo. É repousar, com todo o peso da nossa alma, nessas coisas passageiras. Embora a experiência diária mostre que elas não podem sustentar a nossa felicidade, continuamos dependendo delas.

Assemelhar-se ou conformar-se ao mundo é a terceira coisa que precisamos compreender como o serviço a Mamom. Não é só ter desígnios, mas desejos, disposições e paixões adequados ao mundo. É ter uma mente terrena, sensual, atada às coisas da terra. É ser obstinado, amante desordenado de si mesmo. É pensar demais nas próprias conquistas. É desejar as honras dos homens e ter prazer nelas. É temer, evitar e detestar críticas. É ser impaciente com reprovações, fácil de ser provocado e rápido em devolver o mal pelo mal.

Servir a Mamom é, por fim, obedecer ao mundo. É conformar-se exteriormente a seus princípios e costumes. É andar como andam os outros homens, na estrada comum, no caminho largo, suave e gasto. É estar na moda. É seguir as multidões, é agir como os nossos vizinhos. Ou seja, é fazer a vontade da carne e da mente. É satisfazer os nossos apetites e as nossas inclinações, é sacrificar para nós mesmos. É almejar a nossa própria tranquilidade e o nosso prazer, tanto por palavras como por atos.

Agora, o que pode ser mais inegável e claro que o fato de não podermos servir a Deus e a Mamom? Cada homem deve perceber que não pode servir a ambos confortavelmente. Andar entre Deus e o mundo é um jeito certeiro de desapontar-se com ambos e de não ter descanso em nenhum deles. Como é desconfortável a condição em que se encontra aquele que tem o temor, mas não o amor a Deus. Como é miserável aquele que serve a Deus, mas não com todo o coração. Ele só fica com as agruras, mas não com as alegrias da religião. Possui religião suficiente para torná-lo miserável, mas insuficiente para fazê-lo feliz.

Sua religião não lhe permitirá desfrutar do mundo. O mundo não lhe permitirá desfrutar de Deus. Assim, hesitando entre ambos, perde os dois. Não tem paz, nem em Deus nem no mundo.

Cada homem deve perceber que não pode servir a ambos. Não podemos conceber inconsistência mais fragorosa, que persiste no comportamento daquele que se empenha em obedecer a esses dois senhores. Ele é de fato um pecador que segue dois caminhos, esforçando-se para servir a Deus e a Mamom. Dá um passo para a frente e outro para trás. Está continuamente construindo com uma mão e derrubando com a outra. Ele ama e odeia o pecado. Está sempre buscando Deus, mas está também sempre fugindo dele. Quer e não quer. Não é o mesmo homem o dia inteiro, nem mesmo uma hora inteira. É uma mistura heterogênea de toda sorte de contrariedades. É um amontoado de contradições. Seja coerente de um jeito ou de outro. Vire-se para a direita ou para a esquerda. Se Mamom é o seu deus, sirva a Mamom. Se o Senhor é seu Deus, então sirva a Deus. Mas nunca pense em servir a um ou a outro, a menos que seja de todo o seu coração.

Será que todo homem ponderado não percebe que não pode servir a Deus e a Mamom? Há a mais absoluta diferença, a mais irreconciliável inimizade, entre eles. A diferença entre as coisas mais opostas sobre a terra — fogo e água, trevas e luz — torna-se nada quando comparada à diferença entre Deus e Mamom. Em qualquer área na qual sirva a um, você necessariamente renunciará ao outro. Você acredita em Deus, conforme revelado por Jesus? Você confia nele como a sua força, o seu auxílio, a sua fortaleza e a sua grande e extraordinária recompensa? Ele é a sua felicidade e o seu fim em tudo, acima de todas as coisas? Então você não pode confiar nas riquezas. É absolutamente certo que não pode, desde que você tenha essa fé em Deus.

Você confia nas riquezas? Nesse caso, você negou a fé. Não confia no Deus vivo. Você ama a Deus? Busca e encontra felicidade nele? Nesse caso, não pode amar o mundo ou as coisas do mundo. Você está crucificado para o mundo, e o mundo, crucificado para você. Você ama o mundo? As suas paixões estão fixadas nas coisas terrenas? Você busca sua felicidade nessas coisas? Nesse caso, é impossível que você ame a Deus. O amor do Pai não está em você.

Você se assemelha a Deus? É misericordioso como o Pai? É transformado pela renovação da sua mente à imagem daquele que o criou? Então você não pode conformar-se ao presente mundo. Você renunciou a todas as suas paixões e desejos sensuais. Você está conformado ao mundo? Sua alma ainda carrega a imagem terrena? Então você não foi renovado no espírito da sua mente. Não carrega a imagem celestial.

Você obedece a Deus? É zeloso em cumprir sua vontade sobre a terra, como os anjos a cumprem nos céus? Então é impossível para você obedecer a Mamom. Você desafiará abertamente o mundo. Espezinhará seus costumes e princípios e jamais os seguirá ou será guiado por eles. Você segue o mundo? Vive como as outras pessoas? Busca agradar aos homens? Agradar a você mesmo? Então não pode ser um servo de Deus. Você pertence a seu senhor e pai, o príncipe deste mundo, o Diabo.

Você é chamado para cultuar o Senhor seu Deus e somente a ele servir. Você deve deixar de lado todos os pensamentos de obedecer a dois senhores, de servir tanto a Deus quanto a Mamom. Não deve propor para você mesmo nenhum fim, nenhum auxílio, nenhuma felicidade, senão Deus. Não deve buscar nada na terra ou nos céus, senão ele. Não deve almejar nada, senão conhecer, amar e desfrutar Deus. Isso é tudo o que interessa a você aqui embaixo. É a única perspectiva que você pode ter racionalmente. É o único alvo que você deve perseguir em todas as coisas. "Portanto, não se preocupem, dizendo: 'Que vamos comer?' ou 'Que vamos beber?' ou 'Que vamos vestir?' ". Essa é uma orientação profunda e necessária. É importante considerá-la bem e compreendê-la por completo. O nosso Senhor não exige que afastemos todo pensamento com relação às preocupações desta vida. A atitude negligente e descuidada está muito longe da religião de Jesus Cristo. Também não devemos ser preguiçosos no trabalho, nem indolentes ou vagarosos. Isso é igualmente contrário ao espírito e à natureza da religião de Jesus. O cristão detesta a preguiça tanto quanto detesta a bebedeira. Foge da ociosidade assim como foge do adultério. Sabe que há um tipo de pensamento e cuidado que agrada a Deus. A mente indivisa é absolutamente necessária para a realização adequada das tarefas exteriores das quais a providência divina encarregou você.

É vontade de Deus que cada um trabalhe para comer o próprio pão. É vontade de Deus que cada um supra os seus familiares. É igualmente vontade de Deus que não devamos nada a ninguém, mas consigamos prover honestamente aos olhos de todos os homens. Não podemos fazer isso sem pensar, sem ter alguma preocupação na nossa mente. Com frequência isso exige longa e séria ponderação, com o máximo de cuidado. Por conseguinte, o cuidado para prover para nós e nossa família, esse pensamento sobre como suprir todas essas necessidades, não é condenado por nosso Senhor. Isso é bom e aceitável aos olhos de Deus nosso Salvador.

É vontade de Deus que pensemos a respeito de tudo o que fazemos. Devemos ter um entendimento claro daquilo que faremos e precisamos planejar antes de entrar em um negócio. É certo que devemos considerar com cuidado os passos a tomar. Devemos preparar todas as coisas de antemão, para conduzir nossos negócios da maneira mais efetiva. Essa preocupação, chamada por alguns de "as preocupações da vida", não é de modo algum condenada por Jesus.

O que Jesus condena é o cuidado ansioso do coração. É a preocupação angustiada, desconfortável, perturbadora. Ele condena qualquer cuidado que cause dor ao corpo ou à alma. O que ele proíbe é aquela preocupação que, como mostram tristes experiências, consome o corpo e engole o espírito. A preocupação pecaminosa antecipa toda angústia e nos atormenta antes da hora. Jesus proíbe essa preocupação que envenena as bênçãos de hoje com o medo do que pode vir amanhã. Assim, não podemos desfrutar da plenitude presente, por causa da apreensão com relação ao futuro. Esse cuidado não é apenas uma enfermidade dolorida, uma doença grave da alma, mas também uma ofensa a Deus. É um pecado dos mais retintos. É grande afronta contra o governador gracioso e sábio criador de todas as coisas. Essa ansiedade implica necessariamente que o grande Juiz não é justo. Implica que ele não ordena corretamente as coisas. Implica claramente que ele carece ou de sabedoria ou de bondade. A Deus faltaria sabedoria se ele não soubesse do que precisamos, e faltaria bondade se não provesse essas coisas a todos os que nele confiam. Cuide, portanto, de não levar o pensamento nessa direção. Não se preocupe ansiosamente com nada. Não abrigue pensamentos aflitivos. Essa é uma regra clara e certa. Preocupação aflitiva é preocupação ilícita. Com olhos fixos em Deus, faça tudo o que puder para prover as coisas de modo honesto aos olhos dos homens. Então ponha tudo isso nas melhores mãos. Deixe os resultados dos feitos com Deus.

"Não se preocupem com sua própria vida, quanto ao que comer ou beber; nem com seu próprio corpo, quanto ao que vestir. Não é a vida mais importante que a comida, e o corpo mais importante que a roupa?" Se Deus nos deu a vida, o nosso maior dom, não nos dará a comida para mantê-la? Se nos deu o corpo, como duvidar que nos dará vestes para cobri-lo? Isso é ainda mais verdadeiro se nos entregarmos a ele e lhe servirmos de todo o coração. Jesus disse, portanto: "Observem as aves do céu: não semeiam nem colhem nem armazenam em celeiros". Mas as aves não carecem de nada. O Pai celestial as alimenta. Não somos muito melhores que elas? Nós, que somos criaturas feitas à imagem de Deus, não temos maior valor aos olhos de Deus? Não pertencemos a uma categoria superior entre as criaturas? "Quem de vocês, por mais que se preocupe, pode acrescentar uma hora que seja à sua vida?" Então o que vocês ganham com essa preocupação ansiosa? Isso é de todo jeito infrutífero e inútil.

"Por que se preocupam com roupas?" Não temos uma repreensão diária em tudo o que observamos? "Vejam como crescem os lírios do campo. Eles não trabalham nem tecem. Contudo, eu lhes digo que nem Salomão, em todo o seu esplendor, vestiu-se como um deles. Se Deus veste assim a erva do campo, que hoje existe e amanhã é lançada ao fogo, não vestirá muito mais a vocês, homens de pequena fé?" Sim, nós, que ele criou para permanecer eternamente, para sermos retratos da própria eternidade dele. De fato temos pouca fé. Caso contrário, não duvidaríamos de seu amor e cuidado. Não duvidaríamos nem por um momento.

"Portanto, não se preocupem, dizendo: 'Que vamos comer?' ", se não acumulamos a nossa riqueza na terra; ou "Que vamos beber?", se servimos a Deus com toda a nossa força e se os nossos olhos estão fitos nele. Não dizemos: "Que vamos vestir?", se não estamos conformados ao mundo, mesmo que ofendamos aqueles de quem podemos obter lucro. "Os pagãos é que correm atrás dessas coisas", os que não conhecem Deus. Você tem consciência de que "o Pai celestial sabe que vocês precisam delas". Ele indicou o modo infalível de ter constante suprimento: "Busquem, pois, em primeiro lugar o Reino de Deus e a sua justiça, e todas essas coisas lhes serão acrescentadas".

"Busquem, pois, em primeiro lugar o Reino de Deus", antes de qualquer espaço para algum outro pensamento ou cuidado. Que a nossa preocupação seja que o Deus Pai do nosso Senhor Jesus Cristo possa reinar em nosso coração. Que o tenhamos manifesto na nossa alma, que ele habite e domine ali; que ele possa derrubar cada coisa que se eleva e se exalta contra o conhecimento de Deus e traga "cativo todo pensamento, para torná-lo obediente a Cristo".[5] Que Deus tenha o único domínio sobre nós. Que reine sem rival. Que possua todo o nosso coração e governe sozinho. Que ele seja o nosso único desejo, a nossa alegria, o nosso amor. Então tudo o que está dentro de nós poderá exclamar: "Reina o Senhor, o nosso Deus, o Todo-poderoso".[6]

[5] 2Coríntios 10.5.

[6] Apocalipse 19.6.

Busquemos o Reino de Deus e sua justiça. Justiça é o fruto do reinado de Deus no coração. E o que é justiça, senão amor? É o amor, a Deus e a toda humanidade, que flui da fé em Jesus Cristo. É o amor que produz humildade, submissão, bondade, perseverança, paciência e morte para o mundo. É o que concede cada disposição do coração para com Deus e os homens. Por meio do amor, todos os atos santos se realizam. Esse amor gera tudo o que é amável ou de boa fama. Produz quaisquer obras de fé e atos bondosos aceitáveis a Deus e proveitosos ao homem.

"Sua justiça." Ou seja, toda a sua justiça. É a dádiva gratuita para nós, por amor a Jesus Cristo, o justo. É só por meio de Cristo e de sua obra que essa justiça nos é dada. Somente ele a opera em nós, pela inspiração do Espírito Santo.

Talvez a maneira adequada de observar isso possa iluminar algumas outras Escrituras que nem sempre são entendidas com clareza. Em uma delas, Paulo fala em sua epístola aos Romanos a respeito dos judeus incrédulos: "ignorando a justiça que vem de Deus e procurando estabelecer a sua própria, não se submeteram à justiça de Deus".[7] Esse pode ser um sentido da palavra; eles eram ignorantes a respeito da justiça de Deus. Desconheciam a justiça de Cristo, imputada a cada cristão, pela qual todos os seus pecados são apagados e o cristão é restituído ao favor de Deus. Ignoravam aquela justiça interior, aquela santidade de coração que é com a máxima propriedade denominada "justiça de Deus". Essa é sua dádiva gratuita mediante Jesus e sua própria obra mediante seu Espírito poderoso. Por ignorarem isso, eles cuidaram de estabelecer a própria justiça. Empenharam-se para estabelecer a justiça exterior que pode, com muita adequação, ser denominada própria. Ela não foi forjada pelo Espírito de Deus, não pertenceu a ele nem foi por ele aceita. Tentaram produzir isso em si mesmos pelo próprio esforço natural. E, quando terminaram, ela era inaceitável para Deus. Mas, confiando nas próprias obras, não se submeteram à justiça de Deus. Endureceram-se contra aquela fé, a única pela qual é possível obter justiça. "Porque o fim da Lei é Cristo, para a justificação de todo o que crê."[8] Quando Jesus disse "Está consumado", deu um fim à lei de ritos e cerimônias exteriores.[9] Fez isso para trazer uma justiça melhor por meio de seu sangue. Por meio dessa única oblação de si mesmo, oferecida uma única vez, a imagem de Deus pode entrar no fundo da alma de todo que crê.

[7] Romanos 10.3.

[8] Romanos 10.4.

[9] João 19.30.

Estreitamente relacionadas a esse ponto estão as palavras de Paulo em sua epístola aos Filipenses: "considero tudo como perda [...] para poder ganhar Cristo".[10] Paulo buscou entrar no Reino eterno crendo em Jesus. Não creu na própria justiça, que era da lei, mas na que vinha pela fé em Cristo, a justiça de Deus por meio da fé. "Não tendo a minha própria justiça que procede da Lei."[11] Essa é uma justiça exterior vazia, a religião exterior que possuía antes, quando esperava ser aceito por Deus por causa de suas obras. Paulo era inculpável de acordo com a justiça da lei. Ela fora cumprida por obras próprias. Mas não era a justiça mediante a fé. Não era santidade do coração, aquela renovação da alma em todos os seus desígnios, disposições e paixões, que vem de Deus. Essa é a obra de Deus, não do homem. Vem pela fé. Vem pela fé em Cristo, pela revelação de Jesus Cristo em nós. É pela fé em seu sangue, único meio pelo qual obtemos a remissão dos nossos pecados e a herança entre aqueles que são santificados.

Busquemos primeiro esse Reino de Deus em nosso coração. Busquemos essa justiça que é dom e obra de Deus, a imagem de Deus renovada em nossa alma. Quando fizermos isso, todas essas coisas nos serão acrescentadas. Todas as coisas necessárias para o corpo, numa medida que Deus considera adequada para o progresso de seu Reino, nos serão dadas. Essas coisas nos serão acrescentadas — serão lançadas dentro, em cima e acima. Ao buscar a paz e o amor de Deus, encontraremos aquilo que pedimos de maneira mais imediata: o Reino que não pode ser movido. Encontraremos no caminho para seu Reino todas as coisas exteriores que nos são necessárias. Deus assumiu para si esse cuidado por nós. Lancemos sobre ele todas as suas preocupações. Ele conhece as nossas necessidades. Qualquer que seja a carência, ele não deixará de suprir.

"Portanto, não se preocupem com o amanhã." Não nos preocupemos em acumular tesouros sobre a terra, em aumentar a riqueza mundana. Não nos preocupemos em obter mais comida do que conseguimos comer ou mais roupas do que conseguimos vestir, ou mais dinheiro do que precisamos dia a dia para os propósitos razoáveis da vida. Além disso, não tenhamos preocupações aflitivas mesmo a respeito daquelas coisas que nos são absolutamente necessárias para a vida. Não nos perturbemos pensando no que devemos fazer num tempo que ainda está distante. Talvez esse tempo nunca chegue. Ou, se chegar, não trará preocupação.

[10] Filipenses 3.8.

[11] Filipenses 3.9.

Talvez, então, teremos passado por todas as ondas e desembarcado na eternidade. Todas essas preocupações distantes não nos pertencem. Somos criaturas de um único dia. Falando de maneira mais estrita, o que há entre nós e o amanhã? Por que ficarmos perplexos a respeito do futuro, quando não há necessidade disso? Deus nos provê aquilo que é necessário para manter a vida que ele nos deu. É suficiente. Entreguemos a nossa vida nas mãos dele. Se vivermos mais um dia, Deus também proverá.

Acima de tudo, não façamos do cuidado com coisas futuras uma desculpa para negligenciar os nossos encargos presentes. Esse é o modo mais fatal de nos preocuparmos com o amanhã. E como é comum entre os homens! Muitos não gostam de ouvir isso. Todos são exortados a manterem uma consciência livre de ofensas. Pregamos para que se abstenham daquilo que sabem que é mau. Mas eles nunca deixam de perguntar: "Então, como devemos viver? Não devemos cuidar de nós mesmos e da nossa família?". E imaginam que isso é motivo suficiente para continuar num pecado voluntário conhecido. Dizem, e talvez pensem, que serviriam a Deus agora, se não fosse possível perder a renda que têm. Eles se preparariam para a eternidade, mas temem carecer das necessidades da vida. Então servem ao Diabo por um bocado de pão. Correm para o inferno por medo da escassez. Jogam fora a pobre alma, achando que em um momento ou outro precisarão daquilo que é necessário para o corpo.

Não é estranho que aqueles que desse modo tomam a questão das mãos de Deus se desapontam tão frequentemente com as coisas que buscam? Enquanto jogam fora o céu para garantir as coisas da terra, perdem aquele e não ganham essas. O Deus zeloso, no sábio curso de sua providência, não raramente consente nisso. Então os que não lançam seus cuidados sobre Deus perdem a própria porção que escolheram. Há uma praga visível em todas as suas realizações. Nada do que fazem prospera. Falham tanto que, depois de terem traído Deus pelo mundo, perdem o que buscaram, assim como o que não buscaram. Ficam aquém do Reino de Deus e de sua justiça. Então outras coisas também não lhes são acrescentadas.

Há outra forma igualmente proibida de cuidar do amanhã nessas palavras. É possível cuidar de maneira errada, mesmo com respeito às coisas espirituais. É possível sermos tão cuidadosos quanto ao que pode ocorrer daqui a pouco que cheguemos a negligenciar o que se requer agora das nossas mãos. Como escorregamos inconscientemente nisso quando não estamos alertas em oração contínua. Como é fácil sermos levados, numa espécie de sonambulismo, projetando esquemas distantes. Como desenhamos belas cenas na nossa própria imaginação. Pensamos em como será bom estar em tal lugar ou quando tal tempo chegar. Como seremos úteis e abundantes em boas obras, quando as circunstâncias forem mais favoráveis! Como serviremos a Deus com afinco quando os obstáculos forem tirados do caminho!

Talvez você esteja com a alma pesada. É como se Deus escondesse a face de você. Você vê pouca luz de seu rosto. Não consegue experimentar seu amor redentor. Nessa disposição mental, é muito natural dizer: "Ah, como louvarei a Deus quando sua face se levantar sobre minha alma! Como exortarei outros a louvá-lo quando seu amor for de novo derramado com abundância no meu coração. Então farei muitas coisas. Falarei sobre Deus em todos os lugares. Não me envergonharei do evangelho de Cristo. Então remirei o tempo. Usarei até o último talento que recebi".

Não acredite em si mesmo. Você não fará isso depois, a menos que o faça agora. Aquele que é fiel no pouco de qualquer espécie será fiel no muito.[12] Se você agora esconde um talento na terra, mais tarde esconderá cinco. Ou seja, você os esconderá sempre que lhe forem dados, mas há pouca razão para esperar que sejam. Aliás, àquele que possui, que usa o que possui, muito será dado, e ele terá com maior abundância. Daquele que não possui, que não usa a graça que já recebeu, porém, até isso lhe será tirado.[13]

E não se preocupe com as tentações de amanhã. Essa também é uma armadilha perigosa. Não pense: "Quando vier essa tentação, que farei? Como vou enfrentá-la? Sinto que não tenho forças para resistir. Não serei capaz de vencer esse inimigo". É a mais pura verdade. Você não tem agora uma força de que não necessita no momento. Você não é capaz neste instante de vencer esse inimigo. Por ora ele não está atacando você. Com a graça que você tem agora, não poderia suportar as tentações que não sofre. No entanto, quando a tentação chegar, a graça virá. Em provações maiores, você terá maior força. Quando os sofrimentos se multiplicam, as consolações de Deus aumentam na mesma proporção. Assim, em cada situação, a graça de Deus será suficiente para você. Ele não permite que você seja tentado hoje acima do que é capaz de suportar. Em cada tentação, ele dará uma via de escape. De acordo com os dias, assim será a sua força.

[12] Lucas 16.10.

[13] Mateus 25.29,30.

Portanto, deixe que o amanhã se ocupe das suas coisas. Ou seja, quando o amanhã chegar, então pense a respeito. Viva o hoje. Que sua máxima preocupação seja aproveitar a hora presente. Isso pertence a você, é tudo o que é seu. O passado é como nada, como se nunca tivesse sido. O futuro é nada também. Não é seu. Talvez nunca seja. Não é possível depender daquilo que ainda não chegou. Você não sabe o que um dia pode trazer. Portanto, viva o hoje. Não perca nenhuma hora. Use este momento, pois é tudo o que você tem. Quem sabe das coisas que vieram antes ou das que virão depois? Onde estão agora as gerações que existiram desde o início do mundo? Elas se foram, esquecidas. Já foram um dia. Viveram seus dias. Então foram varridas da terra como folhas de uma árvore. Apodreceram e dissolveram-se na poeira comum. Povos e povos se sucederam. Então seguiram a geração dos antepassados e jamais voltarão a ver a luz do dia. Agora é a sua vez na terra. Alegre-se, jovem, nos dias de sua mocidade. Aproveite o agora, desfrutando daquele cujos anos não falham. Mas que os seus olhos estejam fixados firmemente naquele em que não há variações. Dê agora seu coração a ele. Entregue-se a ele. Seja agora santo, como ele é santo. Agarre a oportunidade de realizar a vontade aceitável e perfeita de Deus. Alegre-se em sofrer a perda de todas as coisas para ganhar Cristo.

Aceite hoje, de bom grado, tudo o que ele permite que sobrevenha a você. Não olhe para os problemas de amanhã. "Basta a cada dia o seu próprio mal." Falando como falam os homens, não importa se o mal é a reprovação, a necessidade, a dor ou a doença. Na linguagem de Deus, tudo é bênção. É bálsamo precioso preparado pela sabedoria de Deus e distribuído de maneira variada entre seus filhos, de acordo com as várias necessidades da alma. E Deus dá num dia o suficiente para esse dia, proporcionalmente à necessidade e à força da pessoa. Se você agarrar hoje o que pertence ao amanhã, se acrescentar isso ao que já recebeu, será mais do que você consegue suportar. Esse é um modo de destruir a própria alma, não de curá-la. Assim, tome exatamente o que Deus dá a você hoje. Hoje, faça e aceite a vontade dele. Hoje, entregue-se, corpo, alma e espírito, a Deus, por meio de Cristo Jesus. Não deseje nada, senão que Deus seja glorificado em tudo o que você é, em tudo o que você faz e em tudo o que você sofre. Não busque nada, senão conhecer a Deus e a seu Filho Jesus Cristo, por meio do Espírito Santo eterno. Não busque nada, senão amá-lo, servir-lhe e desfrutar de seu senhorio nesta hora e por toda a eternidade.

Capítulo 12

RECEBER OS DONS DE DEUS[1]

"Não julguem, para que vocês não sejam julgados. Pois da mesma forma que julgarem, vocês serão julgados; e a medida que usarem, também será usada para medir vocês. Por que você repara no cisco que está no olho do seu irmão, e não se dá conta da viga que está em seu próprio olho? Como você pode dizer ao seu irmão: 'Deixe-me tirar o cisco do seu olho', quando há uma viga no seu? Hipócrita, tire primeiro a viga do seu olho, e então você verá claramente para tirar o cisco do olho do seu irmão.
Não deem o que é sagrado aos cães, nem atirem suas pérolas aos porcos; caso contrário, estes as pisarão e, aqueles, voltando-se contra vocês, os despedaçarão.
Peçam, e lhes será dado; busquem, e encontrarão; batam, e a porta lhes será aberta. Pois todo o que pede, recebe; o que busca, encontra; e àquele que bate, a porta será aberta.
Qual de vocês, se seu filho pedir pão, lhe dará uma pedra? Ou se pedir peixe, lhe dará uma cobra? Se vocês, apesar de serem maus, sabem dar boas coisas aos seus filhos, quanto mais o Pai de vocês, que está nos céus, dará coisas boas aos que lhe pedirem! Assim, em tudo, façam aos outros o que vocês querem que eles lhes façam; pois esta é a Lei e os Profetas." (Mateus 7.1-12)

Neste ponto, Jesus termina seu propósito principal. Ele anunciou toda a religião verdadeira e com cuidado a protegeu das mudanças promovidas por quem quisesse reduzir o valor da Palavra de Deus. Estabeleceu regras para preservar as intenções corretas em todas as ações exteriores. A seguir, passa a destacar no sermão os principais obstáculos à religião. E então conclui sua fala com aplicações práticas.

[1] Wesley. Sobre o sermão de nosso Senhor no monte, Discurso X. **Quarenta e quatro sermões**, Sermão XXV.

No quinto capítulo de Mateus, Jesus descreveu em detalhes a religião interior e seus vários desdobramentos. Ali nos apresentou a disposição das almas que constituem o verdadeiro cristianismo. Ensinou sobre as atitudes contidas na santidade sem a qual ninguém verá o Senhor. Descreveu os sentimentos que fluem de uma fé viva em Deus, mediante sua revelação. E mostrou que só eles são intrinsecamente bons e aceitáveis a Deus.

No sexto capítulo de Mateus, Jesus mostrou como todas as nossas ações, mesmo as que são indiferentes quanto à natureza, podem tornar-se santas, boas e aceitáveis a Deus por uma intenção pura e santa. Qualquer coisa que seja feita sem essa intenção, declarou ele, não tem valor para Deus. Entretanto, qualquer obra exterior consagrada a Deus com intenções santas é de grande valor a seus olhos.

Nas primeiras partes do sétimo capítulo, Jesus destaca os obstáculos mais comuns e fatais à santidade. Na parte final do capítulo, exorta-nos a superá-los e garantir o prêmio da nossa elevada vocação.

O primeiro obstáculo contra o qual ele nos alerta é o julgamento. "Não julguem, para que vocês não sejam julgados." Não julgue os outros para não ser julgado por Deus. Não atraia sobre sua cabeça, por conta disso, a vingança divina. "Pois da mesma forma que julgarem, vocês serão julgados; e a medida que usarem, também será usada para medir vocês." Essa é uma regra simples e justa. Por meio dela, Deus permite que vocês escolham a maneira pela qual ele deve lidar com vocês. Com suas próprias ações, vocês definem o julgamento que receberão do Senhor.

Essa cautela é necessária para todos. Não há tempo, estação ou lugar na vida em que isso não seja importante. Até sermos aperfeiçoados no amor, nunca faltarão tentações e ocasiões para julgamento. As tentações nesse sentido são inúmeras. Muitas estão tão disfarçadas que caímos em pecado antes de suspeitarmos de algum perigo. Elas produzem danos ilimitados. O dano sempre sobrevém àquele que julga o outro. Ao ferir a própria alma, ele se expõe ao julgamento justo de Deus. Com frequência, os julgados são enfraquecidos e impedidos na busca a Deus. Às vezes ficam totalmente transtornados e regridem até a perdição final. Quando essa raiz de amargura aparece, muitos terminam manchados. O cristianismo é com frequência difamado por esse motivo. Seu nome valioso é blasfemado por causa dessa prática.

Entretanto, não parece que Jesus fez esse alerta apenas, ou principalmente, para os cristãos. Pelo contrário, ele alertou todas as pessoas do mundo. Alertou aqueles que não conhecem Deus. Os ímpios não podem deixar de ouvir os que seguem o cristianismo. Observam os que se esforçam para serem sérios, gentis, misericordiosos e puros de coração. Veem os que almejam sinceramente essas atitudes santas que ainda não desenvolveram. Enquanto esperam essa mente santa, fazem o bem a todos os homens e sofrem pacientemente o mal. Qualquer um que age assim não pode ser escondido, exatamente como não se pode esconder uma cidade estabelecida sobre um monte.

Por que os ímpios que veem essas boas obras não glorificam a Deus que está nos céus? Que desculpa dão por não seguirem os passos do verdadeiro cristão? Por que não imitam o exemplo deles, seguindo-os como eles seguem Jesus?

Para prover uma desculpa para si mesmos, condenam aqueles a quem devem imitar. Gastam seu tempo encontrando as faltas dos outros, em vez de corrigir as próprias. Ficam tão preocupados com o desvio dos outros que nunca alcançam a fé. Nunca progridem. Nunca vão além de uma pobre forma morta de devoção sem o poder do Espírito Santo.

Jesus falou especialmente a esses: "Por que você repara no cisco que está no olho do seu irmão?". Por que você vê as enfermidades, os enganos, a imprudência e a fraqueza dos filhos de Deus? Por que faz isso sem considerar a viga que está em seu próprio olho? Você não vê a própria impenitência que o condena? Você ignora o próprio orgulho satânico, a vontade própria perversa e seu amor idólatra ao mundo. Eles estão em você e fazem que toda a sua vida seja abominação para Deus. Acima de tudo, você caminha para o inferno com descuido e indiferença notáveis. E como, então, pode dizer ao seu irmão: "Deixe-me tirar o cisco do seu olho"? Com que autoridade, decência ou modéstia você pode fazer isso? Você o criticaria por causa de seu zelo por Deus, abnegação e grande descompromisso com os cuidados do mundo e o trabalho secular. Você o corrigiria pelo desejo de estar em oração ou ouvindo as palavras de Deus dia e noite.

Veja, há uma viga em seu olho. Não é um cisco como no olho deles. Hipócrita! Você finge cuidar dos outros, mas não cuida da própria alma. Demonstra zelo pela causa de Deus, quando na verdade não o ama nem o teme. Primeiro tire a viga do próprio olho. Depois jogue fora a viga da impenitência. Conheça-se. Veja-se e sinta-se como pecador. Admita sua perversidade. Reconheça que você é totalmente corrupto e abominável, e que a ira de Deus permanece sobre você. Jogue fora a viga do orgulho. Deteste a você mesmo. Encolha-se, tornando-se pequeno e humilde aos próprios olhos. Jogue fora a viga da vontade própria. Aprenda o que significa: "Se alguém quiser acompanhar-me, negue-se a si mesmo".[2] Negue-se e tome sua cruz diariamente. Deixe toda a sua alma clamar: "Desci do céu". Você fez isso, você, um espírito imortal, saiba ou não disso. Você veio não para fazer a própria vontade, mas a vontade de Deus que o enviou. Esconda-se do amor ao mundo. Seja crucificado para o mundo, e que o mundo seja crucificado para você. Só use o mundo, mas desfrute de Deus. Busque toda a sua felicidade nele.

Acima de tudo, jogue fora aquela grande viga de descuido e indiferença. Considere profundamente a única coisa que é necessária, aquela em que você raramente pensa. Saiba e sinta que você é um pecador pobre e culpado, tremendo à beira da eternidade. O que você é? É um pecador nascido para morrer, uma folha levada pelo vento, um vapor pronto a se esvair, que acaba de aparecer e logo se dissipa no ar para nunca mais ser visto! Compreenda isso. Quando compreender, você verá claramente como livrar-se da viga do seu próprio olho. Então, se você tiver descanso das preocupações da própria vida, saberá como corrigir também o seu irmão.

Qual o devido sentido da instrução: "Não julguem"? Qual o julgamento Jesus proíbe? Não é o mesmo que falar mal, embora com frequência esteja associado a isso. Falar mal é relatar algum mal a respeito de uma pessoa ausente. O julgamento pode referir-se a uma pessoa ausente ou presente. Não implica necessariamente a fala. Pode ser apenas pensar mal a respeito de outro. Jesus não condena todos os tipos de palavras más nessa ordem. Se você vê alguém cometendo um roubo ou homicídio, ou o ouve amaldiçoando o nome de Deus, não pode evitar pensar mal dele. Isso não é julgar mal. Não há pecado nisso, nem alguma coisa contrária ao sentimento cristão.

O julgamento aqui condenado por Jesus envolve pensar no outro de um modo contrário ao amor. Há vários tipos de julgamento. Primeiro, podemos considerar o outro culpado, quando na verdade ele não é. Nós o culpamos, pelo menos no nosso íntimo, por coisas das quais ele não tem culpa. Podemos culpá-lo por palavras que ele jamais falou ou atos que jamais realizou. Podemos pensar que sua maneira de agir foi errada, ainda que na realidade não fosse. Podemos acreditar que o ato estava errado, embora na realidade não estivesse. E, quando nenhuma acusação é justa, podemos supor que a intenção não era boa. Podemos condená-lo com base nisso.

[2] Lucas 9.23.

Nós o julgamos, ao mesmo tempo que Deus vê que o coração dele está cheio de boas intenções e piedosa sinceridade.

Condenar falsamente o inocente não é a única maneira de julgar. O julgamento pode ser a condenação do culpado num grau mais elevado do que ele merece. Essa espécie de julgamento também é uma ofensa contra a justiça e a misericórdia. Só os sentimentos mais fortes e ternos podem guardar-nos disso. Sem eles, supomos prontamente que uma pessoa incorreu em falta mais grave do que aconteceu na realidade. Subestimamos qualquer bem que nela se encontre. Não é fácil sermos convencidos a acreditar que algo de bom possa restar naquele que consideramos culpado.

Tudo isso manifesta uma completa falta daquele amor que não julga mal. Tal amor nunca forma uma conclusão injusta ou cruel com base em alguma premissa, qualquer que seja. O amor não infere, quando uma pessoa cai num ato de pecado flagrante, que ela peca usualmente. Não acredita que ela é habitualmente culpada de pecar. E, se ela foi habitualmente culpada numa época, o amor não deduz que continua assim. Muito menos conclui: é agora culpada disso, por conseguinte é culpada também de outros pecados. Todos esses raciocínios maldosos pertencem ao julgamento pecaminoso contra o qual Jesus nos alerta. Precisamos ter o máximo cuidado para evitá-los se amamos a Deus ou a nossa própria alma.

Suponha, porém, que não condenemos o inocente nem condenemos o culpado em um mínimo a mais do que ele merece. Ainda assim, podemos não ter nenhuma clareza quanto a essa armadilha do julgamento. Há uma terceira parte do julgamento pecaminoso, que é condenar uma pessoa quando não há provas suficientes. Mesmo que os fatos que supomos serem verdadeiros o sejam de fato, isso não nos isenta. Porque os fatos não precisam ser pressupostos, mas provados. Até que a culpa seja comprovada, não podemos formar um julgamento. Não estamos desculpados, mesmo que os fatos sejam tão fortes quanto as provas, a menos que as provas sejam produzidas antes de julgarmos. Até termos comparado as evidências de ambos os lados, não podemos julgar. Nunca seremos desculpados se proferirmos a sentença completa antes que o acusado se manifeste.

Até o judeu nos ensina essa lição simples de justiça, abstraída da misericórdia e do amor fraternal. Nicodemos indaga: "A nossa lei condena alguém, sem primeiro ouvi-lo para saber o que ele está fazendo?".[3] Até um pagão poderia replicar, quando

[3] João 7.51.

o chefe da nação judaica desejava ter um julgamento contra seu prisioneiro: "Não é costume dos romanos julgar qualquer homem antes que o acusado possa encontrar seus acusadores face a face e ter o direito de responder por si mesmo a respeito do crime pelo qual é acusado".

Não cairíamos facilmente no julgamento pecaminoso se observássemos as regras que nos chegam dos pagãos romanos. Um deles escreveu sobre suas regras pessoais a respeito da prática do julgamento. Ele disse: "Estou tão longe de até levemente crer nas evidências de cada homem ou em alguma evidência de alguém contra outro que não acredito fácil nem imediatamente em evidências de um homem contra si mesmo. Sempre lhe permito pensar de novo e muitas vezes o aconselho a fazê-lo".[4] Os que são chamados cristãos devem fazer o mesmo. De outro modo, até a prática dos pagãos pode ser usada para nos condenar.

Assim é que raramente devemos condenar ou julgar uns aos outros. Esse mal logo seria corrigido se andássemos pelas regras claras e expressas que Jesus nos ensinou. Outra delas é: "Se o seu irmão pecar contra você, vá e, a sós com ele, mostre-lhe o erro". Se você ouviu uma ofensa ou acredita ter sido ofendido, esse é o primeiro passo a tomar. "Mas se ele não o ouvir, leve consigo mais um ou dois outros, de modo que 'qualquer acusação seja confirmada pelo depoimento de duas ou três testemunhas' ". Esse é o segundo passo. "Se ele se recusar a ouvi-los, conte à igreja."[5] Conte ou aos líderes da igreja ou à congregação inteira. Você terá feito sua parte. Depois, não pense mais no assunto. Entregue-o para Deus.

Suponha, pela graça de Deus, que você tenha tirado a viga do próprio olho e agora veja claramente o cisco que está no olho do seu irmão. Cuide-se, então, de não se machucar tentando ajudá-lo. Cuidado: "Não deem o que é sagrado aos cães". Não julgue precipitadamente que alguém merece esse título. Contudo, se parecer que merece, então, "nem atirem suas pérolas aos porcos". Fique alerta contra o zelo que não corresponde ao conhecimento. Esses atos podem ser outro obstáculo no caminho daqueles que desejam ser perfeitos como o pai. Os que almejam essa perfeição não conseguem deixar de desejar que todos os outros participem da mesma bênção. Quando recebemos os dons celestiais pela primeira vez, a evidência divina de coisas invisíveis, perguntamos por que todas as pessoas não veem as coisas que vemos com tanta nitidez. Não temos nenhuma dúvida de que seremos capazes

[4] Sêneca.

[5] Mateus 18.15-17.

de abrir os olhos deles e explicá-las. Desse modo, estamos prontos a pregar a todos os que encontramos. Esforçamo-nos para vê-los e esclarecê-los, queiram eles ou não. Com frequência sofremos na própria alma por causa do insucesso que brota desse zelo destemperado. Para evitar esse gasto vão da nossa energia, Jesus acrescenta um alerta necessário. É um alerta necessário a todos, mas especialmente aos que ainda estão aquecidos em seu primeiro amor por meio do Espírito Santo: "Não deem o que é sagrado aos cães, nem atirem suas pérolas aos porcos; caso contrário, estes as pisarão e, aqueles, voltando-se contra vocês, os despedaçarão".

"Não deem o que é sagrado aos cães." Seja cuidadoso ao pensar que alguém merece esse título. Obtenha primeiro provas plenas e incontestáveis. Consiga uma prova que você não consegue refutar. Quando ficar clara e inquestionavelmente provado que alguém é ímpio e perverso, inimigo de Deus e de toda justiça e santidade, então não lhe dê o que é santo, literalmente "o que é sagrado". São as boas-novas de Jesus.

As doutrinas santas e específicas do evangelho foram ocultadas das eras e gerações antigas. Agora são dadas ao nosso conhecimento pela revelação de Jesus e pela inspiração de seu Espírito Santo. Elas não podem ser prostituídas por homens profanos, que nem sabem que existe um Espírito Santo. Ministros da igreja não podem deixar de falar do evangelho em cultos onde provavelmente estarão alguns deles. Os ministros devem pregar ali, quer os ímpios ouçam, quer não.

Esse não é o caso dos cristãos leigos. Eles não têm essa responsabilidade. Não têm a obrigação de impor essas verdades gloriosas aos que as contradizem ou blasfemam. Não precisam apresentar o evangelho aos que demonstram arraigada inimizade contra elas. Não devem fazer isso. Devem ocupar o tempo com aqueles que são capazes de ouvir e acolher. Não iniciem com eles uma pregação sobre a remissão de pecados e os dons do Espírito Santo. Fale aos honrados, à maneira deles, de acordo com os princípios deles, sobre a razão da justiça, a sobriedade e o julgamento por vir. Esse é o modo mais provável de conseguir a atenção deles. Reserve os assuntos mais elevados para os de capacidade maior.

"Não atirem suas pérolas aos porcos." Evite fazer esse julgamento a respeito de alguém. Se o fato for evidente e inegável, se estiver acima de questionamentos, então não jogue suas pérolas diante deles. O "porco" é aquele que não se empenha em se disfarçar. Pelo contrário, vangloria-se da vergonha. Ele não tem pureza no coração nem na vida, e age com toda a imundícia e avareza. Não fale com ele a respeito dos mistérios do Reino. Não fale sobre coisas que os seus olhos não viram nem os seus ouvidos ouviram. Uma vez que ele não tem sensibilidade espiritual, isso não entra no seu coração e ele não as percebe. Não lhe fale das grandes e preciosas promessas que Deus nos deu na revelação de Jesus. Que convicção ele pode ter para ser feito participante da natureza divina? Ele nem demonstra o desejo de escapar da corrupção que está no mundo. O conhecimento que ele tem dessas coisas é tão grande quanto o dos porcos acerca de pérolas. Ele deseja as profundezas de Deus, assim como os porcos desejam uma pérola. Aquele que está imerso na lama deste mundo, nos prazeres, desejos e cuidados mundanos, não tem nenhum conhecimento dos mistérios do evangelho. Não atirem suas pérolas diante deles para que não as despedacem com os pés. Eles desprezarão completamente o que não conseguem compreender e falarão mal das coisas que não conhecem. É possível que esse não seja o único inconveniente que se seguiria. De acordo com a natureza deles, não seria estranho se eles se voltassem contra você e o atacassem. Eles são capazes de retribuir-lhe com o mal o seu bem, com maldição a sua bênção e com ódio a sua boa vontade. Tal é a inimizade da mente carnal contra Deus e as coisas do alto. Tal é o tratamento que você deve esperar deles, caso lhes ofereça a ofensa imperdoável de se aventurar a salvar da morte a alma deles. Eles não o perdoarão por tentar fazer deles como tição arrancado do fogo.

Entretanto, você não precisa desesperar-se por completo nem mesmo por esses que se voltam contra você e o dilaceram agora. Quando todos os seus argumentos e persuasão falham, ainda sobra outro remédio. É um que se mostra efetivo quando nenhum outro método funciona: a oração. Portanto, o que você deseja ou precisa para os outros ou para a própria alma, seja o que for, a esse respeito, Jesus assevera: "Peçam, e lhes será dado; busquem, e encontrarão; batam, e a porta lhes será aberta". A negligência nesse ponto é o terceiro grande obstáculo à santidade. Não temos porque não pedimos.[6]

Basta pedir, e você seria manso e bondoso, humilde de coração e pleno de amor a Deus e ao próximo. Tudo o que você precisa fazer é continuar orando. Assim, nesse caso, peça, e isso lhe será dado. Peça que você possa experimentar por completo e praticar com perfeição toda a religião que Jesus descreve aqui com tanta beleza. Você receberá a santidade que está nele, tanto no coração como em todo o seu falar.

[6] Tiago 4.2.

Busque da maneira que ele orientou. Sonde as Escrituras. Ouça a Palavra. Medite na Palavra. Jejue e participe da comunhão. Certamente você encontrará aquela pérola de grande preço, aquela fé que vence o mundo. E receberá aquela paz que o mundo não pode dar, aquele amor que é sinal da sua herança.

Bata. Continue em oração e em todos os outros caminhos do Senhor. Que a sua mente não se canse nem desanime. Prossiga para o alvo. Não aceite recusas. Não deixe Deus partir antes de abençoá-lo. E a porta da misericórdia, da santidade e do céu será aberta para você.

Jesus teve compaixão da dureza do nosso coração. Ele sabia que não estávamos prontos para acreditar na bondade divina. Então precisava ampliar, repetir e confirmar o que havia ensinado. Ele disse: "todo o que pede, recebe". Ninguém precisa ficar fora da bênção. "O que busca, encontra." Todos os que buscam encontrarão o amor e a imagem de Deus. "Àquele que bate, a porta será aberta." Para todos os que batem, a porta do Reino será aberta. Eles receberão a justiça. Portanto, não há espaço para desânimo. Isso significa que ninguém pedirá, buscará ou baterá em vão. Lembre-se de sempre orar, buscar, bater e não desanimar. Esta promessa permanece tão firme quanto os pilares do céu. Até mais firme, pois o céu e a terra passarão, mas a Palavra de Deus não passará.

Jesus eliminou qualquer pretexto para a incredulidade. Nos versículos seguintes, ele ilustra o que disse, apelando ao que se passa no nosso coração: "Qual de vocês, se seu filho pedir pão, lhe dará uma pedra?". Mesmo a sua afeição natural permitirá que recuse o pedido razoável de alguém que você ama? "Ou se pedir peixe, lhe dará uma cobra?" Você dará algo que lhe seja perigoso em lugar do útil? Então, até por aquilo que você mesmo sente e faz, pode receber a mais plena certeza de Deus. Você pode estar certo, por um lado, de que nenhuma consequência má advirá do que você pedir. Por outro lado, pode ter certeza de que receberá uma bênção, a provisão completa para todas as suas necessidades. "Se vocês, apesar de serem maus, sabem dar boas coisas aos seus filhos, quanto mais o Pai de vocês, que está nos céus", que é puro, genuíno, essência da bondade, "dará coisas boas aos que lhe pedirem!" Em outra ocasião, Jesus o expressou assim: "[o Pai] dará o Espírito Santo a quem o pedir".[7] Nele estão incluídas todas as coisas boas. Dele vem toda sabedoria, paz, alegria e amor. Ele dá todos os tesouros da santidade e felicidade. Dá tudo o que Deus preparou para aqueles que o amam.

[7] Lucas 11.9-13.

Cuide de para ser caridoso com todos. Então as suas orações terão todo o peso diante de Deus. Caso contrário, é mais provável que tragam mais maldição que bênção. Você não pode esperar receber nenhuma bênção de Deus enquanto não for caridoso com o seu próximo. Assim, que esse obstáculo seja removido sem demora. Confirme seu amor para com os outros e para com toda a humanidade. Ame não só com palavras, mas com atos e em verdade. "Assim, em tudo, façam aos outros o que vocês querem que eles lhes façam; pois esta é a Lei e os Profetas."[8] Essa é a lei real. É a regra áurea de misericórdia e também de justiça. Até um imperador pagão tinha essa inscrição sobre a porta de seu palácio.[9] Trata-se de uma regra que muitos acreditam estar naturalmente inscrita na mente de todos os que nascem neste mundo. Isto é certo: ela mesma se recomenda, assim que é ouvida, à consciência e ao entendimento de cada homem. Nenhum homem pode transgredi-la conscientemente, sem carregar a condenação no próprio coração.

"Esta é a Lei e os Profetas." O sermão de Jesus inclui todos os pontos essenciais revelados por Deus à humanidade por meio de seus profetas desde o princípio do mundo. Todos eles estão resumidos nessas poucas palavras. Todos estão contidos nessa breve orientação. Isso, devidamente compreendido, abrange toda a religião que Jesus veio estabelecer sobre a terra.

Isso pode ser compreendido tanto no sentido positivo quanto no sentido negativo. No sentido negativo, o significado é: "O que você não quer que os homens lhe façam, não faça a eles". Eis uma regra simples, sempre à mão, sempre fácil de aplicar. Em todos os casos que dizem respeito ao próximo, faça da causa dele a sua. Suponha as circunstâncias invertidas. Suponha que você esteja exatamente como ele está agora. Então cuide de não se entregar a nenhuma atitude ou pensamento, de nenhuma palavra sair de seus lábios e de não dar nenhum passo que você condenaria em circunstâncias reversas. Compreendido no sentido direto e afirmativo, o significado é claro. "Tudo o que você, sendo razoável, poderia desejar no outro, supondo que estivesse no lugar dele, faça com toda a sua força a cada pessoa na terra."

Podemos aplicar isso em um ou dois casos óbvios. É claro para a consciência de todo homem que não queremos que os outros nos julguem. Não gostaríamos que ninguém pensasse mal de nós de maneira leviana ou sem causa. Não gostaríamos que ninguém falasse mal de nós ou publicasse nossas faltas ou falhas. Aplique isso a

8 Mateus 7.12.

9 Alexandre Severo, c. 222-235 d.C.

você mesmo. Não faça aos outros o que você não gostaria que fizessem com você. Aplicando isso, você nunca mais julgará o seu próximo. Nunca pensará mal de alguém sem motivo ou de maneira leviana. Muito menos falará mal. Jamais mencionará as faltas de uma pessoa ausente, a menos que esteja convencido de que isso é absolutamente necessário para o bem de outras almas.

Gostaríamos que todos os homens nos amassem e nos estimassem. Gostaríamos que agissem de acordo com a justiça, a misericórdia e a verdade. Gostaríamos que fizessem para nós todo o bem que conseguissem sem prejuízo para eles mesmos. Em todas as coisas exteriores, de acordo com a regra conhecida, eles deveriam abrir mão do luxo em prol das nossas conveniências. Eles deveriam abrir mão das conveniências deles em prol das nossas necessidades. Deveriam abrir mão das necessidades deles em prol das nossas necessidades extremas. Agora, vamos inverter a mesma regra. Vamos fazer a todos o que gostaríamos que fizessem a nós. Vamos amar e honrar todos os homens. Que a justiça, a misericórdia e a verdade governem a nossa mente e as nossas ações. Que abramos mão dos nossos luxos em favor das conveniências do próximo. Se isso for feito, quem ficará com algum luxo? Que abramos mão das nossas conveniências em favor das necessidades do próximo. Que abramos mão das nossas necessidades em favor das suas necessidades extremas.

Isso é moralidade pura e genuína. Faça isso, e você viverá. A todos quantos seguem essa regra, que haja a paz e a misericórdia. Esses são o Israel de Deus. Devemos observar, contudo, que ninguém consegue seguir essa regra sem a graça de Deus. Ninguém consegue amar o próximo como a si mesmo, a menos que primeiro ame a Deus. Ninguém consegue amar a Deus, a menos que antes acredite em Cristo. E não consegue amar a Deus, a menos que tenha a redenção por meio de Cristo, e o Espírito Santo testificando com o seu espírito que ele é um filho de Deus.

A fé ainda é a raiz de toda a salvação presente e também futura. Precisamos dizer a cada pecador: Creia no Senhor Jesus Cristo, e você será salvo. Você será salvo agora, para ser salvo para sempre. Você pode ser salvo na terra para poder ser salvo no céu. Creia nele, e sua fé agirá por amor. Você amará o Senhor seu Deus porque ele o amou. Você amará o seu próximo como a si mesmo. Então será sua glória manifestar e aumentar esse amor não meramente abstendo-se daquilo que é contrário a ele, cada pensamento, palavra e ação indelicados, mas demonstrando a cada pessoa aquela bondade que você gostaria que ela demonstrasse a você.

Capítulo 13

A PORTA ESTREITA[1]

"Entrem pela porta estreita, pois larga é a porta e amplo o caminho que leva à perdição, e são muitos os que entram por ela. Como é estreita a porta, e apertado o caminho que leva à vida! São poucos os que a encontram." (Mateus 7.13,14).

Jesus nos alertou contra os perigos que podem facilmente nos assaltar na nossa primeira entrada na religião verdadeira. Obstáculos surgirão naturalmente dentro de nós por causa da perversidade do nosso próprio coração. Agora, Jesus passa a nos avisar dos obstáculos externos. Eles surgem principalmente de maus exemplos e maus conselhos. Por um ou outro desses motivos, muitos foram levados de volta ao pecado. Muitos desses não eram novatos na fé. Haviam feito alguns bons progressos na justiça. Por isso, Jesus reforça seus avisos a nós, com a máxima seriedade possível. Ele os repete muitas vezes com uma variedade de expressões, para que não escorreguemos por algum motivo. Para nos guardar disso com eficiência, ele nos alerta: "Entrem pela porta estreita, pois larga é a porta e amplo o caminho que leva à perdição, e são muitos os que entram por ela. Como é estreita a porta, e apertado o caminho que leva à vida! São poucos os que a encontram". Para nos proteger de errarmos o caminho, ele alertou: "Cuidado com os falsos profetas".[2] Vamos considerar agora a primeira parte desse alerta.

Ao observar a descrição que Jesus faz das duas portas, notamos primeiro as propriedades inseparáveis do caminho para o inferno. É uma porta larga e um

1 Wesley. Sobre o sermão de nosso Senhor no monte, Discurso XI. **Quarenta e quatro sermões**, Sermão XXVI.

2 Mateus 7.15-20.

caminho amplo que leva à destruição. Muitos seguem por esse caminho. Segundo, são descritas as propriedades inseparáveis do caminho para o céu. Essa porta é estreita, e apertado é o caminho. São poucos os que encontram esse caminho. Terceiro, Jesus nos faz uma exortação séria baseada no ensino: entrem pela porta estreita.

O pecado é a porta do inferno, e a corrupção, o caminho para a destruição. Assim, a porta larga é o pecado, e o caminho amplo é a perversão. Como é larga a porta do pecado! E como é amplo o caminho da perversidade! Compare isso com a amplitude dos mandamentos de Deus. Eles se estendem não somente a todos os nossos atos, como a cada palavra que sai da nossa boca e até a cada pensamento que brota no nosso coração. O pecado é tão amplo quanto esse mandamento. Qualquer transgressão do mandamento de Deus é pecado. O pecado é até mil vezes mais amplo, já que há apenas um modo de cumprir o mandamento. Não o cumprimos devidamente, a menos que acertemos o ato e o modo de cumpri-lo. Mas há milhares de modos de quebrar cada mandamento. Isso nos mostra que a porta é de fato larga.

Vamos analisar essa questão um pouco mais a fundo. Observe como os pecados primários se expandem, dando origem a todos os outros. Observe aquela mente carnal que está lutando contra Deus. Ela manifesta orgulho no coração, vontade própria e amor pelo mundo. Não há limites para esses pecados. Eles se espalham por todos os nossos pensamentos e se misturam aos nossos sentimentos. São o fermento que permeia a massa das nossas atitudes. Quando nos observamos atentamente, podemos perceber raízes de amargura brotando continuamente. Elas infectam todas as nossas palavras e mancham todas as nossas ações. E quantos outros pecados mais elas fazem brotar em cada época e nação. Geram o suficiente para cobrir toda a terra de trevas e cruéis condições de vida.

Quem é capaz de avaliar seus frutos malditos? Quem consegue contar todos os pecados, quer contra Deus, quer contra nosso próximo? Não precisamos apelar à imaginação; basta apelar a nossa melancólica experiência diária. Não precisamos vaguear por toda a terra para encontrá-los. Pesquise uma única nação. Observe qualquer país, cidade ou vila. Quantos são os exemplos! Você nem precisa olhar para os países ainda recobertos de trevas pagãs. Basta olhar para aqueles que anunciam o nome de Cristo e professam a luz do evangelho cristão. Não vá além do país em que você vive e da cidade em que você mora. Nós nos chamamos cristãos, sim, cristãos da mais pura espécie. Somos cristãos iluminados, modernos, racionais. Mas, infelizmente, quem levará a luz das nossas opiniões até o nosso coração e vida?

Não há uma causa? Inúmeros são os nossos pecados e profundas são as suas manchas. Os atos mais grosseiros de todo tipo sobejam em nós dia após dia. Pecados de toda sorte cobrem a terra como águas cobrem o mar. São incontáveis. É mais fácil sair e contar as gotas de chuva ou a areia da praia. Essa é a largura da porta e a amplitude do caminho que leva à destruição.

E haverá muitos que entram por essa porta. Muitos andarão por esse caminho. Quase o mesmo tanto está à porta da morte para se afundar nos aposentos do túmulo. Não se pode negar que até nos chamados países cristãos pessoas de qualquer idade e sexo, qualquer profissão e ocupação, posição e grau, qualquer lugar, ricas e pobres, estão trilhando o amplo caminho da destruição. A grande maioria dos habitantes da sua cidade, até hoje, vive em pecado. Pratica algumas transgressões palpáveis, habituais e conhecidas das leis de Deus que professa observar. Está envolvida em alguma transgressão exterior, algum tipo grosseiro e visível de impiedade ou injustiça. Viola abertamente sua obrigação para com Deus ou os homens. Todos esses, ninguém pode negar, estão no caminho que leva à destruição.

Acrescente a eles os que se chamam cristãos, mas nunca foram vivos para Deus. Por fora, parecem justos aos homens, mas por dentro estão cheios de impurezas. Repletos de vaidade, ira, vingança, ambição ou ganância, são amantes de si mesmos, do mundo e dos prazeres, mais que amantes de Deus. Podem ser tidos em alta conta pelos homens, mas são abominação para o Senhor. Esses aumentarão muito o número dos que seguem no caminho para o inferno.

Acrescente-se a todos eles ainda outro grupo. Alguns, sejam o que forem em outros aspectos, têm mais ou menos a forma de piedade. Entretanto, ignoram a justiça de Deus. Tentam estabelecer a própria justiça para serem aceitos por Deus. O resultado é que não se submetem à justiça que vem de Deus pela fé.

Agora, junte todos eles em um. Veja como é terrível e verdadeira a afirmação de Jesus. Aliás, larga é a porta e amplo o caminho que leva à destruição. Muitos entrarão por ela.

Isso não diz respeito só à multidão das pessoas comuns. Não se limita à parte pobre, humilde e estúpida da humanidade. Eminentes do mundo, pessoas com grandes riquezas, não se excluem disso. Pelo contrário, muitos sábios, de acordo com o julgamento humano, são chamados pelo mundo para o caminho amplo. Muitos são considerados grandes em poder, coragem e riquezas. Muitos chamados nobres seguem o chamado da carne e do Diabo. Quanto mais se elevam em fortuna e poder, mais fundo atolam na perversidade. Quanto mais bênçãos recebem de Deus, mais pecados cometem. Usam a honra e as riquezas, a educação ou a sabedoria não como meios para desenvolver a própria salvação. Pelo contrário, usam-nos para se excederem em perversões, e assim garantem a própria destruição. A própria razão pela qual tantos continuam seguramente nesse caminho é o fato de ele ser amplo. Os tais não consideram essa uma propriedade inseparável do caminho da destruição.

Há também uma propriedade inseparável do caminho para o céu. É um caminho estreito que leva à vida. Ele leva à vida eterna, e a porta é tão estreita que nada impuro, nada que não seja santo, pode entrar. Nenhum pecador consegue entrar por essa porta, até ser salvo de todos os pecados. Isso não se limita aos pecados exteriores e toda a conversa maligna recebida por tradição dos pais. Não bastará ele ter deixado de fazer o mal e aprendido a fazer o bem. Ele precisa não só ser salvo de todas as ações pecaminosas, mas também de todo discurso mal e inútil. Precisa ser transformado interiormente e renovado no espírito de sua mente. De outro modo, não pode entrar pela porta da vida. Não pode entrar para a glória.

O caminho da santidade universal é o caminho estreito que leva à vida. É de fato estreito o caminho da pobreza em espírito. Estreito é o caminho do choro santo. Estreito é o caminho da humildade. Estreito é o caminho da fome e sede de justiça. Estreito é o caminho da misericórdia e do amor não dissimulados. Assim é esse caminho da pureza de coração, do que faz o bem ao próximo. Estreito é o caminho daquele que de bom grado sofre o mal, todo tipo de mal, por amor à justiça.

"São poucos os que a encontram." Ai de nós, como são poucos até mesmo os que encontram o caminho da mera honestidade pagã. Poucos são os que não fazem aos outros nada do que não gostariam que lhe fizessem. Poucos são os que estão, diante de Deus, limpos de atos de injustiça ou da falta de bondade. Poucos são os que não ofendem com a língua, não falando nada que seja maldoso ou falso. Pequena é a parte da humanidade inocente mesmo em transgressões exteriores. E menor ainda é a proporção dos que têm coração correto diante de Deus. Poucos são limpos e santos aos seus olhos. Onde estão aqueles a quem os olhos de Deus, que tudo sonda, consideram verdadeiramente humildes? Onde estão os que se abominam na presença de Deus seu Salvador? Poucos são os profunda e firmemente sérios, que percebem a própria inadequação e passam o tempo da peregrinação com santo temor. Há muito poucos realmente humildes e mansos, que nunca vencem o mal com o mal, mas vencem o mal com o bem. São os que têm sede de Deus e desejam continuamente uma renovação à semelhança dele. Como são dispersos de maneira tênue sobre a terra aqueles cuja alma foi ampliada com amor por toda a humanidade! Como são escassos os que amam a Deus com toda a força e lhe entregam o coração, desejando nada mais nos céus ou na terra! São poucos os que amam a Deus e a humanidade, que empregam toda a sua força em fazer o bem ao próximo. Poucos são os que estão dispostos a sofrer todas as coisas, mesmo a própria morte, para salvar uma alma da morte eterna.

Enquanto houver poucos no caminho da vida e tantos no caminho da destruição, há enorme perigo de uma torrente de maus exemplos nos carregar para longe. Até um único exemplo, se estiver sempre à vista, é capaz de deixar uma grande marca em nós. Isso ocorre especialmente quando a natureza está a seu favor. Então pode ir ao encontro das nossas inclinações. Como é grande, nesse caso, a força de tantos exemplos que permanecem continuamente diante dos nossos olhos. Todos eles conspiram, junto com nosso próprio coração, para nos levar para baixo com o fluxo da natureza. Como é difícil enfrentar a maré e nos manter incólumes no mundo!

O que aumenta ainda mais a dificuldade é que esses exemplos não são a parte rude e insensata da humanidade. Pelo menos, não só esses estabelecem um exemplo e congestionam o caminho para baixo. Com frequência são os polidos, os bem-educados, os gentis, os sábios, aqueles que entendem o mundo. Podem ser pessoas de conhecimento, de cultura profunda e variada, atuais e eloquentes. Estão todos — quase todos — contra nós. Como é difícil levantar-nos contra eles. Da língua deles brota o maná, e eles aprenderam todas as artes da persuasão suave. Também se dedicam à polêmica. Todos são versados em todas as controvérsias e disputas de palavras. É, portanto, fácil provar que o caminho deles é correto porque é amplo. Só quem não os segue está errado. Dizem que o nosso caminho deve estar errado porque é estreito e são poucos os que o encontram. Eles deixarão claro que o mal é bom, e o bem, mau. Mostrarão que o caminho da santidade é o caminho da destruição. Provarão que o caminho do mundo é a única rota para o céu.

Como o inculto e ignorante pode sustentar a opinião contra tais oponentes? Mas esses não são os únicos com quem eles precisam competir, por mais desigual que seja a tarefa. Há muitos fortes, nobres e poderosos, assim como sábios, no caminho que leva à destruição. Há um modo mais curto de refutar que pela razão e pela discussão. Eles em geral apelam não ao entendimento, mas ao medo.

Ameaçam todos os que se opõem. É um método que raramente fracassa, mesmo quando os argumentos falham. Todos os homens podem ter medo, conseguindo ou não discutir. E todos os que não confiam firmemente em Deus, e não descansam seguros em seu poder e amor, acabam sucumbindo ao medo. Não ousam ofender os que têm o poder do mundo nas mãos. Não admira, portanto, que o exemplo deles seja uma lei para todos os que não conhecem Deus.

Muitos ricos também estão no caminho amplo. Eles apelam às esperanças e aos desejos insensatos dos homens. Esse apelo é muito eficiente, como quando os fortes e nobres apelam ao medo. É difícil você apegar-se ao caminho para o Reino, a menos que esteja morto para tudo o que é do mundo. A menos que você esteja crucificado para o mundo e o mundo esteja crucificado para você, a menos que não deseje nada além de Deus, o caminho amplo é atraente.

Em contraste, como é escura, desconfortável e ameaçadora a perspectiva do lado oposto — uma porta estreita e um caminho difícil. E só uns poucos encontram a porta. Poucos trilham esse caminho. Além disso, mesmo esses poucos não são, todos eles, sábios ou homens de cultura e eloquência. Com frequência, não são capazes de discutir com veemência nem clareza. Não conseguem propor um argumento vencedor. Não sabem provar o que professam crer. Nem conseguem explicar a fé que alegam ter experimentado. Decerto advogados desse tipo não recomendam, mas desacreditam, a causa que defendem.

Acrescente-se a isso o fato de não serem pessoas nobres ou famosas. Se fossem, você poderia aceitar a insensatez delas. São pessoas sem nenhum interesse, autoridade ou fama no mundo. Estão na base na escala social. Assim, não têm poder para ferir ninguém e não causam absolutamente nenhum temor. Não há absolutamente nada que esperar dessas pessoas. A maior parte delas pode dizer: "Não tenho prata nem ouro".[3] Se têm, é uma porção moderada. E algumas delas mal têm o que comer ou vestir. Por esse motivo e também porque seus caminhos não são como os dos outros, elas são criticadas em toda parte. Seu nome é desprezado, e elas são perseguidas de várias maneiras e tratadas como o lixo e a escória do mundo. Assim é que seus temores, suas esperanças e todos os seus desejos, todas as suas paixões naturais, inclinam você continuamente para o caminho amplo. Só a orientação que você recebe diretamente de Deus o impedirá de fazê-lo.

[3] Atos 3.6.

E é sobre isso que o Senhor nos exorta com tanta veemência: "Entrem pela porta estreita". Ou, como a mesma exortação é expressa em outro lugar: "Esforcem-se para entrar pela porta estreita".[4] Esforcem-se como se estivessem em agonia. Muitos tentarão entrar, de acordo com Jesus. Tentar de maneira indolente e não conseguirão.

É verdade que Jesus insinua outro motivo para isso. Em suas palavras imediatas, parece haver outra razão para esses não serem capazes de entrar. Após dizer que muitos não conseguiriam, Jesus acrescenta: "Quando o dono da casa se levantar e fechar a porta, vocês ficarão do lado de fora, batendo e pedindo: 'Senhor, abre-nos a porta'. Ele, porém, responderá: 'Não os conheço, nem sei de onde são vocês'. [...] Afastem-se de mim, todos vocês, que praticam o mal!".[5]

Num exame rápido desse texto, poderia parecer que a demora na busca, não a maneira de buscar, fosse o motivo pelo qual tais homens não podiam entrar. Na realidade, trata-se da mesma questão. Eles receberam ordens de se afastarem porque haviam praticado iniquidades. Haviam andado no caminho amplo. Em outras palavras, não se angustiaram para entrar pela porta estreita. Provavelmente haviam tentado antes de se fechar a porta, mas a tentativa não fora adequada. Eles se esforçaram depois que a porta se fechou, mas tarde demais.

Assim, esforce-se agora. Esforce-se neste seu dia para entrar pela porta estreita. Para tanto, fixe isso no seu coração. Que predomine sempre nos seus pensamentos que, se você estiver no caminho amplo, estará no caminho que leva à destruição. Se muitos andam com você, tão certo como Deus é verdadeiro, tanto eles como você estão rumando para o inferno. Se você está andando como a maioria dos homens, está seguindo para o abismo. São muitos os sábios, ricos, poderosos ou nobres viajando com você no mesmo caminho? Só por isso, sem observar nada mais, você sabe que esse caminho não leva à vida. Eis uma regra simples e infalível, antes de entrarmos nos detalhes. Em qualquer doutrina em que se envolva, você deve ser singular, ou estará perdido. O caminho para o inferno não tem nada de singular. O caminho para o céu é totalmente singular. Se você se move mesmo que um passo em direção a Deus, não é como a maioria dos homens. Mas que isso não o incomode. É muito melhor ficar sozinho do que cair na destruição. Corra, então,

4 Lucas 13.24ss.

5 Lucas 13.25,27.

com paciência a corrida a sua frente. Corra a corrida, mesmo que seus companheiros nela sejam poucos. Depois de um breve período, você encontrará a companhia incontável de anjos. Chegará à assembleia universal e à igreja dos primogênitos. E encontrará o espírito dos justos que foram aperfeiçoados.

Agora, portanto, esforce-se para entrar pela porta estreita, sendo inundado pela mais profunda consciência do perigo indizível que correrá sua alma enquanto você estiver no caminho largo. Você correrá esse perigo enquanto faltar pobreza em espírito e toda aquela religião interior. É aquela religião interior e aquela pobreza em espírito que os muitos, os ricos e os sábios consideram loucura. Esforce-se para entrar. Consuma-se de dor e vergonha por ter corrido tanto tempo com a multidão insensata. Lembre-se de quanto você negligenciou, se não desprezou, aquela santidade sem a qual ninguém verá Deus. Esforce-se como que em agonia de temor santo, para não perder a promessa de entrada no descanso que foi feita a você. Esforce-se com toda a febre de desejo, "com gemidos inexprimíveis".[6] Esforce-se orando sem cessar em todo tempo e em todos os lugares. Eleve seu coração a Deus, não lhe dando descanso até você despertar a semelhança dele. Então você encontrará satisfação nisso.

Esforce-se para entrar pela porta estreita não somente por essa agonia da alma, da condenação, da dor, da vergonha, do desejo, do medo e da oração incessante. Esforce-se para entrar cuidando de todas as suas conversas. Esforce-se andando com toda a sua força no caminho de Deus, o caminho da inocência, da devoção e da misericórdia. Abstenha-se de toda aparência do mal. Faça todo bem possível a toda a humanidade. Recuse-se a fazer a sua própria vontade em todas as coisas e tome sua cruz diariamente. Faça isso de modo que possa entrar no Reino dos céus.

[6] Romanos 8.26.

Capítulo 14

FALSOS PROFETAS[1]

"Cuidado com os falsos profetas. Eles vêm a vocês vestidos de peles de ovelhas, mas por dentro são lobos devoradores. Vocês os reconhecerão por seus frutos. Pode alguém colher uvas de um espinheiro ou figos de ervas daninhas? Semelhantemente, toda árvore boa dá frutos bons, mas a árvore ruim dá frutos ruins. A árvore boa não pode dar frutos ruins, nem a árvore ruim pode dar frutos bons. Toda árvore que não produz bons frutos é cortada e lançada ao fogo. Assim, pelos seus frutos vocês os reconhecerão!" (Mateus 7.15-20)

É quase impossível expressar ou conceber o grande número de pessoas que correm para a destruição porque não puderam ser persuadidas a andar no *caminho estreito*. Elas não querem entrar nesse caminho, ainda que seja o caminho para a salvação eterna. Podemos observar isso diariamente. Essa é a insensatez e loucura da humanidade. Milhares ainda se precipitam no caminho para o inferno, só porque é o caminho amplo. Andam ali porque os outros andam. Porque muitos perecerão, eles se somarão a eles. Essa é a influência assustadora do exemplo sobre fracos e miseráveis. Ela aumenta continuamente os habitantes das regiões da morte e afoga inúmeras almas na perdição eterna.

Toda a humanidade precisa ser alertada contra isso. Para proteger o máximo possível contra esse contágio que se dissemina, Deus tem levantado ministros. Ele ordenou que suas sentinelas clamassem e mostrassem às pessoas os perigos em que estão correndo. Com esse propósito, enviou profetas em suas sucessivas

[1] Wesley. Sobre o sermão de nosso Senhor no monte, Discurso XII. **Quarenta e quatro sermões**, Sermão XXVII.

gerações para indicar o caminho estreito e exortar todos a não se conformarem a este mundo. Mas e se as próprias sentinelas caíssem na armadilha sobre as quais deveriam alertar os outros? E se esses profetas começassem a profetizar de maneira enganosa? E se começassem a fazer as pessoas desviar do caminho? Então aquilo que indicassem como o caminho para a vida eterna poderia ser, na verdade, o caminho para a morte eterna. Eles estariam exortando os outros a andar como eles, no caminho amplo, não no estreito.

Isso não é incomum ou algo de que não se tem notícia. Deus sabe que não. Os exemplos são quase incontáveis. Nós os encontramos em todas as eras e nações. Como é terrível quando os ministros de Deus passam a ser embaixadores do Diabo. É miserável quando os comissionados para ensinar o caminho do céu ensinam aos homens, na realidade, o caminho para o inferno. Esses são como os gafanhotos do Egito. Devoram o resíduo que sobrou depois do granizo.[2] Devoram até o restante dos homens que escaparam, que não foram destruídos pelo mau exemplo deles. Não é sem motivo que Jesus nos alerta solenemente contra eles. "Cuidado com os falsos profetas. Eles vêm a vocês vestidos de peles de ovelhas, mas por dentro são lobos devoradores."

Esse é um aviso da máxima importância. Precisamos que ele se finque no nosso coração. Para isso, primeiro examinaremos quem são esses falsos profetas. Segundo, veremos qual é a aparência deles. Terceiro, aprenderemos a descobrir o que realmente são, independentemente de qualquer boa aparência.

Para começar, devemos perguntar quem são esses falsos profetas. É necessário fazer isso com toda a diligência. Esses mesmos falsos profetas têm pervertido as Escrituras para a própria, mas não unicamente a própria, destruição. Portanto, precisamos acabar com toda controvérsia. Não devemos levantar poeira com o uso de alguma exclamação leviana ou retórica que engane o coração dos simples. Precisamos falar verdades duras e diretas que ninguém com algum entendimento ou alguma honestidade possa negar. Essas verdades devem ter a mais estreita ligação com o discurso precedente de Jesus. São muitos os que interpretaram essas palavras fora do contexto, sem nenhuma consideração com o que vem antes. É como se elas não tivessem relação com o sermão em que estão inseridas. Profetas, conforme usado aqui, não são os que predizem coisas futuras. São os que falam em

[2] Êxodo 10.5.

nome de Deus. São aqueles que professam ser enviados por Deus para ensinar aos outros o caminho para o céu.

Falsos profetas são os que ensinam um caminho falso para o céu. Ensinam um caminho que não leva até ele. Ou seja, não ensinam o verdadeiro caminho para o céu. O caminho amplo é infalivelmente um caminho falso. Portanto, há uma regra simples e certa: "Os que ensinam a andar num caminho amplo, um caminho em que muitos andam, são falsos profetas".

De novo, o verdadeiro caminho para o céu é o caminho estreito. Assim, há outra regra simples e certa: "Os que não ensinam a andar num caminho estreito, o qual é único, são falsos profetas".

Podemos fazer uma declaração mais específica acerca disso. O único caminho verdadeiro para o céu é o que foi indicado no sermão anterior. Assim, são falsos os profetas que não ensinam a andar nesse caminho de Jesus.

Não, o caminho para o céu indicado no sermão anterior é o da humildade, do lamento, da mansidão e do desejo santo. É um caminho de amor a Deus e ao próximo, fazendo o bem e sofrendo o mal por amor a Cristo. São, portanto, falsos profetas os que ensinam qualquer caminho diferente desse como o caminho para o céu.

Não importa o nome dado ao outro caminho. Podem chamá-lo de fé. Podem chamá-lo de boas obras ou fé e obras. Podem chamá-lo de arrependimento; ou de arrependimento, fé e nova obediência. Tudo isso são boas obras. Se, porém, sob esses ou quaisquer outros termos, os tais ensinam qualquer caminho distinto do caminho de Jesus, são falsos profetas propriamente ditos.

Os que falam mal do caminho bom e estreito caem sob condenação ainda maior. A condenação se estende a todos os que ensinam o caminho exatamente oposto. O caminho oposto é o do orgulho, da futilidade, da paixão, dos desejos mundanos e do amor ao prazer mais que a Deus. Autoriza a falta de bondade para com o próximo e a preocupação com as boas obras. Ignora o sofrimento do mal e a perseguição pelo amor à justiça.

Alguém pode perguntar: "Por que alguém ensinaria isso? Ou quem o ensinaria como o caminho para o céu?". Respondemos: dez milhares de sábios e honrados. Incluídos entre eles estão alguns de cada denominação existente. Eles encorajam o orgulhoso, o leviano, o entusiasmado, o amante do mundo, o homem de prazeres, o injusto ou grosseiro, o fácil, descuidado, o inofensivo, a criatura inútil, aquele que não aceita nenhuma reprovação por amor à justiça, a imaginarem que estão no caminho do céu. Há falsos profetas no mais elevado sentido da palavra. Eles são traidores tanto de Deus quanto dos homens. Nada mais são do que primogênitos de Satanás. Estão muito acima do nível dos assassinos comuns. Eles matam a alma dos homens. Povoam continuamente o reino do inferno. Seja lá quem sigam as pobres almas conduzidas para lá, "nas profundezas o Sheol está todo agitado para recebê-lo quando chegar".[3]

Eles se exibem mostrando suas verdadeiras cores? De modo algum. Se o fizessem, não conseguiriam destruir. Nesse caso, você poderia ficar alarmado e fugir para salvar a sua vida. Eles se apresentam com a aparência oposta. Essa é a segunda coisa a considerar. "Eles vêm a vocês vestidos de peles de ovelhas, mas por dentro são lobos devoradores."

"Vêm a vocês vestidos de peles de ovelhas" significa que chegam com aparência inocente. Chegam de maneira suave, inofensiva. Não carregam marcas ou sinais de má vontade. Quem imaginaria que essas criaturas mansas fariam mal a alguém? Talvez não sejam tão zelosos em fazer o bem como se gostaria. Entretanto, não parece haver motivo para suspeitar que desejem causar algum dano. Mas isso não é tudo. Eles chegam, em segundo lugar, com uma aparência de utilidade. Aliás, são especialmente chamados para isso. São particularmente compassivos em cuidar da sua alma e em instruir você para a vida eterna. Essa é a principal ocupação deles. Eles saem "fazendo o bem e curando os que são oprimidos pelo Diabo". Você se acostuma a vê-los por esse ângulo. Você os vê como mensageiros de Deus, enviados para trazer uma bênção.

Em terceiro lugar, eles chegam com uma aparência de religião. Tudo o que fazem é por amor à consciência. Garantem a você que é pelo zelo de Deus que fazem de Deus um mentiroso. É por puro interesse na religião pura que a destroem. Tudo o que falam é por amor à verdade. O único medo deles, dizem, é que a verdade seja prejudicada. Eles também podem alegar grande consideração pela igreja e desejo de defendê-la de todos os seus inimigos.

Acima de tudo, eles chegam com uma aparência de amor. Tomam todas as dores para seu próprio bem. Não se preocupam com você, mas são extremamente gentis. Fazem longas confissões acerca da própria boa vontade. Anunciam a preocupação que têm pelo perigo que você está correndo. Falam do desejo

[3] Isaías 14.9.

sincero de o preservar do erro. Têm esperança de proteger você das doutrinas novas e prejudiciais. Ficariam sentidos em ver alguém como você ser empurrado para qualquer extremo. Não gostariam de o ver perplexo com ideias estranhas e ininteligíveis. Não querem que você, iludido, seja levado ao fanatismo. Portanto, aconselham-no a se manter no meio do caminho. Exortam-no a não ser religioso demais a fim de não se destruir.

Nesse caso, como vamos reconhecê-los? De que modo saberemos como eles realmente são, não obstante toda a boa aparência? Essa é a próxima questão que precisamos examinar. Jesus viu como era necessário que todos reconhecessem os profetas de Deus, mesmo que disfarçados. Ele também sabia como a maioria é incapaz de deduzir uma verdade de uma longa cadeia de consequências. Desse modo, ele nos deu uma regra breve e simples, de fácil compreensão para os homens de capacidade mediana. É uma regra facilmente aplicável em todas as ocasiões. "Vocês os reconhecerão por seus frutos." Você pode aplicar essa regra facilmente em todas as ocasiões. Com ela, você pode saber se alguém que fala em nome de Deus é um profeta verdadeiro ou falso. É fácil observar quais os frutos de suas doutrinas. Observe os efeitos sobre a vida deles. Você percebe se eles são santos e inculpáveis em todas as coisas? Consegue dizer que efeito isso teve sobre o coração deles? Observe o teor geral da conversa e as atitudes que eles manifestam. Os profetas verdadeiros em geral parecem ter mente santa, celestial e divina. Têm a mesma mentalidade de Jesus. São mansos, humildes, pacientes, amantes de Deus e dos homens e zelosos de boas obras.

Você pode observar os frutos de suas doutrinas manifestados em todos os que os ouvem e os seguem. Você pode observar isso pelo menos na maioria, ainda que não em todos. Os próprios apóstolos não converteram todos que os ouviram. Os seguidores dos profetas verdadeiros devem ter a mentalidade de Cristo e andar como ele andou. Alguém começou a viver assim após ouvir o ensino desses profetas? Eram interna ou externamente pervertidos até os ouvir? Nesse caso, essa é uma prova absoluta de que são verdadeiros profetas, mestres enviados por Deus. Se esse efeito não é produzido, se eles não ensinam eficazmente nem a si mesmos, nem aos outros, a amar e servir a Deus, essa é uma prova absoluta de que são falsos profetas. Deus não os enviou.

Reconhecer isso é difícil, e poucos conseguem suportar. Jesus estava consciente desse fato. Assim, ele o provou com alguns argumentos claros e convincentes.

"Pode alguém colher uvas de um espinheiro ou figos de ervas daninhas?". Você não espera que pessoas más produzam bons frutos. Também não espera que espinheiros produzam uvas ou que ervas daninhas deem figos. "Toda árvore boa dá frutos bons, mas a árvore ruim dá frutos ruins". Todo profeta verdadeiro, todo mestre enviado por Deus, produz bons frutos de santidade. Um falso profeta, um mestre que não foi enviado por Deus, produz apenas pecado e perversidade. "A árvore boa não pode dar frutos ruins, nem a árvore ruim pode dar frutos bons." Um verdadeiro profeta, um mestre enviado por Deus, não produz bons frutos esporadicamente apenas. Ele os produz sempre. Não faz isso acidentalmente, mas por uma espécie de necessidade. Assim também, um falso profeta que não foi enviado por Deus não produz frutos maus de maneira acidental ou ocasional. Produz frutos maus sempre, por necessidade. "Toda árvore que não produz bons frutos é cortada e lançada ao fogo." Esse será, infalivelmente, a sorte desses profetas que não produzem bons frutos. É o destino dos que não salvam as pessoas do pecado e não levam os pecadores ao arrependimento. Portanto, isto vale como uma regra eterna: "Pelos seus frutos vocês os reconhecerão!".

Os que levam os orgulhosos, os impetuosos, os impiedosos amantes do mundo a se converterem em amantes humildes e mansos de Deus — esses são os verdadeiros profetas. São enviados por Deus, que confirma as palavras que eles proferem. Por outro lado, aqueles cujos ouvintes permanecem tão injustos quanto antes não são enviados por Deus. As palavras dos falsos profetas caem ao chão e, sem um milagre da graça, eles e seus ouvintes cairão juntos no abismo. Tenha cuidado com os falsos profetas. Embora cheguem em vestes de ovelhas, são como lobos devoradores. Não só destroem o rebanho, como o dilaceram. Eles não querem nem podem levar ninguém para o caminho do céu. Como poderiam, se eles mesmos não o conhecem? Tenha cuidado para que não tirem você do caminho estreito e o façam perder o que já ganhou.

Talvez alguns perguntem: "Se há tanto perigo em dar ouvidos a esses falsos profetas, por que ouvi-los?". Essa é uma pergunta importante que merece a mais profunda consideração. Ela deve ser respondida com a mais calma reflexão e pensamento deliberado. Muitas razões sustentariam ambas as escolhas. Rapidamente alguém poderia dizer: "Não dê ouvidos a eles". Mas o que Jesus disse a respeito dos falsos profetas de sua época parece implicar o contrário. "Então, Jesus disse à multidão e aos seus discípulos: 'Os mestres da lei e os fariseus se assentam na cadeira de Moisés. Obedeçam-lhes e façam tudo o que eles lhes dizem. Mas não façam o que eles fazem, pois não praticam o que pregam' ".[4] Os escribas e fariseus eram os mestres da igreja. Eram falsos profetas no sentido superior. Jesus mostrou isso durante todo o curso de seu ministério. Fez isso ao enfatizar: "não praticam o que pregam". Portanto, por seus frutos, abertos à vista de todos, os discípulos só poderiam chegar a uma única conclusão. Por conseguinte, Jesus alerta várias vezes seus ouvintes de estarem atentos a esses falsos profetas. Ainda assim, Jesus não os proibiu de dar ouvidos a eles. Aliás, ordenou que os ouvissem com as seguintes palavras: "Obedeçam-lhes e façam tudo o que eles lhes dizem". A menos que ouvissem, não poderiam saber, ou observar, o que lhes ordenavam que fizessem. Aqui, portanto, Jesus dá uma instrução simples aos apóstolos e a toda a multidão. Em algumas circunstâncias, não há problema em ouvir até mesmo os falsos profetas que são conhecidos e reconhecidos como tais.

Talvez alguns digam que esse entendimento é enganoso. Podem alegar que Jesus só orientou os discípulos a ouvir os escribas e fariseus na leitura das Escrituras para a congregação. A verdade é que, quando liam as Escrituras, eles costumavam também explicá-las. Nada insinua aqui que se devia ouvir uma e não a outra. Pelo contrário, os termos são: "Obedeçam-lhes e façam tudo o que eles lhes dizem", o que exclui qualquer limitação desse tipo.

Mais uma vez, a administração do sacramento da comunhão por vezes está sob o ministério de falsos profetas. Orientar as pessoas a não ouvi-los seria, com efeito, excluí-las das ordenanças de Deus. Mas não ousamos fazer isso. A validade da ordenança não depende da bondade daquele que a ministra. Depende da fidelidade daquele que a ordenou e que nos suprirá da maneira escolhida por ele. Assim, por essa causa, não podemos afirmar que é errado ouvir os falsos profetas. Deus pode dar e nos dá sua bênção até mesmo por meio de homens amaldiçoados. Quanto ao pão partido na comunhão, sabemos por experiência que é a comunhão do Corpo de Cristo. O cálice que Deus abençoou, ainda que por meio de lábios não santificados, é para nós a comunhão do sangue de Cristo. Portanto, em qualquer caso específico, espere em Deus em humilde e sincera oração. Depois aja de acordo com a luz que você tem. Agir de acordo com sua convicção, em geral, trará a você a maior vantagem espiritual.

[4] Mateus 23.1-3.

Cuide de não julgar racionalmente. Não considere os falsos profetas levianamente. Quando tiver uma prova de que alguém é um falso profeta, cuide de que nenhuma raiva ou desprezo ocupe seu coração. Na presença e no temor de Deus, determine para você mesmo o curso a seguir. Se, por experiência, você entende que ouvir esse homem fere sua alma, não o ouça. Afaste-se em silêncio e só ouça o que for proveitoso para seu crescimento espiritual. Se, por outro lado, você achar que isso não fere sua alma, continue ouvindo. Só preste atenção na maneira de ouvir. Esteja alerta à doutrina. Ouça com temor e tremor, para não ser enganado. Cuide de não cair, como o falso profeta, num grande engano. Você pode ver como ele mistura continuamente verdades e mentiras. É facílimo para você absorver ambos. Ouça com oração contínua e fervente a Jesus, o único que nos dá sabedoria. E cuide de julgar, segundo as Escrituras, tudo o que ouvir. Não receba nada sem provar, até ser pesado na balança do santuário. Não acredite em nada do que os outros dizem, a menos que seja claramente confirmado por passagens claras das Escrituras sagradas. Rejeite tudo o que divergir das Escrituras. Ignore tudo o que não for confirmado por elas. Em particular, afaste com a máxima veemência tudo o que for descrito como o caminho da salvação, mas em alguma parte diferir do caminho que Jesus destacou no discurso precedente.

Não podemos concluir a nossa reflexão sem dirigir algumas palavras aos falsos profetas. Ah, vocês, falsos profetas! Ah, vocês, ossos secos! Ouçam uma vez a palavra do Senhor. Até quando enganarão em nome de Deus, alegando que Deus fala por meio de vocês? Vocês afirmam isso, quando Deus não falou por seu intermédio. Até quando vocês perverterão os caminhos direitos do Senhor, trocando a luz pelas trevas e as trevas pela luz? Até quando ensinarão o caminho da morte e o chamarão de caminho da vida? Até quando entregarão a Satanás a alma daqueles que vocês professam estar levando a Deus?

"Ai de vocês, mestres da lei e fariseus, hipócritas! Vocês fecham o Reino dos céus diante dos homens! Vocês mesmos não entram, nem deixam entrar aqueles que gostariam de fazê-lo."[5] Aos que se empenham para entrar pela porta estreita, vocês os chamam de volta para o caminho amplo. Aos que só deram um passo no caminho de Deus, vocês diabolicamente advertem de não irem longe demais. Aos que começaram a ter "fome e sede de justiça", vocês os impedem de serem justos.

[5] Mateus 15.14; 23.13.

Assim, os fazem tropeçar no próprio limiar. Eles caem e não se levantam mais. Por que vocês fazem isso? Que benefício há no sangue deles, quando vão para o inferno? É um benefício miserável para vocês. Eles perecerão na iniquidade, mas o sangue deles estará nas mãos de vocês.

Onde estão os olhos de vocês? Onde está o entendimento? Vocês enganam os outros e enganam a vocês mesmos. Quem requer isso de vocês: ensinar um caminho que nunca conheceram? Estão entregues a tamanha ilusão que vocês não só ensinam os próprios erros, como acreditam neles? É possível acreditar que Deus enviou vocês e que são seus mensageiros? Se o Senhor os tivesse enviado, a obra do Senhor prosperaria em suas mãos. Tão certo como o Senhor vive, se vocês fossem seus mensageiros, ele confirmaria suas palavras. Mas a obra do Senhor não prospera em suas mãos. Vocês não levam os pecadores ao arrependimento. O Senhor não confirma a palavra de vocês, porque vocês não salvam as almas da morte.

Vocês não têm como fugir das palavras de Jesus, que são tão completas, fortes e exatas. Não podem fugir de se revelarem pelos seus frutos. Frutos maus vêm de árvores ruins. Não pode ser diferente. Não se colhem uvas de espinheiros nem figos das ervas daninhas. Tomem isso para vocês mesmos, porque aplica-se justamente a vocês. Ah, árvores estéreis, vocês sobrecarregam a terra. "Toda árvore boa dá frutos bons." Não há exceção. Com isso, compreendam que vocês não são árvores boas porque não produzem bons frutos. "A árvore ruim dá frutos ruins." Isso é o que vocês têm feito desde o princípio. A fala de vocês, como se fosse de Deus, só confirma os outros que os ouviram em seus caminhos errados e obras do Diabo. Aceitem o conselho daquele em cujo nome vocês falam. Sejam alertados antes que a sentença que ele pronunciou se cumpra: "Toda árvore que não produz bons frutos é cortada e lançada ao fogo".

Não endureçam o coração. Por muito tempo vocês fecharam os olhos à luz. Abram os olhos agora, antes que seja tarde. Abram antes que vocês sejam lançados lá fora, nas trevas. Não deixem que nenhuma consideração mundana os conduza. A eternidade está em jogo. Vocês entraram na corrida antes de serem enviados. Não prossigam. Não continuem se desviando e desviando aqueles que os ouvem. Vocês não colhem frutos dos seus labores. E por quê? Porque Deus não está com vocês. Vocês não podem entrar nessa guerra sem o Senhor. Humilhem-se diante dele. Clamem do pó para que ele possa ressuscitar sua alma. Peçam que ele dê a vocês a fé que age por amor. É uma fé humilde e mansa, pura e misericordiosa, zelosa de boas obras, que se regozija na condenação e na perseguição por amor à justiça. Então o Espírito da glória e Cristo repousará sobre vocês. Então será provado que Deus os enviou. Então vocês farão de fato a obra de evangelista e provarão plenamente o seu ministério. Então a Palavra de Deus em sua boca será um martelo que despedaça as rochas. Pelos seus frutos vocês serão conhecidos como profetas do Senhor. Isso será demonstrado pelos filhos que Deus dará a vocês. Então, tendo conduzido muitos à justiça, vocês brilharão como brilham as estrelas, para sempre e sempre.

Capítulo 15

OS ESCOLHIDOS E OS PRETERIDOS[1]

"Nem todo aquele que me diz: 'Senhor, Senhor', entrará no Reino dos céus, mas apenas aquele que faz a vontade de meu Pai que está nos céus. Muitos me dirão naquele dia: 'Senhor, Senhor, não profetizamos em teu nome? Em teu nome não expulsamos demônios e não realizamos muitos milagres?' Então eu lhes direi claramente: 'Nunca os conheci. Afastem-se de mim vocês, que praticam o mal!' Portanto, quem ouve estas minhas palavras e as pratica é como um homem prudente que construiu a sua casa sobre a rocha. Caiu a chuva, transbordaram os rios, sopraram os ventos e deram contra aquela casa, e ela não caiu, porque tinha seus alicerces na rocha. Mas quem ouve estas minhas palavras e não as pratica é como um insensato que construiu a sua casa sobre a areia. Caiu a chuva, transbordaram os rios, sopraram os ventos e deram contra aquela casa, e ela caiu. E foi grande a sua queda." (Mateus 7.21-27)

Neste ponto do sermão, Jesus já havia declarado todo o conselho de Deus a respeito do caminho da salvação. Também havia observado os principais obstáculos aos que desejavam andar no caminho da salvação. Agora conclui o sermão com essas importantes palavras. É como se estivesse colocando um selo em sua profecia. Está imprimindo toda a sua autoridade no sermão pregado para que permaneça firme por gerações.

[1] Wesley. Sobre o sermão de nosso Senhor no monte, Discurso XIII. **Quarenta e quatro sermões**, Sermão XXVIII.

Jesus não queria que ninguém acreditasse haver outro caminho além desse. Então exortou que qualquer um que ouvisse o sermão e não o seguisse estava rumando para a destruição final.

Para entender plenamente o que Jesus quis dizer, devemos considerar três pontos. Primeiro, o caso daquele que constrói a casa sobre a areia. Segundo, a sabedoria daquele que constrói a casa sobre a rocha. Terceiro, a conclusão do capítulo com uma aplicação prática.

Primeiro, temos o caso daquele que constrói a casa sobre a areia. A esse respeito, Jesus disse: "Nem todo aquele que me diz: 'Senhor, Senhor', entrará no Reino dos céus". Esse é um decreto imutável. Permanece para todo o sempre. Portanto, precisamos compreender plenamente essas palavras. Ora, o que devemos entender com a expressão "aquele que me diz 'Senhor, Senhor' "? Sem dúvida, trata-se da pessoa que pensa em ir para o céu por qualquer caminho diferente do que Jesus descreveu. Implica, assim, todas as palavras bonitas e as religiões nominais. Esse é o menor grau de seu significado. Inclui todo e qualquer credo recitado, toda e qualquer profissão de fé declarada e todo e qualquer número de orações repetidas, além de todo tipo de ações de graças lidas ou ditas para Deus. Podemos falar bem de seu nome. Podemos declarar sua benevolência para com todos. Podemos anunciar de seus milagres e sua salvação todos os dias. Comparando as coisas espirituais com o texto sagrado, podemos demonstrar o propósito das Escrituras. Podemos explicar os mistérios de seu Reino que estão ocultos desde o princípio do mundo. Podemos falar com as línguas dos anjos, não dos homens, a respeito dos grandes mistérios de Deus. Podemos declarar aos pecadores: "Vejam! É o Cordeiro de Deus, que tira o pecado do mundo!". Podemos até fazer isso com alguma medida do poder de Deus e alguma demonstração do Espírito Santo. Por nossos esforços, pessoas podem ser salvas da morte e de uma infinidade de pecados. Mesmo assim, é bem possível que isso não seja mais que dizer "Senhor, Senhor". É possível que, depois de sermos bem-sucedidos pregando aos outros, sejamos lançados fora. Podemos, pela graça de Deus, resgatar almas do inferno e ainda assim acabar caindo nele. Podemos levar os outros ao Reino dos céus e jamais entrar nele.

Segundo, dizer "Senhor, Senhor" pode implicar não causar dano. Podemos abster-nos de todo pecado arrogante e todo tipo de perversidade exterior. Podemos evitar todos os modos de agir ou falar proibidos por Deus. Podemos ter condições de dizer a todos os que nos rodeiam: "Quem de vocês pode acusar-me de algum pecado?". Podemos ter a consciência livre de ofensas exteriores a Deus ou às outras pessoas. Podemos estar livres de toda impureza, impiedade e injustiça quanto a qualquer ato exterior. Foi isso o que Paulo quis dizer quando testificou a respeito de si mesmo. Quanto à justiça da lei, declarou-se inculpável.[2] Mas não somos salvos por essa justiça exterior. Isso também não passa de dizer "Senhor, Senhor". Se não formos além, jamais entraremos no Reino dos céus.

Terceiro, dizer "Senhor, Senhor" pode implicar o que costumamos chamar de boas obras. Alguém pode participar da comunhão e ouvir excelentes sermões. Pode aproveitar todas as oportunidades de participar das ordenanças de Deus. Pode fazer o bem ao próximo e dar pão aos famintos. Pode cobrir de roupas o despido. Pode ser zeloso de boas obras e dar todos os seus bens para alimentar os pobres. Pode fazer tudo isso com o desejo de agradar a Deus, crendo realmente que o está agradando. Mesmo assim, pode não ter parte na glória que está para ser revelada. Se alguém duvidar disso, deve compreender que ele está alheio a toda religião de Jesus. Em particular, não compreende o retrato perfeito da religião que Jesus nos apresentou no Sermão do Monte. Como tudo isso está aquém da justiça e da verdadeira santidade que Jesus descreveu! Enorme é a distância entre as boas obras e o reino interior do céu agora aberto na alma que crê. O reino é semeado primeiro no coração como uma semente de mostarda. Depois se desenvolve e produz grandes galhos em que crescem todo fruto da justiça, toda boa atitude, toda boa palavra e toda boa obra.

Jesus declarou com frequência e expressamente que ninguém que não tenha dentro de si esse Reino de Deus entrará no Reino dos céus. Jesus sabia que muitos não compreenderiam nem aceitariam tal ensino. Assim, ele o reconfirmou. Disse que muitos — não uns poucos, não um caso raro ou incomum, mas muitos — "me dirão naquele dia 'Senhor, Senhor'."

Eles dirão: "Temos feito muitas orações. Temos louvado seu nome. Temos evitado o mal. Temos praticado o bem. Com abundância ainda maior, temos profetizado em seu nome. Em seu nome expulsamos demônios. Em seu nome realizamos muitos milagres. Temos anunciado sua vontade aos homens. Temos mostrado aos pecadores o caminho para a paz e a glória. E temos feito tudo isso em seu nome, de acordo com a verdade de seu evangelho. Fazemos isso por sua autoridade,

[2] Filipenses 3.6.

que confirmou a Palavra que o Espírito Santo enviou do céu. Pois em seu nome e pelo poder da Palavra e de seu Espírito, expulsamos demônios de almas afligidas por muito tempo. E em seu nome e pelo seu poder, que não é nosso, realizamos muitos milagres, de modo que até os mortos ouviram a voz de Jesus falando por nosso intermédio e viveram."

"Então eu lhes direi claramente: 'Nunca os conheci'." Não, Jesus não os conheceu mesmo quando expulsavam demônios em seu nome. Mesmo naquele momento, não os reconheceu como seus. O coração deles não era reto perante Deus. Não eram mansos nem humildes. Não amavam a Deus e a toda a humanidade. Não haviam sido renovados à imagem de Deus. Não eram santos como Jesus é santo.

"Afastem-se de mim vocês, que praticam o mal!" Apesar de tudo, eles eram transgressores da lei de Jesus. A lei de Jesus é de amor santo e perfeito.

Para anular qualquer possibilidade de contradição, Jesus confirma essa ideia com uma comparação oposta: "Quem ouve estas minhas palavras e não as pratica é como um insensato que construiu a sua casa sobre a areia. Caiu a chuva, transbordaram os rios, sopraram os ventos e deram contra aquela casa, e ela caiu. E foi grande a sua queda". Isso certamente ocorrerá, cedo ou tarde, na alma de cada homem. Haverá torrentes de aflições externas e tentações internas. Haverá tempestades de raiva, orgulho, medo e desejo. Qualquer um que repouse sobre algo aquém da religião que Jesus declarou receberá essa porção amarga. E grande será sua queda, porque ouviu essas coisas e não agiu de acordo.

Em seguida, vamos examinar a sabedoria daquele que faz essas coisas. É aquele que constrói a casa sobre uma rocha. Ele é de fato sábio. Faz a vontade de Deus que está no céu. É sábio aquele cuja justiça excede a dos escribas e fariseus.[3]

Ele é pobre em espírito, conhecendo-se como Deus o conhece. Ele vê e reconhece todo seu pecado e toda sua culpa. Reconhece isso até ser lavado pelo sangue expiador de Jesus. Tem consciência de seu estado perdido, da ira de Deus que permanece sobre ele. Está ciente de sua total incapacidade de se salvar até ser cheio de paz e alegria no Espírito Santo. Então é manso, bondoso e paciente com todos os homens. Nunca retribui mal com mal, nem insulto com insulto. Pelo contrário, está sempre abençoando, até vencer o mal com o bem. Sua alma não tem sede de nada deste mundo, só de Deus, o Deus vivo. Ele possui fontes de amor para toda a humanidade.

[3] Mateus 5.20.

Está disposto a dar a vida pelos inimigos. Ama o Senhor seu Deus de todo o seu coração, de toda a sua mente, alma e força.

Só quem possui esse espírito entrará no Reino dos céus. Ele faz o bem a todos os homens. Por esse motivo é desprezado e rejeitado por todos. É odiado, reprovado e perseguido. Alegra-se e é grato, sabendo em quem tem crido. Tem certeza de que essas aflições leves e momentâneas produzirão para ele eterno peso de glória. Realmente sábio é esse homem. Ele se conhece. É um espírito eterno que veio de Deus. Esse espírito foi enviado a uma casa de barro, não para fazer a própria vontade, mas a vontade de Deus que o enviou. Ele conhece o mundo. É um lugar em que deve passar alguns dias ou anos, não como um habitante, mas como um estrangeiro e peregrino a caminho da habitação eterna. Por conseguinte, ele usa o mundo sem abusar do mundo, sabendo que sua forma passa. Ele conhece Deus. Deus é seu Pai e amigo, o pai de todo bem. Deus é o centro do espírito de toda carne, a única felicidade de todos os seres inteligentes. Ele vê, mais claro que o sol do meio-dia, que este é o fim do homem: glorificar aquele que o criou e amar a Deus para sempre. Com igual clareza, vê o meio para esse fim, para o desfrute dessa glória. O meio é conhecer, amar, imitar Deus e crer em Jesus Cristo, enviado por ele.

Ele é sábio, mesmo aos olhos de Deus, pois edifica sua casa sobre uma rocha. Ele a edifica sobre a Rocha milenar, a Rocha eterna, o Senhor Jesus Cristo. Rocha milenar é um nome adequado para Jesus. Ele não muda. É o mesmo ontem, hoje e sempre.[4] Os homens de Deus de outrora e o apóstolo Paulo testificam esse fato. “No princípio, Senhor, firmaste os fundamentos da terra, e os céus são obras das tuas mãos. Eles perecerão, mas tu permanecerás; envelhecerão como vestimentas. Tu os enrolarás como um manto, como roupas eles serão trocados. Mas tu permaneces o mesmo, e os teus dias jamais terão fim.”[5]

Assim, o homem que edifica sobre a Rocha milenar é sábio. Ele lança Jesus como seu único fundamento. Só constrói sobre o sangue e a justiça de Jesus. Ocupa-se com o que Jesus fez e sofreu por nós. Fixa sua fé nessa pedra angular e coloca todo o peso de sua alma sobre ela. De Deus ele aprende a dizer: “Senhor, pequei! Mereço o inferno, mas sou salvo gratuitamente por tua graça, pela redenção que

[4] Hebreus 13.8.

[5] Hebreus 1.10-12.

está em Jesus Cristo. A vida que vivo agora, vivo-a pela fé naquele que me amou e se entregou por mim.[6] A vida que vivo agora, isto é, uma vida divina, celestial, está oculta com Cristo em Deus. Vivo agora, mesmo na carne, uma vida de amor. É uma vida de amor puro, tanto a Deus quanto aos homens. É uma vida de santidade e felicidade, louvando a ti e fazendo todas as coisas para tua glória".

No entanto, que essa pessoa não pense que nunca mais encontrará problemas. Não imagine que está agora fora do alcance da tentação. Ela ainda permanece para que Deus prove a graça que lhe deu. Será testada como ouro no fogo. Não será menos tentada que os que não conhecem Deus. Talvez seja tentada ainda mais, pois Satanás não deixará de provar ao máximo aqueles a quem não consegue destruir. Por conseguinte, a chuva descerá impetuosa. Descerá só naqueles momentos e daquela maneira que parecer bem não a Satanás, mas a Deus, cujo Reino tudo domina. As inundações ou torrentes virão. As ondas se elevarão e rugirão terríveis. Sobre elas, porém, o Senhor que se assenta acima das águas torrenciais permanecerá no trono para sempre. Deus dirá até onde as águas podem chegar. Aí ele as estancará. Ele acalmará as ondas orgulhosas da perseguição e tentação. Os ventos soprarão e baterão na casa como que para arrancá-la dos alicerces, mas não prevalecerão. Ela não cairá. Está firmada numa rocha. Está edificada sobre Cristo pela fé e pelo amor. Assim, não desabará. Aquele que ali edifica não temerá mesmo que a terra se mova e os montes sejam levados para o meio do mar. Ainda que as águas do mar rujam e se avolumem e as montanhas tremam com essa tempestade, ele ainda permanece sob a proteção do Deus Altíssimo, acima de todas as coisas. Ele está seguro à sombra do Altíssimo.

Interessa muitíssimo a todos aplicar essas coisas na prática. Cada um deve examinar com diligência o fundamento sobre o qual está construindo. Sobre a rocha ou sobre a areia? Até que ponto você está preocupado para indagar: "Qual é o fundamento da minha esperança? Sobre o que edifico as minhas expectativas de entrar no Reino dos céus? Não estão erguidas sobre a areia? Não estão construídas sobre as minhas opiniões ortodoxas ou corretas que, por um abuso de palavras, venho chamando de fé? Não dependo de ter um conjunto de opiniões que suponho serem mais racionais ou bíblicas que as dos outros?".

Ai, quanta loucura há nisso. Certamente, é edificar sobre a areia ou a espuma do mar. Em vez disso, questione o que você está fazendo. Diga: "Não estou

6 Gálatas 2.20.

edificando a minha esperança naquilo que é igualmente incapaz de sustentá-la? Talvez eu esteja confiando no fato de pertencer a certa denominação, reformada segundo um modelo verdadeiramente bíblico, na crença de que é abençoada com a doutrina mais pura e a liturgia mais original, dependendo do fato de ser governada do modo mais apostólico?". Esses são motivos muito bons para louvar a Deus. São bons auxílios para a santidade. Entretanto, não são a santidade em si. Se eles nos separarem da santidade, não nos servirão para nada. Apenas nos deixarão com menos desculpas e mais expostos a maior perdição. Assim, se construímos a nossa esperança sobre esse fundamento, ainda estamos construindo sobre a areia.

Não podemos nem ousamos descansar aqui. Sobre o que construiremos a esperança de salvação, então? Sobre a inocência? Sobre não causar dano, não prejudicar ninguém? Bem, essa declaração poderia ser verdadeira. Precisamos ser justos e absolutamente honestos em todos os nossos relacionamentos. Precisamos pagar tudo o que devemos e não trapacear nem extorquir. Precisamos ser corretos com toda a humanidade e ter consciência de Deus. Não devemos viver em algum pecado conhecido. Até aqui, tudo bem. Mas ainda não é isso. Podemos chegar até aqui e mesmo assim jamais chegar ao céu. Quando toda essa preocupação em não prejudicar os outros fluir do princípio correto, será a menor parte da religião de Jesus. Mas, se não fluir de um princípio correto, não terá parte alguma em sua religião. Assim, ao fundamentar a esperança de salvação nisso, ainda estamos construindo sobre a areia.

Você vai ainda mais longe? Acrescenta à preocupação de não prejudicar os outros a participação nas ordenanças de Deus? Acrescenta a isso a participação na comunhão em todas as oportunidades e o uso da oração pública e privada? Acrescenta também os atos de jejuar, ouvir e estudar as Escrituras e nelas meditar? Também precisamos fazer essas coisas, desde o momento em que começamos a fixar os nossos olhos no céu. Mas essas coisas em si não são nada. Não são nada sem as matérias mais importantes da lei. Muitos se esqueceram delas, ou pelo menos não as experimentaram. São a fé, a misericórdia e o amor de Deus. E também a santidade de coração, que é o céu aberto na alma. Assim, sem isso, você ainda está construindo sobre a areia.

Além e acima de tudo isso, somos zelosos de boas obras? Fazemos o bem a todos quando temos tempo? Alimentamos o faminto, vestimos o despido e visitamos os órfãos e as viúvas em suas aflições? Visitamos os enfermos e confortamos os presos? Hospedamos os estrangeiros? Amigo, precisamos fazer muito mais do que isso!

Profetizamos em nome de Jesus? Pregamos a verdade conforme declarada por Jesus? E a influência de seu Espírito acompanha as nossas palavras e as transformam no poder de Deus para salvação? Jesus nos capacita a levar os pecadores das trevas para a luz, do poder de Satanás para Deus? Então precisamos seguir e aprender o que temos ensinado com tanta frequência. "Vocês são salvos pela graça, por meio da fé."[7] "Não por causa de atos de justiça por nós praticados, mas devido à sua misericórdia, ele nos salvou."[8] Aprenda a pender nu na cruz de Cristo, considerando inútil tudo o que você faz. Apele para ele no espírito do ladrão à morte, como a prostituta com os sete demônios. Caso contrário, você continua na areia e, depois de ter salvado os outros, perderá a própria alma.

Contudo, que vantagem há se alguém diz que tem fé, mas não obras? Essa fé pode salvá-lo? Ah, não! A verdadeira fé precisa resultar em obras, que produzem santidade exterior e interior. Precisa estampar toda a imagem de Deus no coração e purificar como ele é puro. A fé que não produz toda a religião descrita no Sermão do Monte não é a fé do evangelho. Não é a fé cristã, a fé que leva à glória. Fique atento a essa armadilha, acima de todas as outras ciladas do Diabo. Cuide de não se basear na fé que não é santa e não salva. Se você puser nela a sua confiança, estará perdido para sempre. Edificará a sua casa sobre a areia. Então, quando vier a tempestade, grande será a sua queda.

Agora, pois, construa sobre a rocha. Pela graça de Deus, conheça você mesmo. Saiba que, por natureza, você é um filho da ira, um filho da desobediência. Reconheça que você vem colhendo pecado sobre pecado desde que se tornou capaz de discernir o mal do bem. Admita que você é culpado e digno de morte eterna. Renuncie a toda esperança de ser capaz de salvar-se. Que sua esperança seja ser lavado no sangue de Cristo e purificado por seu Espírito. Seja salvo por Jesus, que levou na cruz todos os seus pecados.

Se você sabe que ele levou seus pecados, tanto maior sua humildade diante dele. Permaneça em contínuo senso de dependência para cada bom pensamento, palavra ou obra. Conheça sua incapacidade absoluta de fazer qualquer bem, a menos que Deus o abençoe com graça a cada momento.

Agora chore por seus pecados e os pranteie diante de Deus até que ele transforme o seu peso em alegria. Depois chore com os que choram. Chore por aqueles

7 Efésios 2.8,9.

8 Tito 3.5.

que não conseguem chorar por si mesmos. Chore pelos pecados e pelas aflições da humanidade. Veja diante dos olhos o imenso oceano de eternidade, sem fundo nem praia, que já engoliu milhões e milhões de pessoas. Ele ainda está com a boca aberta para devorar os que restam. Veja aqui a casa do Deus eterno nos céus e ali o inferno e a destruição sem cobertura. Então, com base nisso, aprenda a importância de cada momento que surge e depois desaparece para sempre.

Agora, acrescente a sua seriedade a mansidão em sua sabedoria. Mantenha o equilíbrio em todas as suas paixões. Em particular, esteja atento à ira, à dor e ao medo. Com calma, conforme-se a tudo que seja a vontade de Deus. Aprenda a estar contente em qualquer situação. Seja brando com os bons. Seja bondoso com todos. Seja especialmente bondoso com os maus e ingratos. Fique alerta não só a expressões exteriores de ira, mas a cada emoção interior contrária ao amor, mesmo que não saia do seu coração. Revolte-se com o pecado como uma afronta contra Deus. Ainda ame o pecador como Jesus amou quando ele olhou para os fariseus com ira e lamentou a rudeza daqueles corações. Ele estava triste com os pecadores e irado com o pecado. Portanto, fique irado e não peque. Tenha fome e sede não da carne que perece, mas da que permanece para a vida eterna. Pisoteie o mundo e as coisas do mundo. Ignore todas as suas riquezas, honras e prazeres. O que o mundo significa para você? Deixe que os mortos sepultem os mortos, mas, quanto a você, persiga a imagem de Deus. Cuide de não saciar essa sede, caso ela já esteja atiçada em sua alma, com o que se costuma chamar de religião. É uma farsa pobre e maçante, uma religião de forma, de demonstração exterior, que deixa o coração apegado ao pó, terreno e sensual como sempre. Não permita que nada o satisfaça, a não ser o poder da devoção. Busque uma religião que é espírito e vida, a habitação em Deus e Deus em você. Continue ansiando por tornar-se habitante da eternidade, entrando nela pelo sangue da aspersão. Então estará sentado nos lugares celestiais com Cristo Jesus.

Você pode fazer todas as coisas por meio de Cristo, que o fortalece.[9] Portanto, seja tão misericordioso quanto seu Pai no céu. Ame o próximo como a você mesmo. Ame amigos e inimigos assim como você ama a própria alma. Que seu amor seja longânimo e paciente com todos. Que esse amor seja bondoso, brando e benigno. Que o inspire com a mais amável brandura e a mais fervorosa e terna afeição. Que se alegre na verdade onde quer que se encontre. Conheça a verdade

[9] Filipenses 4.13.

que segue a devoção. Tenha prazer em tudo o que dá glória a Deus e promove a paz e a boa vontade entre os homens. Cubra todas as coisas com amor. Nada fale senão o bem dos mortos e ausentes. Acredite em tudo o que de algum modo tende a limpar a reputação de seu próximo. Espere que todas as coisas favoreçam a ele. Suporte todas as coisas, triunfando sobre toda a oposição. O amor verdadeiro nunca falha, seja no tempo, seja na eternidade.

Agora, seja puro de coração, purificado pela fé de toda atitude profana. Purifique-se de toda podridão da carne e do espírito. Busque a santidade perfeita no temor de Deus. Seja, pelo poder da graça divina, purificado do orgulho, pela pobreza do espírito. Purifique-se da ira, de cada paixão maldosa e turbulenta, pela mansidão e misericórdia. Liberte-se de cada desejo, exceto o de agradar a Deus e dele desfrutar, tendo fome e sede de justiça. Ame o Senhor seu Deus com todo o seu coração e com toda a sua força.

Em suma, que a sua religião seja a religião do coração. Que ela repouse na parte mais profunda da sua alma. Seja pequeno, mediano e comum aos seus próprios olhos. Extasie-se e humilhe-se diante do amor de Deus que está em Cristo Jesus. Seja sério. Que toda a corrente dos seus pensamentos, palavras e ações flua da mais profunda convicção de que você está à beira do grande abismo, você e a humanidade inteira, prontos para cair. Você cairá ou na glória eterna ou no fogo eterno. Que a sua alma seja cheia de brandura, bondade, paciência e longanimidade para com todos. Que tudo o que está em você tenha sede de Deus, o Deus vivo, enquanto almeja despertar à semelhança dele e satisfazer-se com isso. Ame a Deus e a toda a humanidade. Nesse espírito faça e sofra todas as coisas. Mostre assim a sua fé com as suas obras. Assim, você estará cumprindo a vontade de seu Pai que está no céu. Assim como anda você com Deus na terra, reinará com ele em glória.

GUIA DE ESTUDO

BIOGRAFIA DE JOHN WESLEY

1. Com quem John Wesley fundou a Igreja metodista?
2. Qual era a profissão do pai de John?
3. Quantos filhos a mãe de John teve?
4. Quem é conhecida como a "mãe do metodismo"?
5. Quantas horas por dia a sra. Wesley orava?
6. Com que frase John Wesley se identificava? Por quê?
7. Os membros de certo grupo religioso causaram grande impressão em Wesley durante sua viagem aos Estados Unidos. Que grupo era esse? Que impressões esse grupo deixou em Wesley?
8. Por que John Wesley se desapontou com a experiência na Geórgia?
9. O que aconteceu a Wesley na Rua Aldersgate, em Londres?
10. Qual é o hino mais famoso escrito por Charles Wesley?
11. Quais foram as últimas palavras de John Wesley?

Capítulo 1

QUEM É VOCÊ?

1. Quais são os três tipos de pessoas que existem no mundo?
2. O que significa "espírito de adoção"?
3. Quais são as diferenças entre ateus, agnósticos e deístas?

4. Qual é a condição de todo homem natural?
5. Quais são as lutas das pessoas que estão sob a Lei?
6. Como alguém se torna servo da justiça?
7. Qual princípio rege a sua alma?
8. De que maneira vencemos o pecado?
9. Como as pessoas enganam a si mesmas?

Capítulo 2
OBSTÁCULOS À SANTIDADE

1. Quais são alguns dos objetivos de Satanás?
2. Onde se encontra o Reino de Deus interior?
3. Qual é o plano principal de Satanás?
4. Qual é a obra-prima de sutileza de Satanás?
5. Como Satanás tenta diminuir nossa alegria?
6. De que maneira podemos ser santos como Deus é santo?

Capítulo 3
SEJA ABENÇOADO

1. O que Jesus queria mostrar ao povo com o Sermão do Monte?
2. Por que algumas pessoas se consideram mais sábias que Deus?
3. Qual é o caminho para a paz serena e alegre?
4. Quais são as três principais divisões do Sermão do Monte?
5. Por que você acha que Jesus começou esse sermão dizendo "Bem-aventurados os pobres em espírito, pois deles é o Reino dos céus"?
6. Como você descreveria a multidão que ouviu Jesus dizer essas palavras?
7. Quem são "os pobres em espírito"?
8. Quem são as pessoas que choram mencionadas por Jesus?

Capítulo 4

HERDE A TERRA

1. Quem são os humildes?
2. O que significa a palavra *racá*?
3. Quais são os obstáculos à verdadeira religião?
4. O que significa a palavra "justiça"?
5. O que Jesus quer dizer com o termo "misericordioso"?
6. Quais são os atributos do amor?
7. Que tipo de pessoa se alegra na verdade?
8. De que maneira o misericordioso obtém misericórdia?

Capítulo 5

O REINO DOS CÉUS

1. Sobre qual alicerce se firma o nosso amor ao próximo?
2. Quem são os puros de coração?
3. Você é puro de coração?
4. Quem são os pacificadores?
5. Quem serão chamados filhos de Deus? Por quê?
6. Quem são os perseguidos? Por que são perseguidos?
7. Quem são os perseguidores?
8. Como os cristãos serão perseguidos?
9. Como os seguidores de Jesus devem comportar-se quando forem perseguidos?

Capítulo 6

O SAL DA TERRA

1. Em que sentido o cristianismo é uma religião social?
2. Quais são as propriedades do sal?

3. De que maneiras os cristãos devem ser a luz do mundo?
4. Qual é o propósito de cada mandamento de Deus?
5. Qual deveria ser nosso único objetivo?

Capítulo 7

O CUMPRIMENTO DA LEI

1. Em que sentido Jesus cumpriu a Lei?
2. Qual era a justiça dos escribas e fariseus?

Capítulo 8

QUANDO VOCÊ ORA

1. Como a nossa oração deve ser diferente da oração dos fariseus?
2. O que Jesus quer dizer com "repetição vazia"?
3. Qual o padrão divino de oração Jesus nos apresenta?
4. Quais são as três partes da Oração do Senhor?
5. O que Jesus quis dizer com a palavra "pão" na Oração do Senhor?
6. Por que é importante perdoarmos os outros?
7. Qual é a tradução correta da frase "mas livra-nos do mal"?

Capítulo 9

JEJUE PELA GRAÇA

1. Qual é a natureza do jejum?
2. Quais são as razões, as bases e os fins do jejum?
3. Como responder às objeções ao jejum?
4. Como devemos jejuar?
5. Qual é "o tipo mais inferior de jejum"?

6. Quais são algumas das razões para jejuar?
7. O que o jejum pode evitar?
8. O que deve acompanhar o jejum?

Capítulo 10
INTENÇÕES PURAS

1. Qual é a definição de Wesley para "intenção pura"?
2. O que quer dizer a "luz" que preenche os que têm "olhos bons"?
3. Onde devem estar os nossos tesouros?
4. Como devemos considerar as riquezas?

Capítulo 11
MENTE INDIVISA

1. Quem era Mamom?
2. Por que uma pessoa não pode servir a Deus e a Mamom?
3. Você confia nas riquezas?
4. Você obedece a Deus?
5. Qual é uma das coisas que Jesus condena?
6. O que devemos buscar primeiro?
7. O que Jesus quis dizer com "o amanhã trará as suas próprias preocupações"?

Capítulo 12
RECEBA OS DONS DE DEUS

1. Quais são os obstáculos mais comuns e fatais à santidade?
2. O que se quer dizer com a ordem "não julguem"?
3. O que Jesus quis dizer com a expressão "nem atirem suas pérolas aos porcos"?

Capítulo 13
A PORTA ESTREITA

1. Qual é a porta do inferno e qual é o caminho para a destruição?
2. O que Jesus quer dizer com "entrem pela porta estreita"?

Capítulo 14
FALSOS PROFETAS

1. Quem são os falsos profetas?
2. Quem são os verdadeiros profetas?

Capítulo 15
OS ESCOLHIDOS E OS PRETERIDOS

1. O que significa construir a casa sobre a areia?
2. O que significa construir a casa sobre a rocha?
3. Quem é o homem sábio? Por quê?
4. O que é "a religião do coração"?

ÍNDICE

Esta obra foi composta em *Perpetua Std*
e impressa por Yangraf sobre papel
Chambril Avena 70 g/m^2 para Editora Vida.